JN298153

専門職の転職構造

―組織準拠性と移動―

藤本昌代著

文眞堂

目　次

序　章 …………………………………………………………… 1
1　日本の専門職の流動性 ………………………………………… 1
2　本研究の動機 …………………………………………………… 3
3　本研究の目的 …………………………………………………… 4
4　本書の構成 ……………………………………………………… 6
5　本研究の意義 …………………………………………………… 11

第Ⅰ部　移動可能性と準拠集団選択メカニズム ………… 13

第1章　組織に夢をもつ専門職 ……………………………… 15
1　専門職と組織 …………………………………………………… 15
2　A社の調査概要 ………………………………………………… 17
3　A社の職種比較 ………………………………………………… 21
4　組織人性と職業人性との関係 ………………………………… 30
5　他の企業内研究職との比較 …………………………………… 34
6　要　約 …………………………………………………………… 39

第2章　ローカル・マキシマム概念による移動可能性と準拠集団 ……………………………………………………… 42
1　組織人的な職業人に対する仮説提出 ………………………… 42
2　専門職の移動可能性と社会構造 ……………………………… 42
3　移動可能性と地位の非一貫性概念 …………………………… 46
4　専門職の準拠集団と文化構造 ………………………………… 48

5　ローカル・マキシマム概念……………………………………… 55
　　6　仮説の検証方法………………………………………………… 58
　　7　文化構造と社会構造での地位の確認………………………… 61
　　8　要　約………………………………………………………… 68

第3章　ローカル・マキシマム概念の検証………………… 72

　　1　仮説検証の手順………………………………………………… 72
　　2　基礎科学系研究分野の研究者の傾向………………………… 72
　　3　研究分野別コスモポリタン性比較…………………………… 76
　　4　移動可能性と組織準拠性の関係検証………………………… 86
　　5　顕在的要因と潜在的要因から見たローカル・マキシマム現象… 94
　　6　要　約…………………………………………………………100

第Ⅱ部　組織内専門職を取り巻く環境………………………103

第4章　専門職の社会的位置づけ ………………………………105

　　1　「プラスのプロフェッション」へのアプローチ ………………106
　　2　プロフェッション概念の検討…………………………………106
　　3　専門職研究概観…………………………………………………114
　　4　プロフェッションのエートス…………………………………120
　　5　要　約…………………………………………………………122

第5章　科学／技術に対する価値意識 …………………………126

　　1　欧米での科学／技術の位置づけ………………………………126
　　2　日本の科学／技術の位置づけ…………………………………132
　　3　日本での科学／技術における産・官・学の構図……………139
　　4　要　約…………………………………………………………149

第6章　産業界での価値意識 ……………………………………154

	1	企業内の研究者の志向	154
	2	産業界の価値意識	159
	3	潜在的移動可能性と専門性への関与	169
	4	要約	172

第7章 研究者の流動性と組織 … 174

	1	ローカル・マキシマム現象と垂直的文化構造	174
	2	日本型雇用慣行と専門職	176
	3	流動性における産・官・学の関係	181
	4	科学／技術系若手研究者の不安	188
	5	インターフェース機関とインターフェース職業	195
	6	イノベーションと境界人	199
	7	要約およびローカル・マキシマム現象に対する展望	201

終　章 … 206

	1	「第Ⅰ部　移動可能性と準拠集団選択メカニズム」の整理	206
	2	「第Ⅱ部　組織内専門職を取り巻く環境」の整理	211
	3	組織と個人の社会的相対性と移動可能性	212
	4	今後の課題	214

参考文献			217
付　録			227
	1	付表	229
	2	A社調査票（非専門職用・専門職用共通）	233
	3	B社調査票（非専門職用，専門職用）	247
	4	C研究所専門職用調査票	266
あとがき			278
索引			282

序　章

　本書は科学／技術系の研究者に関する事例研究から，移動可能性と準拠集団の関係に個人の相対的地位という要素を加えて，準拠集団選択メカニズムに新しい視点を提出するものである。

1　日本の専門職の流動性

1.1　専門職にとっての所属組織

　現代日本では就業者約 6,500 万人のうち約 84％の人々が雇用者として働いている（総務省統計局, 2003）。雇用人なしで単独で働く自営業者が約 8％であることから，ほとんどの人々が組織・集団の中で働いているといえよう。専門的な知識・技能をもった人々も，その多くが組織としてサービスを行う集団の一員として仕事に従事している。「不景気な時には手に職を」と経済的不況時には，専門的な知識・技能を保有する職業に人気が集まる。現代の資格ブームもそれを反映しているといえよう。また，高度な専門知識に限らず，所属組織以外の別組織でも通用する知識・技能の保有は，個人を組織から自立的にさせるだろう。

　では，専門的な知識・技能をもった人は，所属組織から自立的であり，その知識や技能を活かせる仕事があれば，いつも組織間を流動しているのだろうか。たとえば日本の場合，専門的な知識・技能を保有していても，よほどの悪条件が出現しない限り所属組織から移籍する人は少なそうであるし，専門的な仕事であっても 2 回以上の転職者を好まない企業が多い[1]。そうであるとすると事務職などと同様に専門的な仕事に従事している人々にとっても，安定的雇用の保障という意味で所属組織は重要な存在であろう。

1.2 専門職の転職

　従来型の専門職論では医師や弁護士に代表される伝統的な専門職は，所属組織よりも専門職集団に関与し，他の組織への転出に対する心理的抵抗が比較的低い職業人と考えられ，所与の条件として流動できるコスモポリタンと捉えられてきた。ところが，日本では実際に組織間移動をする専門職は非常に少ない。たとえば，1995年の社会階層と社会移動全国調査（Social Stratification and Social Mobility Survey，以後，SSM調査と呼ぶ）データによれば，専門職・管理職は事務職に比べて転職回数が少ない傾向にあり（藤本, 2003），2001年の大手企業の中央研究所調査でも，大学教員の輩出が多いことで有名な通信系企業の研究者の年間の転職者は2％程度にすぎなかった（藤本, 2004a）。研究者の流動性に関する研究では，20年以上前の研究者にも産業系研究機関・学術系研究機関・政府系研究機関を流動するアメリカの研究者たちに比べ，日本の研究者の流動性の低さが指摘されている（山田, 1981）。

　現在，日本は「科学技術創造立国」を目指し，積極的に科学技術政策が推し進められている。その中で，科学技術基本計画[2]（第1期1996－2000年，第2期2001－2005年）には，「研究者の流動性の向上」が盛り込まれており，それに対応するべく，多くの研究機関で若手研究者を任期つきで採用し，次の研究機関でさらに経験を積むことを促すような雇用形態が制度化されつつある（これまで日本の研究職は，事務職などと同様に終身雇用で採用されることが多かった）。科学技術政策でも「研究者の流動性」が推進目標のひとつにされていることから見てとれるように，日本の場合，研究者の流動性が高まるシステムがなかったといえよう。

1.3 従来型専門職論との不適合

　研究者は代表的な専門職のひとつであり，所属組織に依らない専門知識・技能を保有しており，他組織に移籍しても自己の専門性を活かすことができる。Gouldnerによれば，専門職は所属組織よりも専門職集団に準拠し，組織での昇進に動機づけられる事務職などの非専門職に比べて，組織内での上

昇に対する関心よりも専門分野への関心が高く，所属組織への忠誠心が低いコスモポリタン的態度をもつ（Gouldner, A.L., 1957, 1958）。Gouldner が述べたこの特徴は，転職が多いアメリカらしい現象といえるかもしれない。しかしながら，それはあくまでも専門職が能動的に組織間を移動できる環境，社会構造があり，移動可能性が確保されているからこその特性といえるのではないだろうか。「移動可能性が高いコスモポリタンな専門職」という議論は，先に述べたように，現代日本の専門職の現状を表す上では適合的ではなく，高度な専門知識をもつ専門職であっても移動可能性が確保されていなければ，この特性をもつということは疑わねばならない。

2　本研究の動機

　私は 1997 年に日本でトップクラス，かつ世界でも有数の大手家電メーカーである A 社の社員への意識調査に参加する機会を得た[3]。この調査は社内の全職種が対象であったため，職種（製造職，事務職，営業職，開発職，研究職，その他）ごとの特徴を比較することが可能であった。調査当時，A 社は分社化前であり，家族主義的な企業理念が社員に浸透し，組織と社員の信頼関係は厚く，社員の忠誠心が高い企業ということでも有名だった。このデータをもとに，製造職（製造工程が企業ごとに異なり，他企業への移籍は保有する技能を示すのが困難と想定），事務職（組織の中で昇進を目指し，組織の目標を自己の目標とする組織人的特徴をもつと想定），研究職[4]（他の研究機関で専門知識の転用が可能な職業人的特徴をもつと想定）に従事する人々の組織に対する愛着や忠誠心を比較した。当初は職業人特性をもつ研究職の方が，組織人である事務職よりも組織の目的と自己の目的の違いにコンフリクトを起こすと予想していた。ところが，予想に反して製造職や事務職よりも研究職の方が組織の目的に意義を感じており，彼らに組織の価値の内面化が観察されたのである（本書では，基本的には研究に従事する人々を「研究者」と呼ぶが，他職と比較する際，便宜上「研究職」と呼ぶ。比較の際には，「研究職に従事する人」「事務職に従事する人」「製造職に従事する

人」を省略して研究職，事務職，製造職と呼ぶ）。

　なぜ，このような現象が起こるのだろうか。組織に愛着をもつ専門職の存在は，私に多くの疑問を与えた。従来の「組織の目的と個人の目的の違いにコンフリクトを起こすコスモポリタン」的専門職像では，この現象の説明ができない。研究職の愛着のデータだけを見れば，多くの人は「それは家族主義的なA社だからだ」と考えるだろう。しかし，それでは事務職よりも組織の目的に意義を感じる専門職の現象を説明したことにならない。企業理念の浸透によるものであるならば，製造職，事務職も相対的に組織の目的に意義を感じるはずである。そこで，私はこの現象の解明を目的として本研究を進めたのである。

3　本研究の目的

3.1　移動可能性と準拠集団選択メカニズム

　従来型専門職のコスモポリタン特性は，移動可能性の高さを所与の条件としてきた。しかし，日本の専門職は専門知識・技能を他の組織に転用できる「潜在的移動可能性」をもちながらも，活発な組織間移動を行っていない（ただし，少数の研究者は組織間を流動している）。これまでの専門職研究と日本の専門職の転職行動の違いはなぜ異なるのだろうか。また非専門職以上に組織の目的に意義を感じる専門職はなぜ存在するのだろうか。

　Mertonは外部の集団への準拠集団選択行動が，個人にとって順機能であるか逆機能であるかは，社会構造の開放性／閉鎖性に規定されることを示している（Merton, 1957=1961）。つまり，移動の余地が低い場合，所属組織の規範に沿わない行動（外部の集団に重きを置いた行動）をすることは，所属集団から排除される可能性があるということである。潜在的移動可能性をもっている専門職であっても社会構造が閉鎖的な場合，すなわち移動可能性が低い時，外部の集団を準拠集団にすることは，所属組織での立場が厳しいものになっていくと予想されるのである。

　このことから，私はA社の専門職の組織価値の内面化は，移動可能性と社

会構造が影響を及ぼしているのではないかと考えたのである。そこで，本研究ではどのような社会構造が移動可能性を規定しているのか，どのような人々が開放的／閉鎖的社会構造の中にいるのかという問題の解明について取り組んだ。

3.2 ローカル・マキシマム概念による仮説提出

では，専門職の移動可能性を規定する構造的要因には，どのようなものがあるだろうか。彼らは研究職であるために学歴，職業威信，収入などの指標では比較的均質な状態にある。そこで，ここでは移動可能性に関わる社会構造を分析するために，所属組織が含まれる当該分野（たとえば，通信系，家電系などの「業界」）での移動傾向，また，その当該分野内での所属組織の地位に着目し，これらが成すヒエラルヒーを検討する。さらに，彼らの準拠集団である専門職集団（学会およびその世界。以後，これらを含めて「学界」と呼ぶ）での序列意識についても検討を行う。

私たちが職場の移動を能動的に行う場合，自分にとってのどのようなメリット（所属組織に残留することによるデメリットからの解放も含め）を想定するだろうか。転職の動機にはさまざまな理由があるが，地位変化は移動の重要なポイントになる（自己実現，好奇心，社会的貢献など地位に関わらない動機も多々ある）。移動メリットには，経済的地位，職業的地位，組織の名声，所属組織・集団内での規範に沿った行動基準，社会的報酬，自尊感情などさまざまな要素が考えられるが[5]，自らがどの基準に照らして，あるいは，どのような準拠集団の規範に則って行動するかは，個々人を取り巻く環境によって異なるだろう。Pelzらによれば，大学，政府系研究機関の研究者と産業系研究機関の研究者では，報酬・昇進に対する価値意識，研究の志向が異なる（Pelz, D.C. and Andrews, F.M., 1966）。そのため彼らを転職に動機づける，あるいは移動可能性を感じさせるための情報，価値意識も異なることが予測される。個人は移動することが何らかのメリットをもたらし，能動的に移動できる選択肢が現実味を帯びている場合（実際に移動するか否かの問題ではなく），多少なりとも組織から自立的な態度になるだろう。

本研究の事例でいえば，A社の研究者は家電業界でトップの地位にあるという誇りをもつが，大学等の他の研究機関へのキャリアパスが開放的ではないことを認知している。それに対して学界で高い評価を受ける基礎科学系研究者は，大学，政府系研究機関など，より多くの移動先の選択肢をもっている。私はこの産業界と学界での地位差，移動先の差が，彼らの準拠集団選択行動に影響をもたらしているのではないかと考えた。そこで，この現象を数学概念である「ローカル・マキシマム」を用いて説明することを試み，仮説を提出したのである。この概念は多峰性関数において限られた範囲での最大値を指すもので，真の最大値は他に存在する場合に用いられる。ファジーなどの人工知能の研究で応用されるものである。今回のA社は，まさしく限られた範囲（産業界）での最大値（ローカル・マキシマム）であり，学界では他に最大値を示すトップ集団がある（グローバル・マキシマム[6]）。彼らは家電業界のトップ企業の研究職であることから，相対的な垂直方向の組織間移動可能性がないことを認知し，また，応用科学系研究分野の研究職が，基礎科学系研究分野へ研究職として転職することは非常に考えにくいことから，彼らが水平移動も困難であることを認知していると予測されるのである。そこで，ローカル・マキシマムであることが，彼らの所属組織への愛着を高めたと仮説を立て，人々の移動可能性と所属組織に対する行動，態度に影響を及ぼす構造的要因を検討するために調査設計を行い，この現象の分析に取り組んだのである。

4　本書の構成

　第Ⅰ部では研究者の移動可能性に着目し，コスモポリタンな研究者という従来型専門職像とは異なる日本の研究者の現象を実証的に分析している。第Ⅱ部では日本の研究者を取り巻く環境について考察し，人々の流動性と組織の関係についての議論を行う。

　「第Ⅰ部　移動可能性と準拠集団選択メカニズム」では，従来型の専門職像を覆すような「組織に夢をもつ専門職」という現象を分析し，移動可能性

と準拠集団選択における構造的要因とそのメカニズムについて検討する。

「第1章 組織に夢をもつ専門職」では，本研究の契機となった家電業界のトップ企業であるA社の研究者に見られた特徴的な傾向を示していく。この事例の特徴は，元来，所属組織に対する関与は仕事のためという職業人的態度である専門職が，組織人的態度のひとつとされる組織の目的への同調，忠誠心を示したことにある。そこで，本章ではこの専門職の特徴を2つの作業から確認している。1つめにA社の研究職に見られた現象が組織文化の浸透によるA社の社員全体の傾向であるのかを確認する。この分析では，職業人特性，組織人特性を示す指標を用いて，他の事務職や製造職などの非専門職との比較を行っている。これにより，A社の研究職の特徴は，職業人特性が低減して組織人化した結果によるのか，あるいは職業人特性をもちつつ，組織人特性をも合わせもった結果によるのかを同定している。2つめにA社の研究職の特徴がA社固有のものであるのか，あるいは，終身雇用制下の企業内研究職全般に見られる特徴であるのかを確認する。そのためにA社と同じ家電業界のB社を選定して比較を行っている。A社とB社の研究職が同様の傾向を示すならば，A社の研究職の現象は企業内研究職の特徴として同定することができる。B社の研究職と異なる傾向を示すならば，A社の研究職の特徴は企業内研究職に共通のこととはいえない。

「第2章 ローカル・マキシマム概念による移動可能性と準拠集団」では，A社の研究者の現象に対する仮説の提出を行う。本章は従来型の専門職論では所与の条件として高い移動可能性をもつ専門職が想定されていたが，本当に専門職の移動可能性は高いのかという問題意識から出発する。「異なる社会構造をもつ業界への移動」を水平移動，「同一業界内での移動」を垂直移動とし，日本の研究者の相対的な移動可能性の認知，予測がいかなるものかを検討する。まず，A社の研究者の地位を社会構造から捉え，業界トップであるために相対的な上昇ができず，移動可能性が低いということに着目する。次に移動可能性と準拠集団選択メカニズムに関する先行研究を検討し，移動可能性と準拠集団選択行動との関係について考察する。さらに，これが移動可能性の低い者の所属組織の準拠集団化のみで起こることではないこと

を，非専門職の組織への関与と比較してより条件を限定している。最後に準拠集団と自尊感情の関係に話を進め，学界での地位，移動傾向の違いから，専門職の所属組織の準拠集団化メカニズムの検討を行う。第2章では個人が所属する多元的な組織・集団での地位差が移動可能性と準拠集団選択行動に影響を及ぼしていると考え，これらの状態を数学的概念である「ローカル・マキシマム」概念を用い，専門職が所属組織をも準拠集団として選択するメカニズムについて仮説の提出を行う。

「第3章　ローカル・マキシマム概念の検証」では，第2章での仮説をデータから実証しており，ローカル・マキシマム概念を構成する移動可能性，個人内での地位差と組織準拠性との関係を示している。ここではA社の結果から調査設計を行ったB社，C研究所のデータを加えて3組織比較を行う。A社の分野が学界では低位に評価されがちな応用科学系研究であり，かつ産業界ではトップクラスという位置にあることから，ローカル・マキシマムとして位置づけ，それと相対的な位置関係として，同じ業界でA社より売上げ順位が低位にあるB社をローカル・ミドルとして位置づける。そして，学界で高位に置かれ，基礎科学系研究で高名なC研究所をグローバル・マキシマムとして位置づける。B社の研究者は，A社よりも順位の低い企業に所属することからA社の研究者に比べて垂直（上昇）移動という可能性をもち，C研究所の研究者は基礎科学系研究を行っていることから，大学などの他のヒエラルヒーをもつ集団への転職経路があり，水平移動という移動可能性をもつと想定される。ここでは研究者の所属組織への関与と移動可能性を関連づけて分析し，A社の現象を起こす要因の解明を試みている。企業内の研究者における所属組織の価値の内面化に対する社会構造上の要因として移動可能性の差を示し，さらに，文化構造上の要因として産業界と学界での価値意識による地位差を資料，アンケートデータ，インタビューデータから示している。

「第Ⅱ部　組織内専門職を取り巻く環境」では，第Ⅰ部で検証した内容を踏まえ，日本の専門職を取り巻く環境について考察する。

「第4章　専門職の社会的位置づけ」は，従来型の専門職像がどのように語られてきたかを先行研究から概観し，専門職に求められてきたエートスについて議論する。専門職が貴族などの高階層にある人々の職業であったことで，現代の専門職に求められる特性に影響を残していることや，産業革命以降に発生した多くの専門的職業や組織内の専門職の増加など，社会的背景に影響を受けながら発達してきた経緯を示す。また，石村（石村, 1969）が述べているように，これまで人々の困難を援助する「マイナスのプロフェッション」に関する研究がほとんどであり，創造的活動を行う「プラスのプロフェッション」に関する研究の必要性について触れる。そして，日本の専門職がアメリカの専門職研究に基づく理論では語れない状況下にあることを述べる。

「第5章　科学／技術に対する価値意識」では，応用科学系研究分野の研究者の意識を規定する社会的環境について，科学（基礎科学系研究）と技術（応用科学系研究）の関係を歴史的経緯から概観し，現代にまで影響を残す自然科学における序列意識の源泉を探究している。始めに先行研究から欧米での科学／技術に対する価値意識を概観し，次に日本の科学／技術に対する価値意識，政策の展開などを検討する。そして，科学／技術の地位差に大きく影響を及ぼしている産業界，官界，学界の価値意識が成す文化構造を示す。

「第6章　産業界での価値意識」では，第5章で述べた学界の価値意識が人々の奥底にありながら，それとは対照的に日常では学界の価値意識に埋没することなく，産業界の研究者が別次元の価値意識の中で研究を行っている姿を紹介する。産業界の研究者は自らの研究が直接，社会的インパクトを与えること，あるいは世界的シェアを占めるものであることを認知し，また，世界の最先端の研究者と提携関係にあり，学界の価値意識に萎縮した状態にはない。ここでは研究上での手応えだけでなく，「ものづくり」の現場での創意工夫に働きがいを感じ，研究所から事業所への異動も視野に入れた企業内の研究者の意識，応用科学系研究分野の研究者のエートスを資料，インタビューデータから示す。現場の「困った」はアイデアの宝庫であり，海外研

究の模倣ではない新しい発見を研究者に要求し続ける。このような状況の中で仕事に従事する彼らは，日常では学界の価値意識に拘束されることなく研究を行っているのである。

「第7章　研究者の流動性と組織」では，これまでの第1章から第6章まで検討してきた「ローカル・マキシマム」現象を踏まえ，研究者の流動性に関わるいくつかの最近のトピックスについて触れる。「第1節　ローカル・マキシマム現象と垂直的文化構造」では，現代社会においてローカル・マキシマム現象を引き起こす垂直的文化構造が，どのような方向性（強化／平準化）にあるのかという観点から，いくつかのトピックスを紹介している。「第2節　日本型雇用慣行と専門職」では，日本の専門職の低流動性と日本型雇用慣行について触れ，社会保障制度と流動性の問題について述べる。「第3節　流動性における産・官・学の構図」において，産学連携はプロジェクトのみならず，人々の交流が実質的な連携関係を生み出すことから，研究機関への人々の流動状況を検討している。ここでは大学への転入者を産業界，官界，学界での人々の流れから分析している。分析データからは，研究者の流動性の背景に「公」系機関と「民間」機関の構図が読み取れる。「第4節　科学／技術系若手研究者の不安」では，流動性向上目的で若手研究者の雇用を任期つき非常勤で採用する制度が発足したが，ポスドク（正式名称はポストドクトラル。博士学位取得後の非正規雇用の若手研究者）1万人計画の余波による社会問題について述べる。「第5節　インターフェース機関と職業」では，科学技術基本計画によって研究成果の産業化を仲介する機関，そこに従事する科学的知識をもったコーディネーターなどの仲介的職業の成立について述べる。「第6節　イノベーションと境界人」では，科学／技術系研究機関の特性と流動性の順機能／逆機能について述べる。日本では知的刺激によるイノベーション（技術革新）が期待され，科学／技術系研究機関における研究者の流動性向上が望まれるが，研究機関の全てに当てはめてよいのかということについて議論する。

「終章」では，全体の議論の整理と科学／技術の現場から見た組織と個人の社会的相対性と移動可能性について議論を行い，最後に今後の課題を述べ

る。

5 本研究の意義

　社会学における企業組織の研究は，労使関係に代表されるような経営者と労働者という図式で行われるものが多く，ブルーカラーを対象にしたものが盛んであった。近年，事務職，管理職に対する研究にも関心が向けられ，職場での人間関係やミドル・マネージャーのメンタリティなど，企業組織での問題点は，さまざまなアプローチから取り上げられている。しかし，企業内研究職はその仕事の自律性，報酬，職業威信の高さなどにより，コスモポリタンで組織の目的と個人の目的にコンフリクトを起こすという従来型の専門職像のまま，企業組織に関する多くの研究テーマの対象から置き去りにされてきた。第3次産業の拡大が現象として捉えられて久しいが，資格ブーム，専門職志向の現代社会において，専門職に関する研究が非常に少ない現状を鑑みれば，その世界で展開される現象の解明が望まれるところである。これまでにも企業内専門職の研究は行われているが，企業組織における専門職の管理という経営学的アプローチの研究が多い。また，従来の専門職論は所属組織よりも外部の専門職集団に準拠する専門職の特性を取り上げているにもかかわらず，所属組織での行動・態度などの分析は，組織と個人の2者関係に議論がとどまっていた。専門職を研究対象とし，その行動・態度を検討するには，専門職が所属する多元的な組織・集団などの社会構造も考察の中に含めなければ十分とはいえないのである。

注
1　能力が認められても，何回も転職する人を「腰の落ち着かない人」と受け入れ側企業が嫌う傾向にあり，自社が最後の職場として落ち着く意向のある人を望む日本の企業が多いという（インタビュー：1）。
2　1995年の科学技術基本法成立後，科学技術基本計画が立てられ，第1期1996年－2000年，第2期2001年－2005年で実施されている。
3　本研究は1997年11月に行われた，社団法人国際経済労働研究所の働きがい総合調査研究によるものである。本データの使用許可を与えて下さった社団法人国際経済労働研究所に感謝の意を述べる。

4 開発部門のエンジニアは，意識調査の結果でR＆D（研究開発）部門の研究職と類似傾向を見せたが，専門職論ではグラデーショナルな職業定義に不毛な議論が集中しがちであるため，明確さを示す意味で研究職には含めていない。
5 今回の分析には，負の環境からの脱出は加えていない。
6 グローバル・マキシマムはローカル・マキシマムに対して便宜上使っているものであり，国内でのトップ集団を指す。世界でのトップという意味のグローバルではない。

第 I 部
移動可能性と準拠集団選択メカニズム

第1章
組織に夢をもつ専門職

1 専門職と組織

　2002年度のノーベル化学賞の日本人受賞者の1人は企業の研究者であった。この研究者の所属する計測機器メーカーの人事部長は，「研究者は我々のわからない宇宙語で，その研究の継続の重要性を訴える。プロジェクトを廃止すると，この技術は再現できなくなると言うのです。しかし，こちらも経営を考えなければ，彼らを食べさせてやることができない。研究職を抱える組織は経営と研究の目的の相違という矛盾を統合していかねばならないんですよ」と言った。技術レベルの高さで定評のあるこの企業は，規模レベルでは中堅だが，関西では「ノーベル賞が出るとしたらあの企業だろう」と言われていた。専門職と組織に関する議論は，専門性を追求する彼らの志向と組織の利益追求の目的とのコンフリクトを取り上げることが多い。現在の科学／技術研究機関での課題もこの問題への関心が高く，MOT (Management of Technology　技術経営) や研究機関のマネジメントに関する研究も多い。しかし，研究者は組織とコンフリクトを起こす関係だけではなく，専門職集団での所属組織の位置づけや研究環境など，さまざまな観点から所属組織を見ている。これまでの専門職研究では専門職は専門性を追求し，所属組織に関心を払わないコスモポリタンな専門職像という一元的な分析視点が多く，社会構造と所属組織の位置づけや専門職集団以外からの社会的報酬との関係性などについての議論は少ない。2001年頃から頻繁に使われるようになった「産学連携」という言葉は，多くのプロジェクトで取り組まれたが，産業界と学界を連携させようとする担当者が苦労したことの

ひとつは，事業化に役立つ研究への学界の抵抗感であった。学界には産業界の研究を高く評価する文化が育ちにくいこともあり，積極的な連携は難しい状態にあった。しかし社会的な要請は学界と産業界が実質的な共同体制を組むことであった。日本の学界と産業界の研究目的による学問的序列意識は，社会学では星野が取り上げ，中山，村上ら科学史研究者などにも取り上げられているが，実証的な研究は多いとはいえない（星野,1969;村上,1981;中山,1994）。現在，研究者の6割が産業界に雇用されているにもかかわらず，研究者と組織の関係はコンフリクトの論点にとどまっているのである。

1.1 従来型専門職像

　従来の専門職はどのように捉えられてきたのであろうか。専門職研究の萌芽期では，伝統的な聖職者・医師・弁護士などの個人作業で専門知識の提供を行う専門職像が想定されていた。その後，大衆が高度なサービスを要求するようになり，組織で分業体制を整えて専門知識を提供する組織内専門職が増加した（竹内,1971）。現在では伝統的な専門職においても組織に所属する者がほとんどである。そのため，組織の目的と個人の専門性追究の目的が一致しない現象が見られるようになった。従来の専門職研究では専門職は所属組織での評価より専門職集団での評価を重視し，組織の目的と自己の目的の違いにコンフリクトを起こすという報告がなされている（Etzioni, 1964=1967）。Gouldnerは組織の成員を職業人性（cosmopolitans）と組織人性（locals）の2つに分類している。コスモポリタンは雇用されている組織に対する忠誠心が低く，専門知識に深く関与しており，専門的な自己充足に関心を向ける職業人志向の強い人である。彼らは外部の準拠集団を志向する傾向がある。ローカルは組織への忠誠心を強くもち，そのヒエラルヒーの中での上昇に関心を向ける組織人志向が強い。この組織の成員の分類の中で，専門職は専門知識の修得や外部に準拠集団をもつなど職業人志向が強いとされる（Gouldner, 1957, 1958）。本章ではこのような従来型専門職像とは異なる組織内専門職の，ある特徴的な現象について述べていく。

1.2　企業内研究職のコスモポリタンと組織人性の併存性

　1997年の秋，私はA社の労働組合員を対象にした調査票調査に参加する機会を得た[1]。本研究の契機となったのは，この調査データから見られた研究者の特徴的な傾向であった。この事例では，元来，所属組織に対する関与は，仕事のためという，職業人的態度であるはずの専門職が組織に対して夢をもち，情緒的に関与していたという現象を取り上げている。この頃のA社は分社化前であり，関連企業，取引先も含めて全社的に情緒的な関わりが重要であるとした企業理念が社員に浸透していることで有名な企業だった。そのため，A社の社員が事業に夢をもつことは意外でも何でもなかった。しかしこれが，企業理念の浸透による社員の愛着の高揚によるのであれば，事務職や製造職も相対的に情緒的関与を高めると予想される。ところが，組織人志向と考えられる事務職や組織移動が容易ではないと予測される製造職よりも研究職の方が組織に夢をもっていたのである。以下，A社のデータを分析する。

2　A社の調査概要

2.1　データ概要

　ここでは研究職を専門職として抽出し，それ以外の社員を非専門職とする[2]。専門職の定義に関しては第4章で先行研究を検討するが，ここでは他の組織でも転用可能な専門知識の保有，研究業務に従事していること，大学院での専門知識取得，トレーニング修了の承認の3つを指標として分類している。R&D（研究開発）部門の50歳未満の者は博士前期（修士）課程，博士後期課程を修了している大学院出身者，50歳以上は大学卒業者を研究職として，それ以外の社員を非専門職とする。50歳以上の研究者については（1997年時点），この時代での研究職への就任の希少性を考慮して最終学歴が大学卒業の者も研究職に分類している。なお，本調査では調査票調査の前後に面接調査も行っている。本サンプルは社員コードによるランダム・サンプリングを行っており，データの構成は以下に示すとおりである。

```
調査票の配布数：8,845 部  有効回答数  8,379 部（有効回答率  94.7％）
専門職
   研究職（R&D部門の大学院卒，および50歳以上の大学卒）
   男性：379名      女性  8名      合計  387名
   年齢：24歳〜59歳    平均年齢  31.59歳（SD  5.59）
非専門職
   男性：5,872名    女性  2,111名    合計  7,992名（無回答9名）
   年齢：17歳〜59歳    平均年齢  36.41歳（SD  9.12）
      製造  5,030名    事務  442名    調査・企画  132名
      営業   932名    情報システム  230名    その他  1,226名
```

2.2　測定指標

本章ではA社の社員に調査を行った「所属組織に対する意識」のうち，次の2つの尺度によって計測されたものを用いて分析している。

① 「組織コミットメント」

組織への関与がどのような意識でなされているかを測定する尺度であり，組織人性の指標として用いる。

② 「職業志向性，達成動機」

職業の複雑性を求めたり，仕事をやり遂げる意欲などをみる尺度であり，専門職志向を見るための指標として用いている。

なお，この調査項目は後に比較で用いる2組織（B社，C研究所）の専門職，非専門職に対しても同様の項目で調査を実施している。比較に使用するデータはA社だけではなく，B社，C研究所の専門職，非専門職の全てのサンプルを一体化させたものを主成分分析し，得点化したものである。なお，ここで求められた主成分は本章だけでなく第3章の分析でも用いる。

2.2.1 組織人性の指標説明

本研究では組織人性の指標として組織コミットメント尺度を用いる。組織コミットメントは帰属意識よりもポジティヴに組織に関与するという意識概念であり，組織のために一生懸命働こうとする心理的な関わりのことである。さまざまな要素の類型化がなされているが，大別して情緒的要素（愛着や忠誠心など）と功利的要素（自己の損得勘定など）がある。本章では専門職が組織に対してどのように関与するのかを分析する。組織コミットメント尺度は，Mowdyら，Meyerら，関本ら，田尾の組織コミットメント尺度として信頼性の検討がなされたものから8項目抜粋し（Mowdy, 1979; Meyer, J.P. & Allen, N.J., 1987;関本・花田, 1985;田尾, 1997），それに2項目を追加して10項目にしたものを使用する。表1.1，表1.2に主成分分析（バリマックス回転）した結果を示す。

これらの組織コミットメントの項目群（① この会社を離れたら，どうなるか不安である ② 自分にとってやりがいのある仕事を担当させてもらえないなら，この会社にいても意味がない ③ この会社の発展のためなら，人並以上の努力を喜んで払うつもりだ ④ この会社に忠誠心を抱くことは大切である ⑤ 会社を辞めることは，世間体が悪いと思う ⑥ この会社を辞めたら，家族や親戚に会わせる顔がない ⑦ これ以上自分の能力を向上させる機会が得られなければ，この会社にとどまるメリットはあまりない ⑧ この会社で働き続ける理由の一つは，ここを辞める

表1.1 説明された分散の合計

	回転後の負荷量平方和		
成分	合計	分散の%	累積%
1	2.23	22.28	22.28
2	2.18	21.77	44.05
3	1.52	15.22	59.27

表1.2 回転後の成分行列（組織コミットメント）

	情緒的要素	存続的要素	能力発揮要素
③会社への努力	0.73	0.16	0.05
④会社への忠誠心	0.69	0.22	-0.09
⑨会社関与－意義	0.75	-0.03	-0.04
⑩会社関与－夢	0.79	0.01	-0.02
①退社不安	0.16	0.65	-0.24
⑤世間体	0.08	0.82	0.1
⑥親族の期待	0.08	0.83	0.1
⑧会社損得存続	0.03	0.56	-0.21
②やりがいない会社	0.02	-0.05	0.83
⑦能力発揮機会	-0.08	-0.08	0.83

ことがかなりの損失を伴うからである ⑨ 自分の会社や参画している事業は社会的に意義がある ⑩ 自分の会社や参画している事業の将来に夢をもっている）を主成分分析した結果，固有値 1.0 以上の主成分は 3 個抽出された。これらの主成分による組織コミットメントの説明率は 59.27%である。固有値の高い主成分から情緒的主成分（22.28%），存続的主成分（21.77%），能力発揮主成分（15.22%）とする。それぞれの主成分に対し負荷量の多い項目は情緒的主成分が ③，④，⑨，⑩，存続的主成分が ①，⑤，⑥，⑧，能力発揮主成分が ②，⑦ であり，それぞれ 0.55 以上の負荷量である。これらの主成分の主成分得点を求め，組織に対するコミットメントについて検討を行う。組織コミットメントを測定することにより組織に対する態度を検討し，組織の価値意識の内面化の程度を見る。

　第 1 主成分の「情緒的要素」は，「組織の目的に夢をもつ」「組織への忠誠心」など，組織の目的と個人の目的との一体化という組織の価値内面化の指標とする。組織の価値の内面化は組織人的な関与の仕方である。第 2 主成分の「存続的要素」は，組織に対し積極的に関わるのではなく，いわゆる「ぶら下がり」型の存続を望むもので組織依存性を表す指標とする。第 3 主成分の「能力発揮要素」は，組織へのコミットメントが自己実現目的，自分の能力発揮，向上のためという指標となる。メリットがなければ，組織に関わる意味がないとするコスモポリタン的な関与である。

2.2.2　職業人性

　職業人性の測定指標は，職業に対する志向や達成動機尺度を用いる。職業に対する専門性などの志向には，若林らの開発した職業志向性尺度から職業に対する複雑性，専門性，能力発揮への志向を測る 5 項目を使用した（若林ほか, 1983）。達成動機は堀野の開発した達成動機測定尺度から自己充実的，競争的に仕事に挑戦し，成し遂げようとする傾向の強さを測る 4 項目を使用した（堀野, 1987）。

　職業志向性尺度 5 項目（① 仕事の内容が複雑で変化に富むこと ② 仕事の専門性 ③ 困難な仕事へ挑戦する機会 ④ 自分の能力が試される機会 ⑤ 仕事

が自由にまかされる機会）と達成動機尺度4項目（① いつも何か目標をもっていたい ② 物事は他の人よりうまくやりたい ③ 他人と競争して勝つとうれしい ④ 何でも手がけたことには最善を尽くしたい）を用い，主成分分析した結果，固有値1.0以上の主成分は2個抽出された（バリマックス回転）。これらの主成分による説明率は68.07％である。固有値の高い主成分から職業志向性主成分（39.28％），達成動機主成分（28.79％）とする。それぞれの主成分に対し負荷量の多い項目は，職業志向性主成分の5項目全て，達成動機主成分

表1.3 説明された分散の合計

	回転後の負荷量平方和		
成分	合計	分散の％	累積％
1	3.54	39.28	39.28
2	2.59	28.79	68.07

表1.4 成分行列（職業人性）

	職業志向性要素	達成動機要素
①仕事複雑変化望む	0.81	0.04
②仕事への専門性望む	0.80	0.14
③困難な仕事への挑戦	0.89	0.12
④能力試す機会	0.86	0.20
⑤仕事任される機会	0.81	0.21
⑥いつも目標保持	0.16	0.74
⑦物事他者より上手	0.11	0.82
⑧競争での勝利が喜び	0.08	0.68
⑨最善を尽くしたい	0.15	0.74

も4項目全てであり，それぞれ，0.65以上の負荷量である。これらの主成分の主成分得点を求め，職業人性について検討を行う。

3 A社の職種比較

3.1 A社の組織人性職種比較

本節では専門職の所属組織に対する関与の特徴を捉えるために製造職，事務職との3職種比較を行う。組織コミットメントの「情緒的要素」「存続的要素」「能力発揮要素」について平均値の職種比較を行ったものが図1.1である。情緒的要素では製造職が最も低く，次いで事務職，研究職の順になっている。情緒的要素は組織への愛着や組織の価値の内面化が窺える要素である。組織人の典型と考えられる事務職よりも組織に情緒的に関与する研究職

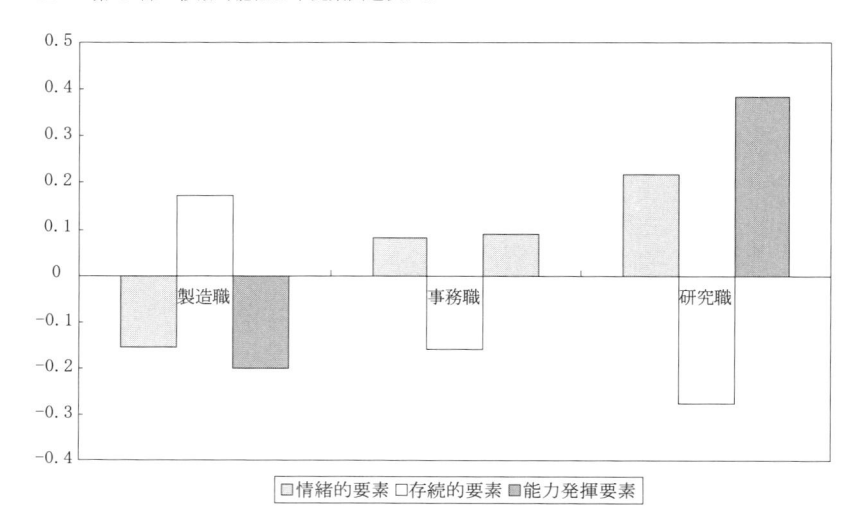

図1.1 A社の組織人性の職種比較（□情緒的要素 □存続的要素 ■能力発揮要素）

の態度は，従来のコスモポリタンという視点では説明できない傾向である。所属組織を軽視していたならば，情緒的コミットメントは高まらないはずである。一見，研究職が製造職や事務職以上に組織人化したように見える現象である。

存続的要素では，製造職の組織依存度が他職に比べて高いことが特徴として見られる。事務職の存続的要素は低く，研究職はさらに低い傾向が示された。存続的要素は組織への存続を目的とした関与の傾向を示すものである。製造職は企業ごとに製造工程が異なり，社内での技術的熟練が他社では示しにくく，他社への移動可能性は3職種中で最も低いといえよう。事務職もその組織に根ざした知識やノウハウを蓄積しているため，他社への移動可能性は低いと予想されるが，製造職ほど不安は大きくない。研究職は他の組織でも通用する専門知識を保有しているため，組織依存性が最も低い傾向にある。

能力発揮要素では研究職が非常に高い値を示しており，自己実現目的で組織に関与していることが窺える。事務職は製造職より能力発揮要素が高いが，研究職よりも低い傾向にあり，製造職の能力発揮要素は最も低い。この

要素は能力発揮を望んだ自己実現目的からくる関与である。これは組織に対して生業的な意味よりも専門性の発揮など仕事のために関与するものであり，「功利的コミットメント」とも呼ばれる（田尾, 1997）。専門分野に強く関与する専門職が能力発揮のために所属組織に関与するのは職業人的な特性であり，従来の専門職像と合致するところである。

3.2 A社の職業人性職種比較

図1.2に示すように職業志向性，達成動機の両要素において製造職が最も低く，事務職も比較的低い傾向にある。研究職は他職に比べて非常に高い職業志向性をもつことが示されている。これらの製造職，事務職，研究職の傾向差は，ラインで作業する製造職，自律的に仕事を行う研究職，その中間に事務職という業務内容を反映した結果といえよう。職業人志向性要素では専門職が非専門職より強い職業志向をもち，複雑で専門的な仕事を望み，それをやり遂げることに意欲を燃やすという従来型の専門職像を支持する傾向が見られた。

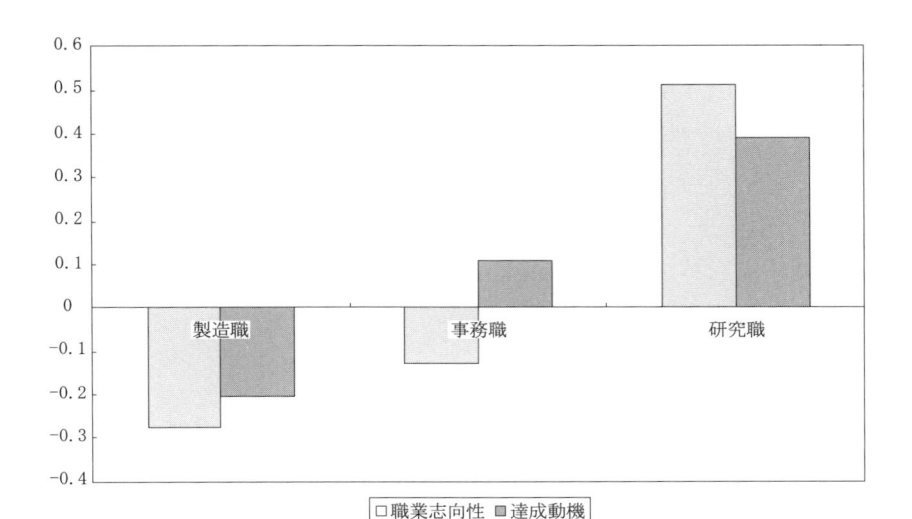

図1.2　A社の職業人性の職種比較

職業人性の2要素，組織人性の存続的要素，能力発揮要素における研究職と他職との傾向差は，従来型の専門職像を支持するものであった。しかし，情緒的要素だけは最も組織人的と考えられる事務職や他の組織への移動が困難と考えられる製造職よりも，研究職の方が高い値を示していた。ここに組織の方針に夢をもちつつ，専門性の発揮機会を求める研究職の姿が観察された。A社の研究職の組織への愛着は他職よりも高く，企業理念の浸透によって起こったものではないといえるのである。

3.3 A社の世代比較

A社のデータは対象者が労働組合員であり，1999年の時点で非組合員（課長待遇の職位）になる比率は，40歳で45％，45歳で64％であった。そのため45歳を過ぎると過半数の同僚が昇進し，自己の位置づけとして昇進が遅いグループに属することを自覚させられる。そこで，昇進機会の遅れにより組織依存性に影響を及ぼすとみなされる40歳代を非組合員が過半数を超える45歳で区分し，45歳以上を除外して年齢別の意識の差を検討する。これは，日本では35歳を越えると求人が少なくなることから，年齢と組織への関与の関係性を予想するためである。また，勤続年数の長さも組織への愛着に影響を及ぼす要素と考えられ，現在，分社化されたA社ではあるが，1997年ではまだ終身雇用制が根強く残っていたこともあり，A社の社員の年齢と勤続年数は非常に高い相関性が見られた（r = .931）。そこで，ここでは職種，世代ごと（勤続年数は年齢で代替）で組織人性，職業人性について比較を行い，傾向差を検討する。

3.3.1 製造職の世代比較
3.3.1.1 組織人性世代比較

図1.3に示すように，製造職は世代が上がるごとに情緒的要素，存続的要素の増加傾向がみられる。製造職の傾向から，彼らが組織に長期間所属することにより組織社会化（Organizational Socialization）され，徐々に愛着をもつようになると解釈できる。また，存続的要素は35歳以上になると労

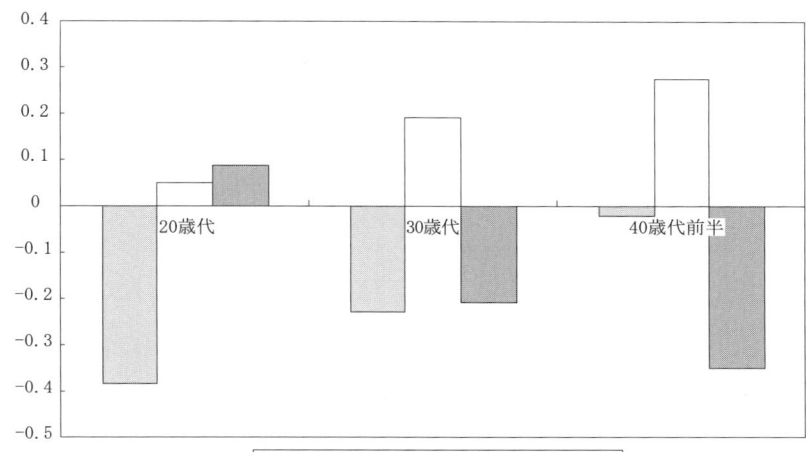

図 1.3　A社の製造職の組織人性世代比較

働市場での求人が減少することから，他社への転職が困難になる年齢に近づくことにより高まる傾向があると解釈できる。世代の高まりと共に増加傾向にあった情緒的要素，存続的要素と対照的に，能力発揮要素は加齢と共に減少している。この要素は自己実現できるような仕事のために組織に関与する姿勢を示すものであり，能力発揮が困難な場合，組織への所属意義を感じないとする項目群で構成されている。製造職の場合，情緒的要素の高まりも含めて考えるならば，この項目が年齢と共に高まるということは，自己実現できない仕事でも長期雇用を経て，受容する姿勢が形成されていると解釈できよう。

3.3.1.2　職業人性年齢比較

図 1.4 に示すように，製造職の職業志向性は世代間に大きな差は見られないが，達成動機は世代が上がるごとに減少傾向が見られ，製造職が加齢とともに仕事に対する熱意が下がっていることがわかる。ラインにおける業務は仕事からの疎外といわれて久しいが，彼らは加齢とともに働きがいを失って

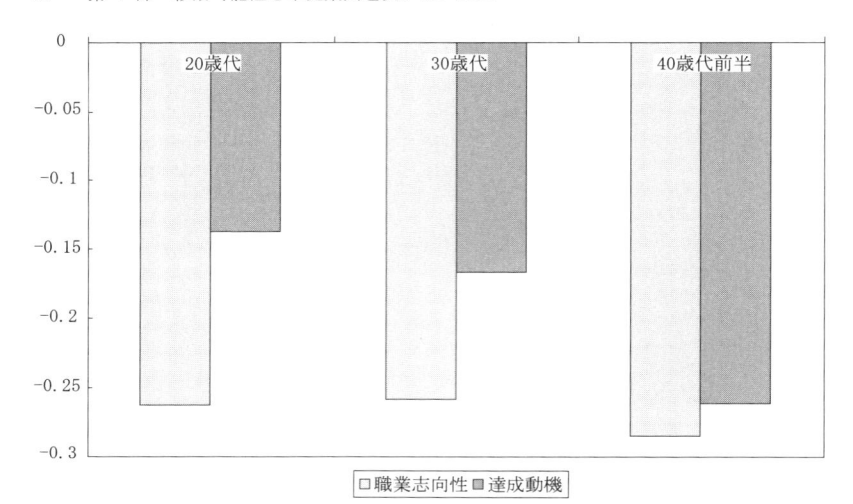

図1.4　A社の製造職の職業人性世代比較

いるようである。

3.3.2　事務職の世代比較
3.3.2.1　組織人性世代比較

　図1.5に示すように，事務職の情緒的要素は20歳代と30歳代は変わらぬ傾向を示しており，この世代間では加齢効果はみられない。しかし，40歳代になると一転して組織に対して情緒的に関与するようになっており，管理的立場に近づきつつあることが「我が組織」を意識させるのかもしれない。存続的要素は20歳代から40歳代前半まで，加齢により高まる傾向を示している。能力発揮要素は加齢と共に減少傾向が見られ，勤続年数の長さ（もしくは管理職に近づく年齢になること）が能力発揮機会に恵まれなくとも，組織の仕事を受容する姿勢を形成していることがわかる。全体的に世代もしくは長期勤続による影響は製造職と類似傾向がみられた。

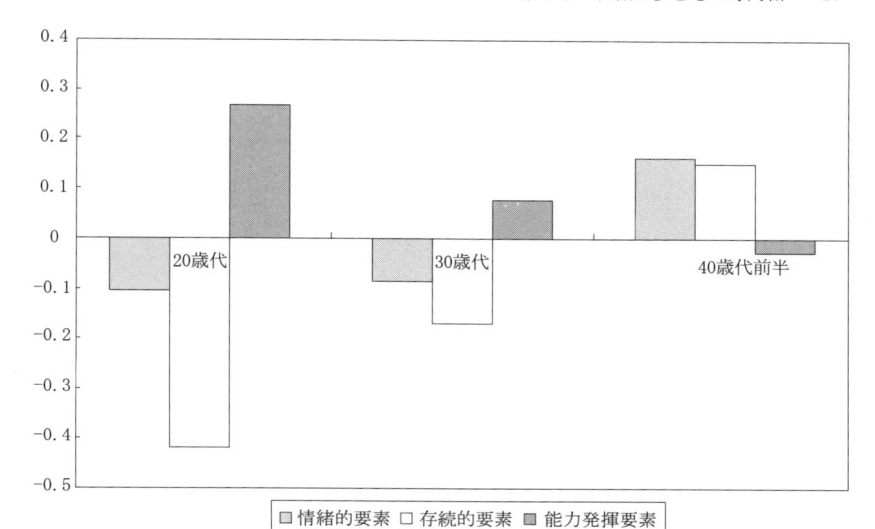

図 1.5　A社の事務職の組織人性世代比較

3.3.2.2　職業人性世代比較

　図 1.6 に示すように事務職の職業志向性は世代の上昇とともに値が高くなる傾向をみせている。年功制により加齢と共に組織の要職へ少しずつ近づき，意思決定など条件適応的で複雑な業務の増加の影響が窺える。製造職の職業志向性が加齢の影響を受けなかったのに対し，事務職は年齢を重ねるほど職業志向性が高くなる傾向を示している。対外交渉など自己能力の向上を感じられる業務に就くことができる事務職は，組織での昇進，組織の目的の自己目的化など，組織の価値の内面化が強化されやすいのかもしれない。しかし，世代と共に上昇する職業志向性に対して，達成動機の方は世代が上がるごとに下降傾向にあるため，複雑性，専門性を求めながらも，やり遂げる意欲が加齢とともに減退していることがわかる。

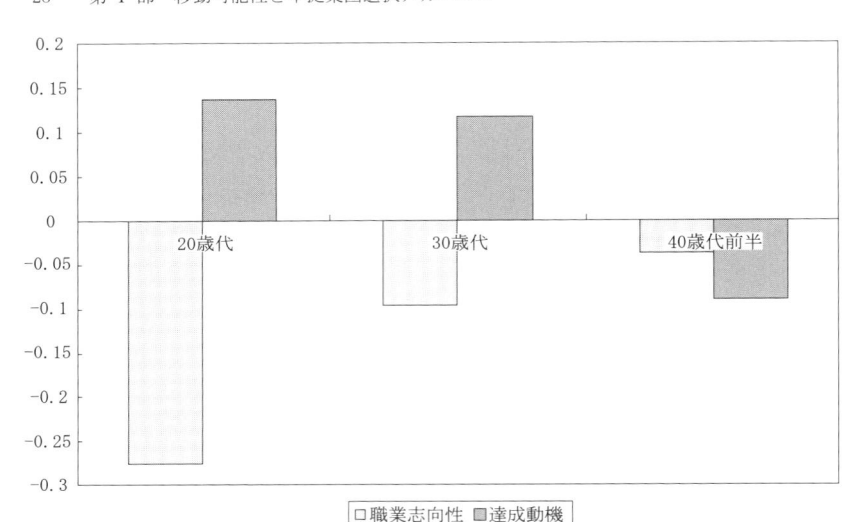

図1.6　A社の事務職の職業人性世代比較

3.3.3　研究職の世代比較
3.3.3.1　組織人性世代比較

　図1.7に示すように，研究職の場合，若い世代から情緒的要素が高い傾向にあり，研究者として自信をもち始める30歳代でやや低下が見られるものの，40歳代では再び上昇傾向にある。30歳代は新人から成長しているが，まだ重要な管理的立場には就いていないことから，最も自律的に専門性を追究することが可能な世代である。1995年のエンジニアのコミュニケーション調査でも30歳代は他の世代に比べて，組織内コミュニケーションよりも専門性を高めるために個人的な努力に専心する傾向があった（藤本，1996）。このコミュニケーション調査では，20歳代は指導を受ける立場として，40歳代は組織の統括的立場として組織のメンバーとのコミュニケーションを求めていた。A社の研究職の情緒的コミットメントの傾向はそれと類似している。また，存続的要素は30歳代がどの世代よりも低い傾向にあり，40歳代はやや依存的傾向になっている。日本には自然系研究者の年齢限界説があ

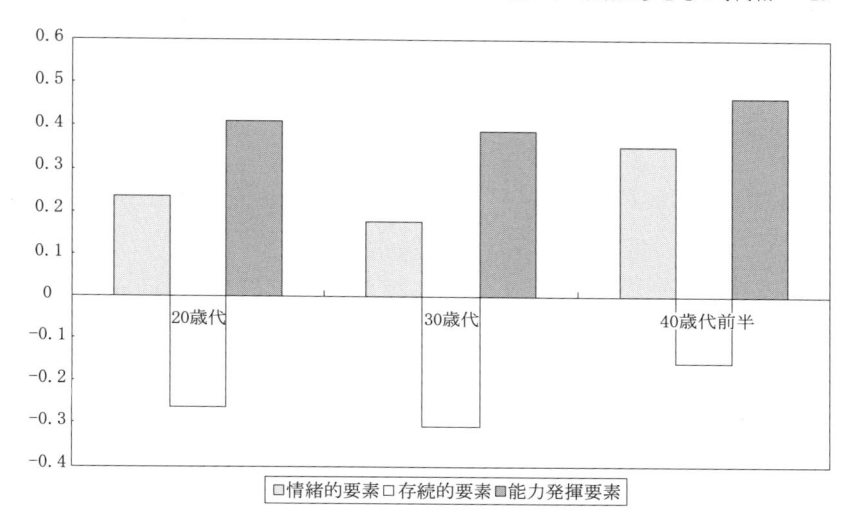

第1章 組織に夢をもつ専門職　29

図1.7　A社の研究職の組織人性世代比較

り，35歳がピークと考えられているため（石田，2002），若手研究者の中途採用は可能性があったとしても，年齢の高まりと共に徐々に他の機関には移動しにくくなる。40歳代の存続的要素の傾向はこれらの影響と考えられよう。そして，能力発揮要素は世代にかかわらず高い傾向を示している。40歳代の場合，存続的要素がやや高まる傾向があるにもかかわらず能力発揮機会が与えられない場合，所属組織に存続する意味がないという要素の値が高いことから，他の世代よりもジレンマが大きいことがわかる。Ornsteinらは科学者，技術者を対象とした年齢と組織コミットメント研究で相関性が見出せなかったと報告している（Ornstein, S., Cron,W.L. and Slocum, J.W. Jr., 1989）。本データでも，やや40歳代に情緒的要素の高まりが見えたが，相関関係は見られなかった（r = .030）。しかし，この傾向は研究職が年齢に関わりなく，組織への関与が低いというコスモポリタン的なものではなく，反対に年齢，勤続年数に関わりなく，若年世代から一貫して情緒的に関与するという傾向なのである。

3.3.3.2 職業人性世代比較

図1.8に示すように，研究職は世代が上がるごとに職業志向性の上昇が見られる。研究職は若年世代にはプロジェクトの指揮下に置かれるが，中堅，ベテランになると自らの企画したプロジェクトに大きな予算がつき始め，ますます自律性を高める。職業志向性の上昇は40歳代前半までが自然系研究者の研究現場での最終的な年齢と想定されることから，専門性を求める態度が高まり続けることは想像に難くない（これ以上の世代は管理的役割を求められることが多い）。また，達成動機は20歳代が最も高い傾向を示しているが，30歳代と40歳代に差はなく，中堅以降の加齢による意欲の減退は見られない。製造職，事務職の場合，加齢による意欲減退が目立ったが，専門職の場合，仕事に対する意欲の減退は見られなかった。

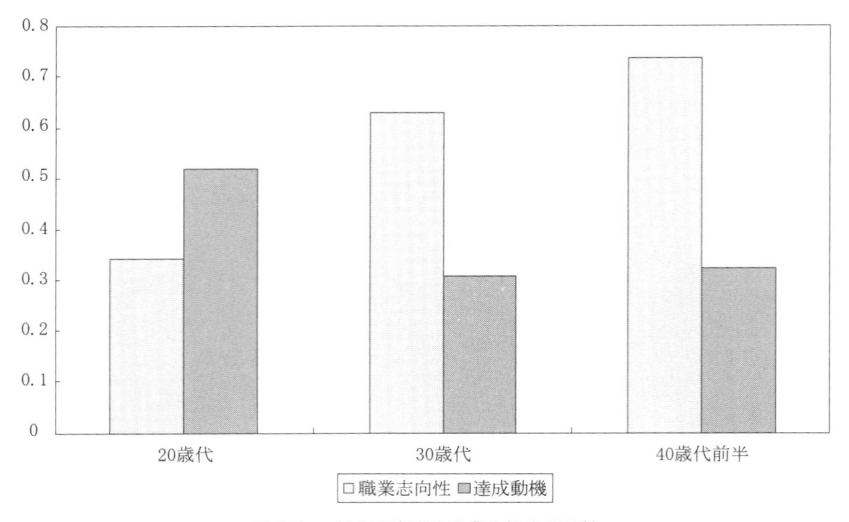

図1.8　A社の研究職の職業人性世代比較

4　組織人性と職業人性との関係

研究職は組織に対して情緒的に関与しつつも，職業人性をもっていた。で

は，組織コミットメントと職業志向性，達成動機はどのような関係にあるのだろうか．以下に職種ごとの相関係数を示し，分析を進める．なお，製造職（r = .923），事務職（r = .960），研究職（r = .963）のいずれも勤続年数と年齢の高い相関が見られ，終身雇用制が浸透していることが窺える（日本の場合，専門職も終身雇用制度が浸透していることが多い）．以下の分析では勤続年数に代表させて年齢の図示は省略する．

4.1 製造職の諸要素の相関

製造職の年齢，勤続年数，組織コミットメント，職業志向性，達成動機の相関関係を図 1.9 に示す（詳細は付表 1.1）．製造職の場合，勤続年数は情緒的要素と弱い正の相関関係にあるが，他の要素とは相関性は見られない．勤続年数と情緒的要素の関係から，製造職は組織への在籍年数，あるいは加齢により情緒的要素が高まるといえよう．情緒的要素は勤続年数以外にも達成動機と正の相関があり，やり遂げる気持ちと組織への愛着の関連性が示された．また，能力発揮要素と職業志向性要素にも弱い正の相関があり，職業人的な一面も見られる．A 社の製造職には職業人志向と組織人志向の混在が見られた．

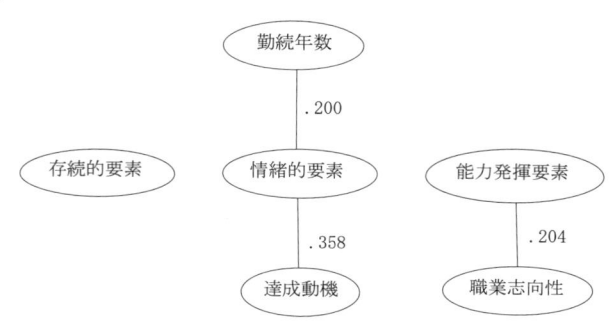

図 1.9　A社の製造職の諸要素の相関

4.2 事務職の諸要素の相関

事務職も製造職と同様に諸要素の相関関係を図 1.10 に示す（詳細は付表

```
            勤続年数
       .281  │  .255
              │
  存続的要素  情緒的要素   能力発揮要素
                │
               .229
              達成動機    職業志向性
```

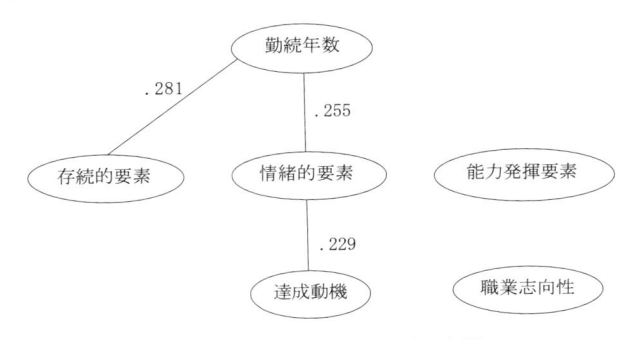

図 1.10　A社の事務職の諸要素の相関

1.2)。事務職も製造職と同様に勤続年数と情緒的要素に弱い正の相関関係があり，勤続年数の長さ，加齢が組織への愛着に影響を及ぼすことが確認された。事務職の場合，これに加えて勤続年数と存続的コミットメントに弱い正の相関が見られ，勤続年数が長くなると，他組織への移動可能性の低減を感じている事務職の姿が窺える。また，達成動機と情緒的要素にも弱い正の相関が見られ，製造職と同様にやり遂げる意欲と組織への愛着は関連性をもっていることが示された。

4.3　研究職の諸要素の相関

　研究職も製造職と同様に諸要素の相関関係を図 1.11 に示す（詳細は付表 1.3）。製造職，事務職では，勤続年数と情緒的要素，存続的要素との間に相関性が見られたが，研究職はこれらの要素との関係性が低く，情緒的要素，存続的要素は勤続年数（あるいは年齢）との間に相関は見られなかった。製造職，事務職と同様に研究職も達成動機と情緒的要素との間に弱い正の相関が見られ，やり遂げる気持ちと組織への愛着が関連性をもっていた。また，職業志向性と能力発揮要素との間に弱い正の相関があり，研究職らしい傾向が見られた。研究職の特徴では，それぞれの要素が勤続年数（あるいは年齢）に影響を受けておらず，仕事への志向，やる気と組織での在職年数に関連性がないことが示された。

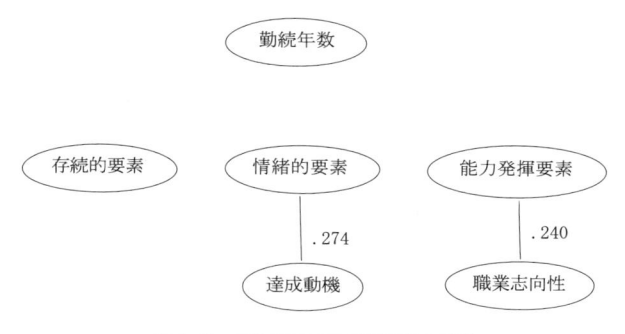

図1.11　A社の研究職の諸要素の相関

（勤続年数／存続的要素／情緒的要素—.274—達成動機／能力発揮要素—.240—職業志向性）

4.4　A社での職種比較のまとめ

　ここまで，A社の研究職の所属組織への高い関与という現象を職種比較によって検討してきた。組織への情緒的な関与がA社の社員全体の傾向であるのか，他の事務職や製造職などの非専門職と異なるものであるのかを職業人性，組織人性を示す指標を用いて検証を行った。組織コミットメント尺度では情緒的要素，存続的要素，能力発揮要素の3つの主成分が抽出され，その主成分得点を用いて比較を行っている。情緒的コミットメントでは製造職，事務職以上に組織に関与する研究職の姿があり，会社の目的を自己のものとし，組織に夢をもつ組織人的傾向を示した。しかも，職業人性指標では従来型の専門職の傾向を見せており，他職に比べて職業志向性も達成動機も高かった。さらに，職種ごとの世代比較を行ったところ，製造職，事務職が加齢，長期勤続により組織依存性が高まり，組織に情緒的に関与する傾向であるのに対して，他職に比べて職業人性の強い研究職は組織依存性が低いにもかかわらず，若年期から組織に情緒的に関与するという特徴的傾向を見せた。このことにより，研究職が組織に情緒的に関与するのは，完全に組織人化したわけではなく，職業人性を併せもつ傾向であることが示された。A社の研究職の情緒的な関与は，A社の社員全体の傾向ではなく，研究職特有のものであり，その研究職は「組織人的な職業人」という状態であることが確認された。

5　他の企業内研究職との比較

　第3節，第4節ではA社の研究職が製造職や事務職よりも所属組織に情緒的に関与し，組織の目的に夢をもつ傾向を検証した。これによってA社の研究職の組織への愛着を「管理職，研究職，事務職だけでなく製造職，関連企業に至るまで一体感を求める企業理念をもつA社であるため」という説を退けたことになる。全社的な企業理念の浸透であるならば，組織人の典型といわれる事務職や他社への移動が容易ではない製造職も相対的に情緒的コミットメントを高めるはずである。では，A社の研究職のこの現象はA社特有のことなのであろうか。それとも，社員に情緒的なコミットメントを求めがちな日本の企業に所属する専門職に共通した現象なのだろうか。そこでこの問題を確認するために，A社と比較するための企業に対して追加調査を行った。この調査では研究者の分野の違いによる文化的な差を少なくするために，同じ家電業界のB社を比較対象企業として選択した。

5.1　B社への調査

　B社への調査はA社の分析結果をもとに設計を行い，2000年8月に実施したものである。B社は国内の中堅クラスの家電メーカーであり，研究部署をもつ企業である。対象者は現業系，事務系，営業系からなる非専門職と研究系の専門職である。研究職はR&D部門在籍の大学院修了者とし，A社同様，50歳以上に関しては最終学歴が大学卒業の者も含めている。これ以外にも，研究部門に所属していても大学院を修了していないものは非専門職として扱い，研究職には含めていない。調査方法は労働組合を通して組織の窓口に依頼して配布された[3]。

　A社とB社は，「2.2　測定指標」で求めた5つの主成分得点（情緒的要素，存続的要素，能力発揮要素，職業志向性要素，達成動機要素）で比較する。

5.2 B 社の職種比較

以下に B 社の職種ごとの組織人性，職業人性の比較を行う。

調査票の配布数：270 部　　有効回答数　265 部（有効回答率　98％）
専門職
　R&D 部門
　男性：82 名　　　女性　2 名　　　合計　84 名
　年齢：24 歳～51 歳　　　平均年齢　31.18 歳（SD　5.73）
非専門職
　男性：148 名　　女性　33 名　　　合計　181 名（無回答 1 名）
　年齢：19 歳～58 歳　　　平均年齢　34.99 歳（SD　6.97）
　　　製造　77 名　　事務　31 名　　営業　68 名　　調査・企画　6 名

5.2.1　B 社の組織人性職種比較

組織コミットメントの 3 要素について，B 社の職種比較を行ったものが図

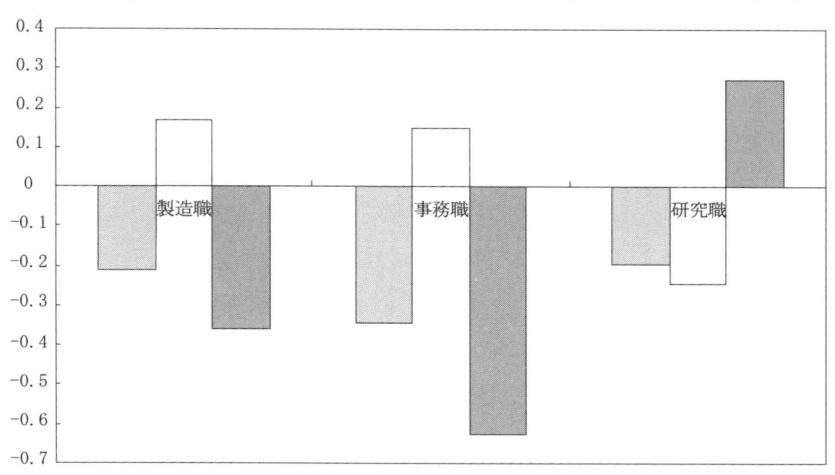

図 1.12　B 社の組織人性職種比較

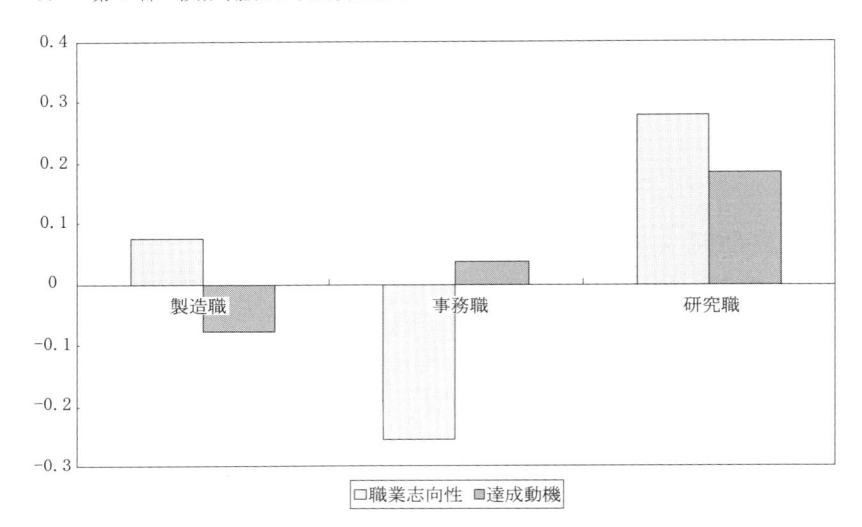

図1.13 B社の職業人性職種比較

1.12である。情緒的要素は製造職，事務職，研究職と大きな差はなく，全体的に低い傾向である。存続的要素では製造職，事務職がやや高い傾向を示しており，研究職の組織依存度は低い。能力発揮要素は製造職，事務職が低く，意に沿わない仕事を受容する姿勢が見られるが，研究職は自己実現がなされない仕事環境への関与に意義を感じないようである。図1.12からは従来通りの非専門職と専門職の関係が窺え，特に研究職の情緒的要素が特徴的な傾向を見せることはなかった。

5.2.2 職業人性

職業志向性については事務職が最も低く，研究職が最も高い。製造職の傾向を見ると，B社では製造職が事務職以上に仕事の複雑さや専門性を求める意欲が高いことがわかる。達成動機については製造職が最も低く，研究職が最も高い。事務職は他職の傾向の中間に位置する。B社の製造職は複雑さや専門性を求めているにも拘わらず，やり遂げる意欲を失っている。この現象は労働における疎外感が影響しているのかもしれない。いずれにしても研究

職は従来通り，非専門職に比べて専門性や複雑性を求め，達成意欲が高い傾向にあった。

5.3 A社, B社比較

本節では，A社に見られた現象がA社特有のものであるのか，B社のそれぞれの職種と直接比較し，A社とB社の違いを検証する。

5.3.1 組織コミットメント

A社とB社の組織コミットメントの職種比較を示したのが図1.14である。製造職の情緒的要素，存続的要素はほとんど同じ傾向であり，能力発揮要素が若干B社の方が低く，望まない業務であっても組織の仕事に対して受容的である。事務職の情緒的要素はA社の方が高く，存続的要素はB社の方が高い。能力発揮要素はA社の方が高く，製造職と同様に自己実現の機会を求めている傾向にあった。事務職はB社よりA社の方が職業人的である。研究職

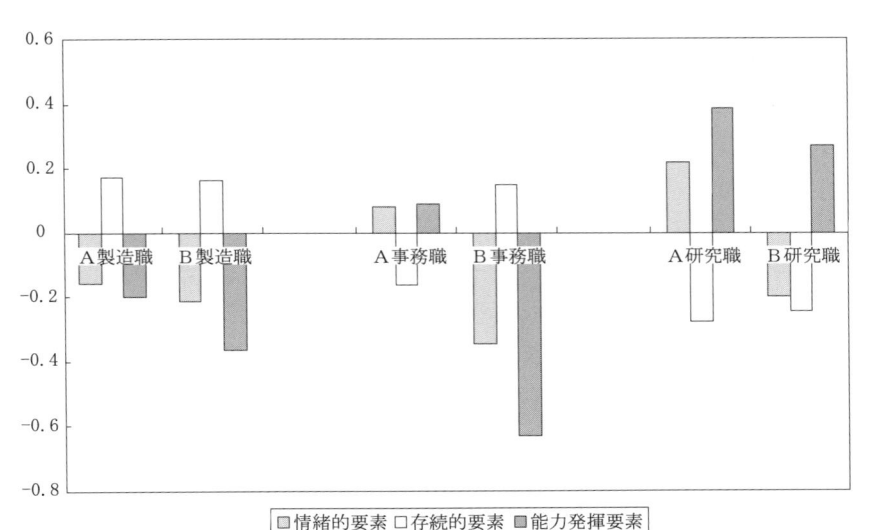

図1.14 A社, B社の組織人性職種比較

の存続的要素はA社の方がB社よりも低いが，B社の研究職も組織に依存的ではない。能力発揮要素はA社の方がB社よりも高いが，B社の研究職も他の職種に比べて能力発揮要素が高いことから，A社，B社の研究職は程度に違いはあるが，存続的要素，能力発揮要素共に，専門職的傾向を見せていることがわかる。しかし，A社の研究職の情緒的要素はB社の研究職よりも高く，かつ他のどの職種よりも高い。A社の研究職はB社の研究職よりも職業人的な関与をしつつ，情緒的にも関与しているのである。

5.3.2 職業人性

A社とB社の職業志向性と達成動機を比較したのが図1.15である。A社の製造職は職業志向性，達成動機の両要素でB社の製造職よりも低い傾向にある。また，事務職より研究職の方が両要素とも非常に高い傾向を示しているが，2社比較ではA社，B社の職業志向性，達成動機は，事務職，研究職は共に類似パターンを示し，両社には大きな傾向差は見られなかった。

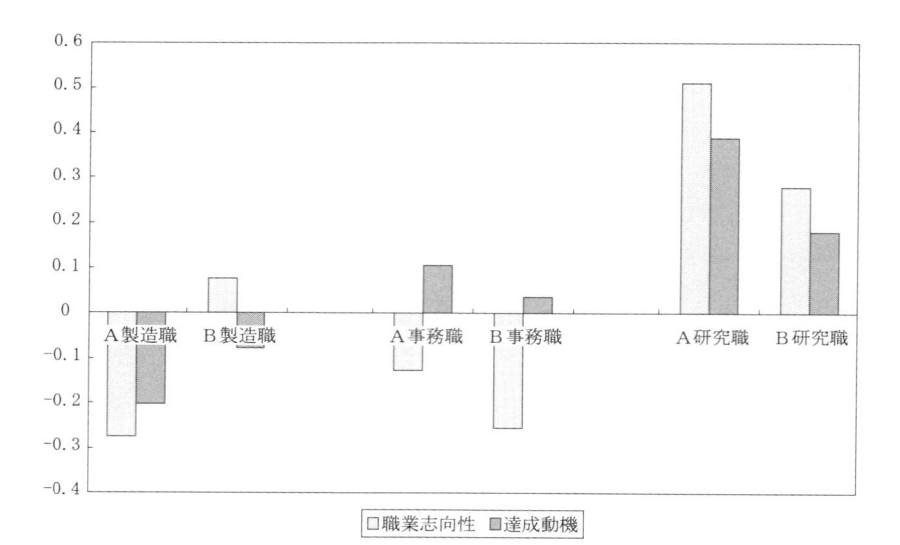

図1.15　A社，B社の職業人性職種比較

5.4 A社, B社比較のまとめ

ここまでA社, B社の職種ごとの情緒的要素, 存続的要素, 能力発揮要素, 職業志向性要素, 達成動機要素を比較してきたが, A社の研究職の傾向は職業人性をもち, 組織に依存せず, 自己の能力発揮のために組織に関与するという専門職らしい傾向が見られ, この部分においては, 同じ家電業界の文化の中でのB社の研究職と近い状態にあった。しかし, A社の研究職の情緒的な関与は, B社の製造職, 事務職, 研究職よりも高い傾向にあり, B社の研究職が所属組織に対して愛着が低かったのとは対照的に, A社の研究職は2社内のどの職種よりも組織に夢をもっていることが明らかになった。これらのデータから, A社の研究職の傾向が, 少なくとも同じ家電業界の文化の中では, 企業内研究職に共通に見られる傾向ではないことが証明された。

6 要約

本章ではA社の研究職が所属組織に強い愛着をもつ原因として考えられがちな2点について確認を行った。ひとつめは, 家族主義的なA社の理念の浸透によるものであるかという検証である。そこでA社の製造職, 事務職, 研究職との間で組織人性, 職業人性の比較を行った。研究職は比較的若い世代から中堅世代まで一貫して組織に対して情緒的関与をしており, 勤続年数と共に情緒的な関与や存続的な関与が高まる製造職, 事務職とは明らかに異なる傾向を示していた。世代にかかわらず示される研究職のこの傾向は, 情緒的な関与が長期勤続による組織社会化や, 中年期に入ってから他組織への移動をあきらめたものではないことを示しているといえよう。つまり, A社の研究職は組織に所属してまもなく組織に情緒的に関与していることになる。なお, B社の研究職も加齢による情緒的な関与の高まりはなかったが, B社の研究職の場合は20歳代から40歳代まで組織への愛着が低い傾向にあり, コスモポリタン的な関与であった。ふたつめは, A社の研究職の現象が終身雇用制度下の企業内専門職の傾向であるかという検証である。A社の研究職の組織への愛着はB社の研究職, あるいは事務職などの他職よりも高かっ

た。B社の研究職が従来型のコスモポリタン的な態度をもった専門職であったことから、日本型雇用慣行下の全ての専門職に、組織への愛着が高まるのではないことが示された。

非専門職組織に雇用される専門職は、KornhauserやEtzioniが指摘するように、組織の目的と自己の目的の不一致からコンフリクトを起こすといわれる（Kornhauser, 1962, Etzioni, 1964=1967）。しかし、A社には組織に夢をもち、愛着をもつ専門職が存在する。これまでの研究では、専門職は所属組織に準拠せず外部の専門職集団に準拠するという一元的な分析しか行われなかった。しかし、このような結果を得ることにより、なぜ非専門職以上の組織人性と職業人性を併せもつ専門職が存在するのかという疑問が生じたのである。

A社の研究職の情緒的コミットメントが、A社の企業理念の浸透や終身雇用される企業内研究職共通の態度でもないとすると、どのような要因がこの現象を起こさせるのであろうか。第2章ではA社の研究職にみられる現象に対して仮説を立て、第3章では他の比較データを用いることにより、この現象を引き起こす要因の解明を試みる。

注
1 本研究のデータは1997年11月に行われた、社団法人国際経済労働研究所の働きがい総合調査研究によるものである。被調査者が労働組合員に限定されているが、日本には自然系研究職は35歳がピークという年齢限界説（石田、2002）が根強く、40歳を越えた辺りから、研究業務よりも管理業務を期待されるようになることから、直接研究に従事している年齢層だけが対象となる本データは、専門職特性を見る上で何ら支障がないと判断した。
2 企業内研究職もさまざまなレベルの研究職がおり、企業内研究職を専門職に分類することに疑義を唱える意見もある。また、一般的に企業研究所には大学院博士前期（修士）課程修了で就職する者が圧倒的に多い（博士前期課程修了者は、これまで企業研究所に勤務しながら論文を提出し、博士学位を取得する者が多く、企業側もこれをサポートしていた。しかし、近年では社会人入試など、研究者自らが勤務時間外の時間を使わなければ学位取得が困難な傾向にある）。これまで博士後期課程修了者は専門分野が固定化しすぎて、新しいプロジェクトに対する柔軟性がないと避けられる傾向にあった。しかし、近年は博士後期課程出身者も2割程度採用される傾向にある（インタビュー:2）。また、日本の場合は、研究補助者も博士の学位をとって研究者に昇進することもある（Coleman, 1999=2002）。専門職論で不毛なほどに議論が集中するのは、グラデーショナルな職業体系の中での専門職定義である。伝統的な医師、弁護士を専門職とすることに異論を挟む者はいないが、産業革命以後に増加し続ける新しい専門的な仕事には、専門職の定義内に入れることに慎重な態度を示す者が多い。その場合、それらの専門的な仕事は準専門職などの名称で呼ばれる。

3 本調査は実施時期が組織の多忙な時期と重なり，回答者を社員コードなどによるランダム・サンプリングで選択することが望めなかったため，担当者による配布で実施している。

第 2 章
ローカル・マキシマム概念による移動可能性と準拠集団

1 組織人的な職業人に対する仮説提出

　第1章ではA社の研究者に見られる現象を特定するために，A社内の他職（製造職，事務職），他の企業内研究職（B社の研究職）との比較検討を行った。まず(1)組織人の典型といわれる事務職や他社への移動が容易ではない製造職の情緒的コミットメントを上回る研究職の傾向を確認し，「A社全体の情緒的コミットメントの強さ」とはいえないことを示した。これにより「A社の企業理念の浸透」という説は退けられた。また，(2)同じ家電業界のB社の研究職の情緒的コミットメントの低さを確認し「企業内研究職共通の傾向」ではないことを示した。これにより「終身雇用制度下の専門職の組織人化」という説は退けられた。では，なぜこのような現象が起こるのだろうか。本章ではA社の研究者が所属組織に対して情緒的コミットメントを高める要因について仮説を立て，第3章以降の分析枠組みについて方法論を提示する。

2 専門職の移動可能性と社会構造

2.1 当該分野に特化された専門職の知識

　そもそも，専門職は他の機関に転職しても自己の専門知識を活かせる職業として，組織から独立した知識をもつという印象を受けるが，果たして本当

にそうだろうか。現実には当該分野特有の基礎知識，当該分野を取り巻く社会事情，当該分野の先端的な動向などを習得しなければ，見習いの域を脱せず自律的に仕事ができない。たとえば，工学部の大学院を修了したとしても，就職する企業の分野で用いる専門用語，実験器具，装置の特性，当該分野に特化した研究内容，さらにユーザーの製品使用目的，マーケティング事情まで知る必要があるだろう。大学院で学習した基礎的な知識の上に，仕事上で必要な特定分野の知識が積み重ねられていくのである。その分野でリーダーを務めるような中堅クラス以上になると，当該分野に関する知識が蓄積しており，分野の動向を視野に入れ，企画・戦略を立てることが求められる。そのため，ある特定分野に限られた研究成果，当該分野の背景事情，当該分野全体を俯瞰的に見ることができる知識をリセットして，全く異なる別分野の研究機関に転職することは非常に考えにくく，異分野間の移籍は現実的ではない[1]企業で展開されるノウハウや知識，当該分野の先端的動向などの知識は膨大であり，大学院で習得した知識をはるかに越えてしまうため，たとえ最もレベルが高いといわれる大学院出身者でも，どこにでも移動可能というわけにいかないのである。つまり，専門職（profession）への就業と専門家（expert）への成長は別であり，徐々にレベルアップが図られた当該分野の知識・技能は別分野に行けば，また一から専門家になる努力が必要となり，当該分野以外での専門知識・技能の転用は困難なのである。

　また，組織全体で高度な専門サービスが提供されるようになった現在，専門分野が細分化し，専門職の知識はますます特定分野に限定されるようになった。現在，試行されている分野融合研究のように互いの専門性を認め合うようなプロジェクトでない限り，多くの機関では，即戦力となるその分野のスペシャリストを求めている。そのため，異なる専門分野（たとえば，家電業界から原子力関係）への転職は考えにくい。つまり，自分の専門知識を他の機関でも活かそうとすると，同じ分野内に制限された範囲での移動というのが現実的な移動可能性として認識されるのである。日本の企業は専門職であっても終身雇用制度の中にあり，その専門性は職場育成型であることが多い。従来型の専門職論は所与の条件として組織間移動を自由に行えるコス

モポリタンな専門職像を示しており，このような日本の専門職の現状にはそぐわないものなのである。

2.2 A社の研究者の移動可能性

A社の研究者は，自社の社会的評価を問う「業界で地位が高いと思う」という質問項目では，A社の高い地位を認知している（「5：そう思う〜1：そう思わない」，平均値　3.81　SD　0.91）。B社は業界の中堅クラスであるため，研究者の自社評価も中程度であった（平均値　2.96　SD　1.02）。2.1項で述べたように，企業内の研究者の転職は専門知識の活用を想定すると，同じ産業界内での移動に限られがちである。A社の研究者が他社に移動しようと考えた場合，A社が日本の家電業界のトップに位置し，世界でも有数の家電メーカーであることから，彼らの転職は家電業界のヒエラルヒーを下降する可能性が極めて高くなる。そのような状況の中でA社の研究者は転職を望むだろうか。A社の研究者はA社が業界のトップ企業であるために，業績向上という絶対的な地位の上昇は可能でも，相対的な地位の上昇は不可能なのである。

専門職が所属組織に対してコスモポリタン的態度であるといわれてきたのは，所与の条件として移動可能性の高さと専門職集団への準拠が想定されていたためである。しかし，移動可能性は社会との相対性の中にあり，単純に移動可能であるから転職できると感じるのではなく，転職することで何らかのメリット（たとえば，社会的地位向上，経済的地位向上，研究環境向上，権限向上，社会的意義向上等々）があり，それが実現可能と予測されなければ，実質的に移動可能性が高いと認知することはできないだろう。A社の研究者は，所属組織の社会的地位が業界のトップ企業であるために，相対的に移動可能性が低い状態に置かれているのである。

2.3　準拠集団選択行動と社会構造

A社の研究者の移動可能性が，低い状態にあると想定されることから，準拠集団論で展開されている所属組織・集団から外部集団への移動に関する

諸説を概観する。準拠集団は社会心理学で Hyman が用いた概念であるが (Hyman, 1942)，概念そのものは Mead や Cooley などが他者に準拠する個人の意識を明らかにした頃からあったものである。準拠集団（reference group) とは「人が自分自身を関連づけることによって，自己の態度や判断の形成と変容に影響を受ける集団」である（濱嶋他, 1993）。初期の準拠集団論は所属組織を中心に議論されていたが，その後，準拠集団選択メカニズムの対象に非所属集団も含まれるようになった。Merton は Stouffer の『アメリカ兵』の調査研究から，所属集団ではなく非所属の外部集団への準拠集団行動を発見し，準拠集団選択メカニズムを展開した (Merton, 1957=1961)。彼は外部の非所属組織への準拠集団行動を「予期的社会化 (anticipatory socialization)」という概念で示した。予期的社会化とは，「将来参加するであろう社会システムの価値や規範，あるいは将来付与されたり獲得されたりするであろう位置や役割に関する知識や態度，技能などを学習すること」(森岡他編, 1993) である。そして，この外部集団の準拠集団化に社会移動の視点を取り入れた研究がある。Lipset and Bendix は，上昇移動志向をもった人の予期的社会化について研究し，移動可能性は準拠集団の選択に大きな影響を与えることを示している (Lipset and Bendix, 1959=1969)。また，Merton は比較的開放的な社会構造の場合にのみ，予期的社会化が機能的だとしており，比較的閉鎖的な社会構造の場合，つまり，外部集団への移動が困難な状況下では，外部集団への志向的態度は所属集団から「腰の落着かない奴」として排除され，外部集団からも所属集団からも受け入れられない境界人（marginal man）となり，逆機能であると述べている。これは準拠集団選択行動が個人にとって順機能になるか，逆機能になるかは社会構造が規定するという示唆である。

　この概念を専門職に当てはめてみよう。専門職にも予期的社会化はあり，所属したい機関で評価されると考えられる業績の蓄積や，そこでの規範に従う行動が見られる。ただし，専門職論で語られてきた外部の専門職集団への準拠は，予期的社会化によるものではなく，彼らが共有する専門職としての態度や行動，規範，基準への適応という職業社会化（Occupational

Socialization）によるものである。先にも述べた通り，専門職にとって専門職集団への関与には必然性があり，それは予測された行動であろう。第1章でも確認したように，A社の研究者の職業人性は他職と比較して非常に高く，彼らにも職業社会化の影響が見られる。これを職業社会化の観点からではなく，移動可能性の観点からA社の研究者の状態を考える。すると彼らの行動が，たとえ職業社会化による準拠集団選択行動であり，予期的社会化とは異質であったとしても予期的社会化と同様の状態が想定される。このことからその行動が個人にとって順機能になるか逆機能になるかは，社会構造が規定するという仮説に至る[2]。比較的閉鎖的な社会構造，つまり流動性が低い状態の中で専門職が所属組織・集団を軽視し，外部集団の規範，態度に準拠することは，個人にとって逆機能といえるだろう。

3　移動可能性と地位の非一貫性概念

3.1　水平移動と垂直移動

　社会移動に関する研究は，経済学的視点による労働移動と賃金の関係，個人の社会的地位の移動，転職情報取得ネットワークの紐帯，エスニシティの観点から移民研究などさまざまなアプローチから分析されてきた。また，プロフェッション論，エリート論ではコスモポリタン的に組織間を移動する専門職像が描かれている。本研究では主に同じ職業，自然科学系研究分野内での移動であることから，人々の移動を比較しやすい形で捉えるため，水平移動[3]と垂直移動というアプローチから専門職の流動性を分析する。本書では基礎科学系研究者の多様な方面への移動（国立大学，政府系研究機関，ベンチャーほか）を水平移動と定義し，垂直移動は同分野でのヒエラルヒーでの上下移動のこととし，ここでは学界，産業界での地位の移動を意味する。では他の組織に移動することが可能な状況にあれば人々は移動するのであろうか。組織間移動が比較的容易であると考えられてきた専門職であるが，本事例では，ある一定条件の下では組織間移動が「できるのにできない」というジレンマ，あるいは「動かないという選択」が起こることが発見されてい

る。そこで，転職における垂直移動（上昇移動）と水平移動（異なる領域への移動）の交点に位置する人々の「動けぬジレンマ」「動かぬ選択」による「準拠集団選択メカニズム」について検討する。

3.2 地位概念の多元性

　地位移動の研究は，たとえば職業場面での地位の上昇・下降などに関するものがある。欧米の地位概念が単次元的に「上・中・下」と考えられがちであることに対して，1975年に行われたSSM調査では，地位概念の多元性について着目している（今田・原，1979;富永，1979;高坂，2000）。地位理論における地位の整合・不整合，一貫性・非一貫性に関する研究では，多くの場合，社会的地位に付与される諸資源は相互に強く関連するが，関連性が低い状態にあることを「地位の非一貫性（status inconsistency）」という概念で示されている（Lenski, 1954）。高階層に位置する個人には職業威信や所得など多くの資源が配分されるということが所与の条件として想定されている欧米の議論に対して，日本では職業威信は高いが低所得，あるいは所得は高いが低職業威信というような「地位の非一貫性」という現象があり，これが「中」意識を構成する層が置かれた状態であるという議論がなされた（今田・原，1979;富永，1979;高坂，2000）。今田らは社会階層という単直線に帰す関係性の内側が，多元的であることを示した。

　このような地位の多元性や非一貫性の議論は他の事象に当てはめることはできないだろうか。私たちのもつ複数の地位，つまり「地位セット（status set）」には，一貫性をもたない地位間関係がある。次に社会階層論などで用いられるものとは，やや異なるアプローチから地位概念の多元性について述べてみたい。自己内の地位での葛藤には，地位が一貫しないことによって起こる現象がある。また，個人は自己のもつ地位の全てに均等に関与するのではなく，高めることを望む地位や重視しない地位など自己内優先度はまちまちである。この優先度を規定する要因は目的や価値など，合理性の諸類型と密接に関わると考えられるが，情緒的な要素として自尊感情が大きな意味をもつことは間違いないであろう。本書では地位の非一貫性という地位間の関

係性を，これまでとは異なる文脈での個人内の地位セットにおける地位のズレによる現象の分析を行う。ここで取り扱うのは個人内の多元的な価値軸が「相対的なゼロ」という同じ原点から放射状に始まっているのではなく，価値軸のヒエラルヒーの相対的な位置にも序列が存在するという状態である。本書では科学者・技術者の事例から地位セット内の多元的な地位の非一貫性による現象を分析する。本研究は個人がもつ地位セットの関係性に着目し，異なる社会構造上，文化構造上に位置づけられた地位同士が，ある条件の下では，さらにその地位間に序列を作るという現象の解明を試みる。本事例では地位セット内の関係性による個人の「内的移動可能性の低減」という，社会的環境から個人と組織の関係を分析する。

4　専門職の準拠集団と文化構造

第3節では移動や地位と準拠集団の関係について述べた。では移動可能性が低い全ての人々が，所属組織に情緒的に関与すると考えられるのであろうか。そうだとすれば，専門職よりさらに移動可能性が低い製造職や事務職の方が，企業に夢や愛着をもつはずである。しかし，第1章で示したようにA社の製造職，事務職は研究職よりも情緒的関与が低かった。このデータから移動可能性が低い全ての人々が組織に情緒的に関与するわけではないことが確認されている。また，専門職も境界人になるのを避けるのが目的であるとすれば，移動可能性の低減を予測しつつ，コスモポリタン的態度を弱くするに止まり，非専門職を上回るような情緒的な関与にまでに至らないのではないだろうか。そこには，まだ，他にも彼らを情緒的な関与にまでに至らしめる要因があるのではないだろうか。そこで，本節では専門職の意識に影響を与える要因について，彼らを取り巻く文化構造に着目して検討を行う。

4.1　多元的な所属組織・集団

これまで職場組織に関しての議論は，私たちが複数の組織・集団に所属しているにもかかわらず，職場組織と個人の2者関係で述べられることが多

かった．とりわけ，製造職や事務職のように組織に根ざした知識や技能をもつ職種では組織内での議論にとどまりがちであった．それに対して専門職論では外部集団という所属組織外との関係性を要素に取り入れて議論を行っている．しかし，専門職集団に準拠する専門職のコスモポリタン的態度と所属組織とのコンフリクトについての議論は多いが，専門職が社会的環境の中で所属組織をどのように見ているかという議論はなされてこなかった．

社会の中で個人が多元的に所属する組織・集団という状態を，企業内の研究者に当てはめて考えてみよう．研究者は専門分野に最も関与する態度を示し，その学術的業績の評価は専門職集団である学会に委ねる．彼らは自己の価値をその分野での序列の中に置くが，それと同時に，研究環境を保証してくれる企業（所属組織）の成員でもあり，その中では，他職種に比べて専門知識・技術，報酬，威信で優位な立場にある（第3章参照）．また，企業組織そのものも産業界のヒエラルヒーの中におり，その産業界は専門分野の中でのヒエラルヒー（たとえば，通信系，家電系，重電系などの分野全体の序列意識）に属する．このように多元的な構造の中で，外部の専門職集団に準拠する研究者は，学界，所属組織，所属組織の属する産業界，産業界そのものの学界での位置づけなどから自己の位置を認知することになる．個人を取り巻く環境の多元性を分析視点に入れるならば，社会構造，文化構造という要素の検討が必要なのである．

4.2 専門職集団の価値意識

ここで専門職が専門職集団に準拠する状況について，研究者を例に考えてみよう．研究者は職務上，最先端の研究動向を知る必要があり，基礎科学系研究，応用科学系研究にかかわらず，学会への関与は避けられない．Eisenstadt は，ある組織・集団が準拠集団に選択されるメカニズムの中に，その集団が何らかの威信を与えうる能力（「地位授与（者・集団）（status conferral）」）を考慮にいれるべきであるとしている（Eisenstadt, 1954）．たとえば，研究者にとって学会で評価を受けたり，学位授与機関から学位を与えられたりすることは，社会的威信を与えられることになる．企業内の研究

者にとっても外部の専門職集団での評価は重要であり，そこでの評価は所属組織での評価にも影響する。所属組織が彼らを雇用するのは，専門知識の発揮を期待しているためであり，専門知識の取得は継続して要求される。そのため，彼らは研究者である限り，科学的知識の承認機関としての学会に必然的に関与するのである。

作田は共有価値の制度化について「社会集団の構造の上層にある者は，共有価値の基準によってサンクション（是認・尊重など，肯定的な承認：筆者挿入）された報酬を所有するものとして，彼はその威信によって羨望視され，尊敬される」と述べている（作田,1972）。業績が認められたものからなるヒエラルヒーの中で，価値があると承認された分野の研究者は，名誉と威信が与えられて尊敬されるのである。

4.3 学問的序列意識と相対的不満

作田が述べた社会集団の中でメンバーに共有された望ましさは，専門職集団ではどのような構造をなしているのだろうか。たとえば，自然科学系研究者の価値意識からなる文化構造は科学史，技術史の記述やインタビューから得ることができ，そこには学問的序列意識を表す言説を読み取ることができる。資料やデータからは，学界では基礎科学系研究が上位にあり，応用科学系研究が下位にあるような序列意識の存在が背後に見える。応用科学系研究者たちは，自らの研究の評価が基礎科学系研究より低い評価を受けることを不当に評価されていると感じている。

「相対的不満（relative deprivation）[4]」は，自己の評価に対する基準を他者に合わせることで，自己が不当に評価されていると感じることを示す準拠集団概念である。準拠集団論では準拠集団が所属組織・集団に限らず，非所属の外部集団という場合があることが発見されている。これを応用科学系研究者に当てはめてみると，自己が外部の準拠集団（学界）での序列意識によって不当に評価されることに相対的不満をもつだろう。「組織人的な職業人」という企業内研究職の態度は，学界という準拠集団での相対的不満が影響を及ぼしたものなのかもしれない。相対的不満と内集団への愛着の関係

は，エスニシティ（金, 1996）やイデオロギー（Lenski, 1954）に関する分野で研究されており，地位の相違で起こる自己内での葛藤というアプローチは，社会構造と文化的構造の中で位置づけられた個人内の地位同士の関係性に通ずるところがある。

4.4　認知的不協和と自尊感情

「認知的不協和理論」（Festinger, 1957=1965）という概念は，Festingerが提唱した認知的動機づけに関する理論であり，「人間は自己の認知内部に何らかの矛盾が発生すると不快な状態に陥り，その矛盾を解消しようと試みる」というものである（古畑編, 1994）。産業界と学界の二重のヒエラルヒーに位置するA社の研究者は，業界の中でトップ企業の地位にありながら，自己の研究分野が学界で高く評価されず，その位置づけの相違に不協和な認知をもつのではないだろうか。その不協和な認知を軽減するために，学界以上に所属組織・集団を高く評価することで自己の地位も高く感じるようになるのではないだろうか。たとえば，家電メーカーにおけるノイズ除去技術に関する研究は，製品開発において品質の向上という重要な意味をもっている。その研究により製品が世界的な評価を得て売上増加が見込める。しかし，その研究を学会で報告しても，学術研究としての評価は高くならない。企業内の研究者は企業に求められた研究を進め，評価される製品につながる研究を行っているが，学界での評価を得られないことに対して認知的な不協和が高まるのである。

　自己評価と準拠集団の選択についての研究があるが（Holyoak, 1983, Routheram-Borus, 1990），ここではネガティブな自己評価と準拠集団選択の関係について考えてみよう。研究者が学界に準拠し，自己が学問的序列の上層に位置づけられないことを認知した場合，自尊感情が脅かされることになる。Willsは，人は自然に下方比較を行っており，自尊感情が低下するような脅威をともなう事態において強く作用するようになり，自分よりも能力の劣った他者を比較の対象に選ぶことで，自尊感情の向上を行うとしている（Wills, 1981）。また，辻によれば人は自己の社会的位置をより「高く」認知

する傾向，あるいは，自己を高い位置に置くことができるような準拠集団を想定する傾向がある（辻，2000）。これをA社の研究者に当てはめると，学界だけを準拠集団にした場合，自尊感情が脅かされるが，家電業界のトップ企業という地位の方に準拠すると，高い地位にある自分を認知することができ，自尊感情は守られる。このことから従来型の専門職論にはない「組織人的な職業人」というアンビバレント（両義的）な態度は，専門職が専門職集団に準拠するために自尊感情が脅かされ，所属組織を準拠集団化するというパラドキシカルな構造によると予測できるのである。

4.5 準拠集団と価値意識の構造

ここで準拠集団と価値意識の構造で用いる概念を見田の定義を用いて整理する。専門職が所属組織をどのように見ているかという指標を考える際に，準拠集団との関わりにおいて，主体／客体の捉え方が重要になる。見田によれば「ある主体がある客体の価値を判断する情況における，その主体（評価者）のこと」を「価値主体」とよぶ。その客体（評価体）を「価値客体」といい，その判断を「価値判断」とよぶ。見田は，価値空間におけるもっとも重要な要因は，判断基準の＜基準＞と＜準拠＞であると述べている（見田，1966:24）。価値基準は，個々の具体的状況における価値判断の底にある一般的な尺度のことである。価値判断の準拠は，価値判断を「信託された価値主体」に準拠することである。他の個人や集団，イデオロギーなどがそれにあたる。見田は価値判断（意思決定）の規定要因として，価値主体の所属する社会集団それ自体の構造的な特性と彼，彼女自身がその中で，いかなる地位をしめ，役割を果たしているかという要因群があると述べている（見田，1966）。研究者に共有されている「基礎科学系研究＝上位，応用科学系研究＝下位」という価値意識は学界のものであり，彼らの価値判断に影響を及ぼしている。これを企業内研究職に当てはめると，企業内研究職（価値主体）の所属する学会，企業（社会集団）それ自体の構造的な特性（多峰性ヒエラルヒー）の中で，彼らがいかなる地位を占め，役割を果たしているかによって，価値判断が異なるといえる。企業内研究職は自己の地位認知の際に

「基礎科学系研究＝上位，応用科学系研究＝下位」の価値意識が働き，相対的不満を感じつつも，共有された価値規範のもとで応用科学系研究が暗黙のうちに下位に置かれていることを受容してしまうのである。

富永は価値判断の規定要因で，「主体の側の要因」の中に，準拠集団を含めている（富永,1958）。企業内研究職に当てはめると，価値客体である学界で共有されている価値意識として，基礎科学系研究に与えられた高い威信が，価値主体である応用科学系研究者の価値判断に影響を与えるのである。また，準拠枠，準拠集団は，「信託された価値主体」として価値判断のよりどころとなり，価値判断の規定要因となるのである。準拠集団と価値意識は深い関係にあり，準拠することは信託する価値主体の判断に任せることであり，信託する価値主体の価値意識を認めることである。それは自己の価値意識と一体化させるように働きかけることであり，準拠集団と価値意識の内面化は密接な関係にあるといえる。組織と成員の関係から考えると，成員が組織を価値客体視することは，組織に何らかの価値を見出していることであり，功利的に評価していることになる。しかし，組織の価値を内面化して準拠集団化した場合，組織は個人にとって価値客体であると同時に，「信託された価値主体」となるのである。価値客体に対して情緒的に関与し，価値客体の目的と自己の目的を一体化することは，その価値客体の価値を受け入れて価値判断を信託するという，価値主体視していることなのである。

4.6 ロイヤリティと準拠集団

4.5では所属組織の価値意識の内面化と準拠集団化を検討したが，ここでは組織に対する忠誠心と準拠集団化について触れておく。Sibutaniは，準拠集団概念は「アソシエーション」と「ロイヤリティ」の要約であり，集団における帰属意識（集団の価値の内在化）を表わしていると述べている（Sibutani, 1955）。Sibutaniは準拠集団概念について考察する場合，人と集団との関係において，人がどのように状況を規定するのか，その際にどのパースペクティヴを用いるのか，自己の位置づけを知る上での相対性を何から得ているのかを明らかにすることが重要であるとしている。A社の研究者

の相対性，状況の分析を進めると忠誠心を高める要因が見えてくるかもしれない。実際，A社の研究職は「この会社に忠誠心を抱くことは大切である」「組織の事業に夢をもっている」という項目でも高い値を示している。第3章以降ではこれらの要素についても分析を進める。

4.7 準拠集団の類型

Kellyの分類によると準拠集団には「規範的類型」（normative type）の準拠集団と「比較的類型」（comparative type）の準拠集団がある（Kelly, 1952）。三隅はKellyの規範的準拠集団と比較的準拠集団の分類を用いて，地位の非一貫性による準拠集団選択の関係性を分析している（三隅, 1986）。その発想は文化構造上の地位と社会構造上の地位の相違により所属集団を準拠集団化すると考える本書の仮説に共通する部分がある。三隅の分析のうち，「低い威信のランクを引き上げようと志向している人は，それだけより多く引き上げ先の高いランクの人々を比較準拠点として意識することで，自己の地位の非一貫性を痛感させられる。そして彼らは実際のつきあいという意味では，所属集団からは自分に近い低威信の人々を選び，非所属集団へのアスピレーションも低く押さえようとする。」「高い威信ランクを引き下げようとしている人々は，それだけより多くの低威信ランクの人を比較準拠点として意識することで，優越感をおぼえる。実際のつきあいという意味では，彼らは所属集団からは自分に近いより高いランクの人々に準拠しようとするが，一方で認知的には安定した状況であるのであまり高い威信集団を非所属準拠集団とはしたがらない」（三隅, 1986:142）という部分は，A社の研究者の状態に近い。A社の研究者の場合，学界は受け入れられたい集団としての規範的準拠集団であり，自己の地位を確認する比較的準拠集団でもあろう。しかし三隅の示すように自己の地位の非一貫性を痛感させられる場合，彼らは学界を比較的準拠集団とはせず所属組織を産業界における比較的準拠集団として位置づけ，価値の内面化が起こったと考えることができるのである。三隅の研究は階層帰属意識生成のメカニズムの解明を目的としたものであるが，本書ではさらに規範的準拠集団の必然性（研究者であるために学界に準

拠しなければならない），あるいは，個人内地位セットの葛藤を起こさせる構造的要因について発展させたい。研究者の場合，準拠者も研究者であるため，職業威信や収入に格段の差があるわけではないが，「共有された学界の序列意識」が存在する。三隅が地位の非一貫性の解消に，「…非所属集団へのアスピレーションも低く押さえようとする」「…高い威信集団を非所属準拠集団としたがらない」などの非所属準拠集団に設定していることを，既に所属している集団に読み替えることで，同様の状態を説明できる。日常的な活動の場としての職場の組織と，会員ではあるが日常の活動の場ではない専門職集団という既所属集団の中での関係性とそれぞれの地位により準拠集団が選択，追加されると考えることで，組織人的な職業人の状態を説明することができるのではないだろうか。

5　ローカル・マキシマム概念

5.1　社会構造と文化構造での地位差と準拠集団

　以上のことから，私はA社の研究者の所属組織への愛着には，研究者が共有している学問的序列意識が影響を及ぼしていると考えたのである。たとえば，社会構造の例でいえば家電業界での売上業績による序列，研究者市場における転職経路の開放性などである。基礎科学系研究者の他の研究機関への移動経路は多岐にわたるが，応用科学系研究者は研究者としての転職経路はあまり開かれていない（研究者以外の転職経路は多岐にわたる）。これは企業内では高度な知的業務を行っていると自負していても，学界では官庁系などの基礎科学系研究所に比べて，家電業界はローカルな分野に属し，学問的序列の下層部に位置していると自ら認知せざるをえないというものである。

　この状態を数学的概念である「ローカル・マキシマム」で説明してみよう。ローカル・マキシマムとは，多峰性関数におけるある限られた範囲での最大値のことであり，全体の中での最大値は別に存在するという状況を表す概念である。ファジー理論をはじめとする機械制御系など，多くの理論に用いられる数学の概念のひとつであり，最大値（グローバル・マキシマム）の

探索作業の際，採用した点は本当の最大値ではなくローカル・マキシマム（限られたエリアでの最大値）でありえるというような時に用いるものである。Ａ社の研究者の例で考えると，その産業界の中では最大値（マキシマム）を極めているが，それはグローバル・マキシマムではなく，ローカル・マキシマムであることを認知している状態である。自らがグローバル・マキシマムではないと認知する価値基準は，学界に共有される序列意識に照らしたものである。業界でトップを極めている場合，さらに学問的序列で高く評価されるには別の大きな山（通信業界，エネルギー業界など）に登り直す必要があり，第２節でも述べたようにあまり例がない[5]。自己の分野でマキシマムを極めて優位であることが，相対的に垂直移動可能性がないという状態を生み，かつ専門職集団内でローカルな存在に置かれており，水平移動も困難な状態がＡ社の研究職の立場と考えられるのである。この現象を説明するローカル・マキシマム概念は，移動可能性という構造的要因，相対的不満，異なる次元の地位の相違による認知的不協和という要素を含めて展開した準拠集団概念の発展型である。

5.2　ローカル・マキシマム概念図

ここでは，これまでに述べた仮説を概念図にて示す（次頁）。

5.2.1　応用科学系研究者の移動可能性

産業界の研究者は当該分野の専門知識を企業内で蓄積していくため，転職は同じ分野に限られがちである（かつて，同業他社間は紳士協定で移動できない構造であったが，現在では企業同士の了解のもと，研究者の移動が行われる）。また，全く異なる研究分野への転向はその分野での専門性が高いほど，困難であることが多い。基礎科学系の研究者には水平移動のチャネルが存在するが，応用科学系分野のトップである場合，垂直移動も水平移動も困難になる。

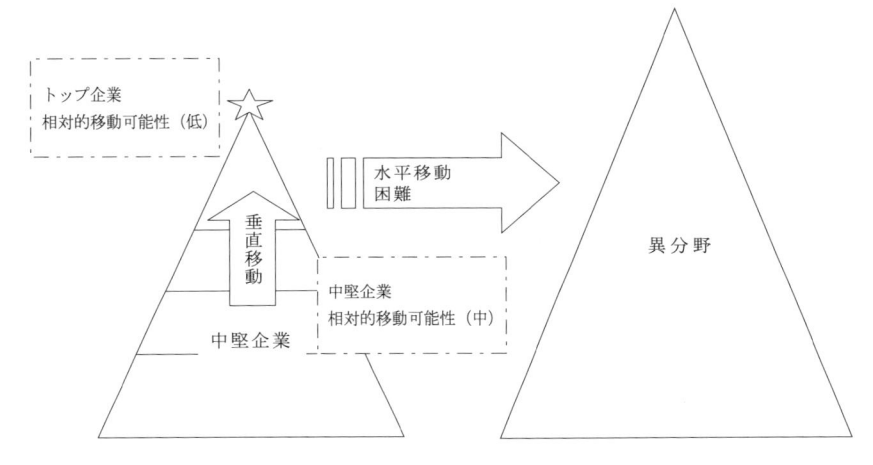

第 2 章　ローカル・マキシマム概念による移動可能性と準拠集団　57

図 2.1　垂直移動と水平移動の関係

5.2.2　学界での序列

図 2.2 は学界でのヒエラルヒーとそこから見た単一業界の最高点を表している。その単一業界の最高点は，グローバル・マキシマムではなく，ローカル・マキシマムであることを示している。

5.2.3　多峰性ヒエラルヒー

図 2.3 は産業界のそれぞれのヒエラルヒーと学界の研究分野に対する価値意識（「基礎科学系研究＝上位，応用科学系研究＝下位」）によるヒエラルヒーを立体的に表現したものである（多峰性ヒエラルヒーの状態）。産業界の構造，研究者市場での移動可能性の違い（水平移動と垂直移動），産業分野に対する学問的序列意識が存在する。

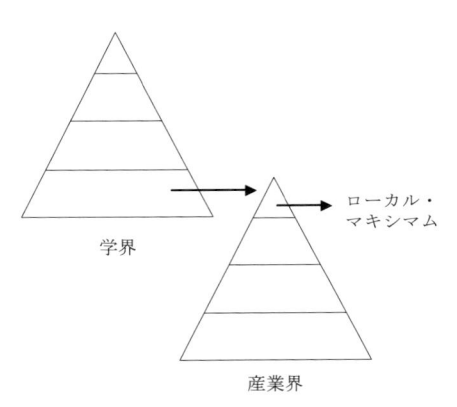

図 2.2　ローカル・マキシマム概念図

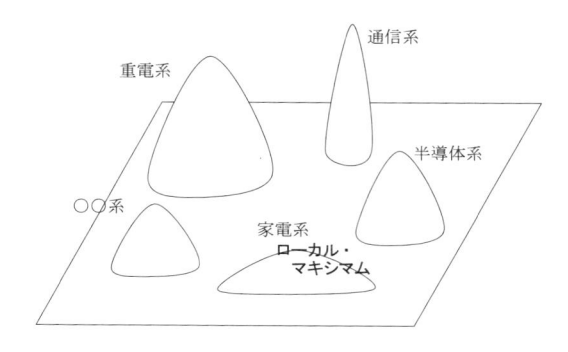

58　第Ⅰ部　移動可能性と準拠集団選択メカニズム

図2.3　多峰性ヒエラルヒー概念図

5.2.4　認知的不協和の軽減

図2.4は所属組織よりも学会に準拠するはずの専門職が、マキシマムであるがローカルな状態にあるという不協和の軽減のために所属組織を重視し、所属組織も準拠集団化するイメージを示している。これは外部の準拠集団での地位と所属組織での地位の相違が所属組織を準拠集団化させたことを表している。

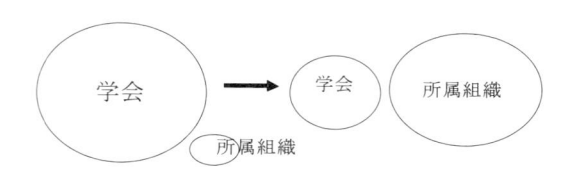

図2.4　所属組織の準拠集団化による認知的不協和の軽減

6　仮説の検証方法

本節では「組織人的な職業人」という現象をローカル・マキシマム概念で検証するためにいくつかの概念を指標化する。この検証で用いる概念と指標は次の3つである。(1)地位（① 学界での地位、組織の社会的地位、② 業界での地位）、(2)移動可能性、(3)組織と成員の関係（① 組織人性（準拠集

団化）② 職業人性）この3つの概念の関係は準拠集団化を従属変数として残りの概念（学界での地位，組織の社会的地位，産業界での地位，移動可能性，職業人性）を独立変数として，概念間の関係性について検討を行う。以下にこれらの指標について述べる。

6.2.1 地位

産業界での地位指標と学界での地位指標で設定し，その条件に当てはまる調査対象組織および研究職を選択する。

①－1 学界での地位

学問的序列意識の存在，および研究分野ごとの地位の確認は，資料での文言やインタビュー調査での表現から析出する。なお，ローカル・マキシマム概念の説明では，基礎科学系研究分野を上位に設定してグローバルとする（ローカルに対する便宜上の呼び名であって，世界でトップという意味ではない）。また，応用科学系研究分野を下位に設定してローカルとする。

①－2 所属組織の社会的地位評価

所属組織の業界（A社，B社は業界での地位，C研究所の場合は国内研究所と比較した評価）での地位を研究者がどのように評価しているかをみる（10件法）。

② 業界での地位

A社，B社の産業界の地位は，売上業績の順位を使用する。C研究所の地位は1人当りの論文執筆数などを比較に用いる。

6.2.2 移動可能性

垂直（上昇）移動と水平移動（他のヒエラルヒーに位置する研究機関への移動チャネルの保有）を次のように設定する。

① 垂直移動の対象設定

垂直移動は業績の低い組織から業績，威信の高い組織への移動の可能性を指標とする。企業であるならば売り上げ業績の低い企業であり，かつ，研究部門をもっている企業を選択することにより，上昇という垂直移動可能性を

もった組織とその成員を対象とすることができる[6]。また，分野の異なるヒエラルヒーでの比較は，移動の相対的困難性に対する整合性をとりにくいため，同業種での下位企業を選択する[7]。

② 水平移動の対象設定

大学，他の凝集性の高い研究機関他への移動チャネルを保有していると設定する。

6.2.3 所属組織と成員の関係

① 組織人性

組織への関与によって組織と個人の関係を測定する。組織コミットメント尺度を用いた意識項目を調査票調査データより使用する。組織の価値の内面化によって関与しているか，自己目的のために関与しているか，この尺度により関与の質を検討する。

② 職業人性

専門職特性として職業への関与を職業志向性尺度と達成動機尺度で測定する。職業志向性尺度は仕事への複雑性や自律性を求める態度の測定尺度であり，達成動機尺度は仕事をやり遂げる意欲の測定尺度である。A社の調査ではこの2つの尺度を職業人性の指標としていたが，追加調査を行ったB社とC研究所については，仕事への関与の程度を直接測る職業コミットメント尺度も調査項目に入れている。ただし，この追加調査の結果で得られた職業コミットメントの傾向が，職業志向性尺度＋達成動機尺度とほぼ同じであったことから，A社の職業志向性尺度＋達成動機尺度による職業人性の測定は妥当と考えられる。

6.2.4 準拠集団化指標

本項では準拠集団概念に対する指標のひとつとして，組織コミットメントを用いることの妥当性を検討する。研究者が自社の目的や事業に夢をもち，業務に人一倍努力する姿勢がある場合，組織の価値を内面化していると捉えられる。従来の研究では準拠集団概念と組織コミットメントは別々の分野で

分析に用いられてきた概念であるが，ここでは，それらが用いられていた文脈が接合されていなかっただけであり，非常に近い意味をもつ説明的な概念であると位置づける。所属集団の準拠集団化を検討するための指標に組織コミットメントを用いることは，「価値の内面化」というキー概念により説明できるのである。

見田の定義によれば，「信託された価値主体」（見田, 1966）として組織・個人がある場合，それは組織の価値の内面化によって準拠集団としていることになる。専門職が所属組織を準拠集団としていることを，組織・集団の価値の内面化からみるとすると，どのような尺度で分析するのが望ましいだろうか。本来，所属組織より専門職集団を重視するコスモポリタン的な専門職が，所属組織に愛着や忠誠心をもつことは所属組織重視の証といえる。その重視の目的が仕事上での自己目的的である場合は，準拠しているとはいえないが，愛着や忠誠心をもつこと，あるいは組織の目的を自己の目的と一体化させることは，価値の内面化による準拠といえよう。Sibutani は，準拠集団概念は集団における帰属意識（集団の価値の内面化）を表わしていると述べている（Sibutani, 1955）。

したがって，専門職の所属組織に対する愛着，忠誠心，組織の目的の自己目的化を検討することが，準拠の程度をみることになるのである。組織コミットメントには情緒的に関与する要素と，能力発揮目的で関与する要素を測定するものがある。これらの項目により，所属組織を価値客体として，また，信託された価値主体として見ているのか検討できるのである。以上のことから準拠集団と組織コミットメントは，非常に近い概念と考えることができるのである。よって，組織コミットメント尺度をローカル・マキシマム概念の指標のひとつとして用いることは妥当といえるのである。

7　文化構造と社会構造での地位の確認

本節では本章で提出した仮説およびその指標を用いて分析を進める上で，最も重要な構造的要因について確認作業を行う。以下に学問的序列意識およ

びその地位の確認と産業界での地位とそれによる移動可能性の設定を行う。本節では組織の窓口担当者からの提供資料，政府刊行物，他の資料，面接調査データなどにより，3組織の位置づけを確認する。

7.1　学界でのヒエラルヒーの確認

学問的序列意識という学界でのヒエラルヒーの存在を以下のデータ群から析出し，基礎科学系研究／応用科学系研究の位置づけを確認する。

7.1.1　論文数，研究費の割合

表2.1は，基礎科学系研究機関と応用科学系（家電業界）研究機関の論文数，研究費の比較データである。A社，B社，D社，E社は企業研究所であり，C研究所は政府系の基礎研究所である。組織ごとの研究費を見ると通信分野のE社が最も多く，2.2兆円が投入されており，1人当りの研究費でも2,750万円と最も多い。重電分野の組織全体の研究費は多くないが，1人当りの研究費は通信分野のE社に次いで多く，2,593万円である。家電分野の組織全体の研究費はA社がE社に次いで多く，約1.7兆円が投入されており，B社の約0.9兆円に比べて非常に多い。しかし，1人当りの研究費を比較するとA社，B社ともD社，E社の半額に近い。自然科学系では実験装置，最先端の機器が必要であり，低予算の研究所で行える実験には制約がある。入社する研究所の選択は研究テーマ，研究環境を考える上で研究者にとって重要な問題である。研究費が潤沢である研究所は研究者にとって魅力的な組

表2.1　1999年度年間研究費[8]

	分野	1人当りの年間研究費(百万円)	1人当りの論文数(本)	研究所員数(人)	研究費(百万円)	全体の1年間の論文数(本)
A社[9]	家電	13.94	0.01	12,060	168,100	138
B社	家電	16.63	0.01	5,341	88,800	79
C研究所	基礎	14.28	1.75	510	7,284	897
D社	重電	25.93	0.35	2,700	70,000	951
E社[10]	通信	27.50	0.13	8,000	220,000	約1,000

織であり，入所の競争率が高くなり，大学の研究室での序列が影響をおよぼす。ただし，研究費比較には重電系であるのか弱電系であるのかを考慮に入れなければならない。重電系は弱電系に比べて，実験機材が高額であり大掛かりなものが必要である。そのため，単純に研究費だけで研究機関のレベルを判断するのは比較観点が不十分である。弱電系のC研究所の研究費が，組織全体でも1人当りの研究費でも最も少ないことがそれを示している。

　研究費だけでは自然科学系研究者としての優位性を比較するには十分ではないため，次に論文執筆の比率を用いて比較する。1年間に提出された論文数を研究員の人数で除し，研究員1人当りの論文執筆数[11]を算出して比較すると，家電分野のA社，B社は官庁系のC研究所に対し，175分の1の論文数しか提出できていないことがわかる。この数値は業務としての研究が開発に結びつくことを目的としている研究機関であるのか，研究そのものを目的とした研究機関であるのかを見る上で，指標のひとつとなろう。ただし，これには企業秘密（第5章註3に記述している「PLACE」に表わされる，Proprietary（所有的）にあたる）という問題のために，発表論文数が影響を受けている可能性も考慮に入れなければならない。これを企業内の研究者間で比較すると家電分野（A社）は他の重電分野に対して35分の1，通信分野に対しても13分の1の論文数しか提出されていない。これらの差から執筆論文数は企業内の研究者においても研究中心の業務であるか，開発に近い業務であるかという業務内容の指標としてみることができよう（研究者の評価は研究費や論文数だけで決められるものではない。論文の質が重要であることを研究者たちは知っている。しかしながら研究費や論文数は，研究者が予算配分を行う人々への説明の際に示しやすく，また研究者以外の評価者にとっても，質の違いは専門知識がなければ理解し難く，これらの数値はわかりやすい代表的な指標として扱われる[12]）。基礎科学系研究志向は，時として企業研究所の開発研究を嫌い，大学の研究室での基礎科学系研究に戻りたがる若手研究者の存在からも窺うことができる（中山, 1994）。学界で評価される研究に従事できない者が，研究業績の高い組織や分野にコンプレックス，下位意識をもつことは想像に難くない。A社では論文数は多くないが，

E社に次いで多額の研究費が投じられており，論文執筆よりも研究業務そのものに重点が置かれていることが窺える。A社の研究者は基礎科学系研究を生み出すより，それを使った研究を行うものが多く，海外の最先端の基礎科学系研究者たちがパートナーであることは珍しくない。これらの研究分野や論文数などの違いは研究者として，学界での地位に影響をおよぼすだろう。

7.1.2 学問的序列意識の内面化

前述のような「基礎科学系研究＝上位，応用科学系研究＝下位」という学問的序列意識は，学界でどのように共有されているのであろうか。この文化構造が上層の人々の上位意識だけでなく，下層に位置づけられた人々にも内面化されたものであるのかを確認するために，応用科学系研究者に対し，学界での研究分野に対する価値意識についてインタビュー調査を行った。

事例 2.1　1997年　30歳代　A社　R&D部門　研究員　A氏
（インタビュー:3）

「大学の研究室仲間から，なんでA社なんか行くんだと言われました。今でもそれは気持ちの中にあります。でも，こっちに来たら，近隣の人に『A社にお勤めなんですってね，すごいですね。』と言われて驚きました。こっちでは家電業界のトップ企業であるA社に勤務することがすごいことなんだってわかりました」

この事例から特徴的に表れているのは，以下の4点である。
(1) 大学の研究室仲間の中での学問的序列意識の共有
(2) 自分がその中で劣位にいるという認識
(3) A社の家電業界での評価意識
(4) 地域ごとの企業評価

A社の研究者は自己が学問的序列の中でローカルであると認識しつつも，高い評価を受ける企業であることも認知している。

第2章　ローカル・マキシマム概念による移動可能性と準拠集団　65

> 事例　2.2　1999年　40歳代　A社　人事部　B氏
> 　　　（インタビュー:4）
> 　「たとえば，人事の人間がその分野で先端的な研究をしている大学の人気研究室の学生を狙っているわけなんですよ。△△大学だから，みんないいと考えるのではなく，○○先生の研究に従事した学生ということで，各大学の個別の研究室を狙っていくわけです。そうした時にD社さんに1番目の学生を取られても，うちにも2番目の学生が来ますから，技術レベルでは変わらない人材をもっています」

　この事例から特徴的に表れているのは，グローバルではない（1番手はよそにとられる）という意識である。事例2.1の研究員同様，学問的序列意識の中で自らローカルな存在と認知していることを物語っている。

> 事例　2.3　2000年　40歳代　F社（コンピュータ関係）研究員　C氏
> 　　　（インタビュー:5）
> 　「工学が物理学の応用分野として発生した経緯があるので，物理学に近い観念的な研究は評価が高いんです。ノイズ除去など技術的に高度な研究をしていても，産業界で評価されるだけで，学会ではあまり評価されないんですよ。やっぱり基礎研究の方が応用研究よりエライという感じがあるんですよね」

　この事例からは「基礎科学系研究＝上位，応用科学系研究＝下位」という価値意識の存在が表れている。

> 事例　2.4　2004年　40歳代　大学　工学部教員　D氏
> 　　　（インタビュー:6）
> 　「確かに，非常に不愉快な差別意識が，物理学者と工学者の間にはあります。彼らは我々を下層だと見ているところがあります」

事例 2.4 では，学問的序列意識がそのまま語られている。

事例 2.1, 2.2, 2.3, 2.4 から浮上するのは，基礎科学系研究に対する応用科学系研究の下位意識，不当に下位に置かれることへの相対的不満である。

①研究費，論文数，②科学技術系資料での位置づけ，③事例に表れるローカル分野の認知から，家電産業は開発研究に重きがあり，1人当りの研究予算，論文数も少なく，研究分野として，学界の学問的序列意識の中でローカルな分野に位置づけられていることが認知されているといえよう。この文化的構造は，下層に位置づけられる人々にも共有されており，A社の人々も外部の準拠集団で低位に置かれることに相対的不満をもっていた。彼らが所属組織に愛着をもったのは，相対的不満によるものなのだろうか。しかし，研究分野の位置づけに対する相対的不満が原因であれば，B社の所属組織に対する愛着も高まるはずである。ところが，第1章での比較からもわかるように，ローカルな位置づけの認知だけでは所属組織への愛着は説明できない。また，非専門職との比較でも示されたように移動可能性が低いだけでも所属組織への愛着は説明できない。そこで，A社のトップクラスという社会的地位に着目し，相対的な上昇移動可能性の低減という移動可能性の違いからの仮説を立てたのである。

7.2　産業界での地位と移動可能性

本節では，3組織の産業界での地位と移動可能性の関係性から，それぞれの位置づけを行うためにA社，B社，C研究所の垂直（上昇）移動と水平移動を確認する。

7.2.1　垂直移動とヒエラルヒーでの地位

A社がトップクラスであるため相対的に垂直移動ができないとするならば，垂直移動可能性をもつのはA社より売り上げ業績の低い企業であり，かつ，研究部門をもっている企業ということになる。そこで，上昇という垂直

移動可能性をもった組織とその成員を対象に設定することで垂直移動の有無による比較が可能となる。なお，分野の異なるヒエラルヒーでの比較は，移動の相対的困難性に対する整合性をとりにくいため，同業種での下位企業を選択する。

表 2.2 に示すように，A 社は家電業界で第 1 位の売上業績があり，最も高い売上（約 4 兆 6,000 億円）を達成する企業である。研究開発費，論文数で A 社よりはるかに優位である重電系の D 社は，家電部門での売上げ（約 3 兆 8,000 億円）は A 社の下位にあり，A 社が家電業界でマキシマムの地位にあることがわかる。第 1 章で用いた B 社は，同じ家電業界であり，順位も 11 位（約 1 兆 1,000 億円）であるため，垂直移動可能性をもつ対象として設定する。応用科学系研究の研究者のうち，B 社のような位置にある場合，当該産業内での垂直移動の可能性があると考えることができるのである。

7.2..2 水平移動とヒエラルヒーでの地位

ここでの水平移動とは大学，他の凝集性の高い研究機関他への移動チャネルを保有している場合，異なるヒエラルヒーの中にある研究機関への移動可能性という意味で用いる。本調査の場合，基礎科学系研究機関として地位を確立しており，大学の工学部電気系教員の半数近くを輩出していたことがある国立試験研究機関の C 研究所（現，独立行政法人研究機関）を水平移動可能性のある組織とする。

表 2.2 家電業界における売上ランキング

	1 位（A 社）	2 位（D 社）	3 位	4 位	5 位
売上高（百万円）	4,597,561	3,781,118	3,407,611	2,770,756	2,432,690

出所：後藤信夫，1999，『全国企業あれこれランキング 2000』帝国データバンクより。

7.2.3 移動可能性と地位

ローカル・マキシマムは相対的に垂直移動可能性がなく，水平移動も困難であることから移動可能性が低い。ローカル・ミドルは水平移動は困難であるが，上昇という垂直移動可能性があるため，中程度の移動可能性である。

グローバル・マキシマムは大学，他の政府系研究機関など水平移動可能性があるため，移動可能性が高い[13]。ここでは研究者としての移動可能性の高低について述べていることから，研究者以外の移動可能性は含まれていない[14]。

表 2.3　3 組織の関係

	地位状態	学界での地位	研究分野での地位	移動可能性
A 社	ローカル・マキシマム	低	高	低
B 社	ローカル・ミドル	低	中	中
C 研究所	グローバル・マキシマム	高	高	高

8　要　約

　第1章では所属組織に夢をもつA社の研究者の傾向を示し，それがA社の企業理念の浸透でもなく，終身雇用される企業内専門職共通の傾向でもないことが確認された。そこで，第2章ではA社の研究者の現象に対する仮説を提出し，第3章以降の分析枠組みを提出した。以下にその要約をまとめる。
　専門職は専門知識や技術をもち，他の組織でも利用可能な知的能力を備えている。しかし，その知識は当該分野に特化された専門知識であり，多くの場合，移動可能性はその当該分野内にとどまる。専門職論において専門職がコスモポリタン的だとされたのは，所与の条件として他の組織でも通用する専門知識と移動可能性の保有からであったが，相対的に移動可能性が低い専門職もコスモポリタンのまま所属組織に関与するのだろうか。たとえば，専門職の所属する組織が当該分野でトップの地位にあった場合，垂直移動の可能性は低減する。移動可能性の低い専門職が所属組織の規範より，専門職集団に準拠する態度をもつことは，閉鎖的社会構造下での外部の非所属集団への予期的社会化が境界人を生むことに通じるものがあり，個人にとっては逆機能であるといえよう。そこで相対的に移動可能性が低い専門職は境界人になることを避けるためにコスモポリタン的態度をとらないと仮定した。しか

しながら，それだけでは相対的な移動可能性が低い専門職が，絶対的な移動可能性が低い製造職や事務職より情緒的に関与することを説明するには不足であると考え，社会構造からの要因について検討を進めた。

　研究者は所属組織から専門知識の提供を期待されており，学会で承認される最新の研究など，新たな知識取得のため，また自らの研究成果を発表する場として，研究者である限り学界に準拠し続ける。しかしながら，産業界で行われる応用科学系研究は学界では高く評価されにくく，基礎科学系研究の方が高く評価されがちである。応用科学系研究が学界で低位に置かれがちであるのは，研究者が共有する学問的序列意識であり，これにより低位に置かれた研究者たちは相対的不満をもっている。研究者市場でも水平移動チャネルを保有しているのは，一部の基礎科学系研究者に限られている。このような状況の中で応用科学系研究者は，自己の研究分野が不当に評価されることに不協和を感じている。しかしながら，所属組織が当該分野の中で世界から高く評価される企業であり，自らの研究が活かされている自負がある。このことから，個人の自尊感情は自己を高く評価できる集団を準拠集団に選択するようになると想定した。そこで，本章ではＡ社の研究者の現象は学界という準拠集団でのローカルな地位と産業界でのマキシマムな地位をもつ研究者の地位の相違が，所属組織を準拠集団として追加させたという仮説を立て，分析枠組みとしたのである。

　本章では企業内の研究者のローカル・マキシマム現象から，専門職と個人が多元的に所属する組織・集団との関係について議論してきた[15]。このことは他の専門職にも当てはめることができるだろう[16]。専門職にとって専門職集団が準拠集団であることは職業社会化の影響もあり，疑いようもない事実である。そして，さらに多元的に所属する組織・集団の構造的要因による移動可能性の認知は，所属組織への態度に影響を与えるといえよう。専門職と組織の関係は，目的の違いによるコンフリクトという典型的な相克だけでなく，組織依存性が低い専門職であっても，多元的な所属組織の構造的要因により，所属組織に対して帰属意識を高めるような現象が存在するのである。

　次章では，ローカル・マキシマム概念による仮説の検証を調査票調査デー

タ，インタビューデータ，資料などから行う。

注
1 異分野間の優位性を融合させようとする分野融合的研究は，この限りではない。たとえば，情報分野とバイオ分野が共同で研究を行うなど，近年，新分野が開拓されつつある研究など。
2 複数所属組織をもつ専門職の場合には，さらに展開させる必要があるが，その議論は別稿に譲る。
3 実際には水平移動と考えられるものであっても，一方である価値の増加があり，他方で別の価値の減少があるといったものもあることから，厳密に水平移動とはいえないが，ここでは異分野のヒエラルヒーに移動できるという意味で用いる。
4 相対的不満とは人が自分のおかれている状況を，客観的基準ではなく，他の人との比較においてマイナスであると感じている状態を示す概念である。
5 工学に共通する知識は応用できるため，全く一から登り直しというわけではないが，分野を変えることには，非常に大きなエネルギーが必要である。
6 研究分野ごとに自己の位置づけは多少異なるが，ここでは組織の業績で判断する。後の項目で，研究者が研究分野での地位だけでなく，組織の社会的地位も評価していたことが示されている。
7 日本の企業では自然科学系の研究・開発に従事する人々には，研究内容の守秘義務が求められ，企業からの有形無形の同業他社への転職禁止令（入社時にこの契約にサインを求める企業もある）が存在したというが，2001年に調査を行った電気系のトップ企業の研究所では，昔のような紳士協定はなくなり，水面下の動きではなく，野球のトレードのような形で正式に強化分野，削減分野の人材の交換を行っているとのことであった（インタビュー:7）。
8 このデータは，各研究機関の担当者から，対外的には非公開にしているデータも含めて，ご協力頂いたものである。
9 A社に関しては，論文数，研究者数が非公開であったが，研究費，研究者数は，担当者のご厚意により研究予算，研究者・技術者の合計数を教えて頂いたものである。論文数に関するデータは2000年時点のデータをJOIS（現，独立行政法人研究機関 科学技術振興機構のオンライン情報システム）にて取得した。
10 E社の論文数は非公開であるため，インターネットにより，E社の公式サイトから取得したものである。100本単位のグラフからの読み取りであるため，おおよその数値である。
11 工学系の論文は1本について多くの共著者から成立しており，人文系の論文に比べて極端に単著が少ないということを考慮に入れなければならない。しかし，人文系，自然系を混在して比較するのではなく，工学系のみで比較しているため，全論文に対して，共著，単著の区別なく本数だけで比較することに問題ないと判断する。
12 さらに，インパクトファクター（掲載された学会誌の論文が引用される比率の高さ。論文が掲載された学会誌のレベルの高さの指標）やサイテーション（自己の論文の引用回数）でも評価点を算出するところもある。
13 ただし，日本の研究者全体では転職は決して多くない。基礎科学系研究者は応用科学系研究者よりも相対的に流動性が高いが，絶対数として基礎研究所でも2%程度の人々しか動いていない（藤本，2004a）。
14 研究職以外での転職は，むしろ応用科学系研究者の方が移動チャネルは多様である。
15 所属組織の位置づけは，地域差や企業の格なども影響するものと思われるが，本書では専門職が最も関与するとされる専門分野におけるアカデミック・ヒエラルヒーが，最も優先度が高いものと捉え，周囲の要素を捨象して概念図を構成している。

16 伝統的専門職の代表でもある，医師の世界でもいえることであり，40歳までは数年毎に病院を転々とし，コスモポリタン的であるが，40歳を過ぎた辺りから移動が減じ，その病院内での地位の向上に関心を向ける者が多いようである（インタビュー:8）。移動可能性が減少した医師のこのような現象も，ローカル・マキシマムという概念で説明できる。

第3章
ローカル・マキシマム概念の検証

1 仮説検証の手順

　第2章では「組織人的な職業人」という現象に対して，ローカル・マキシマム概念による仮説を立てた。本章ではこの仮説の検証を資料，計量データ，インタビューデータを用いて行う。A社の比較対象として選択されたB社とC研究所の調査票には，A社の分析から導き出された仮説の検証に有効である調査項目が新たに盛り込まれている[1]。第2節では，第3節以降で行う学問的序列意識での地位比較（基礎科学系研究－応用科学系研究）に，基礎科学系研究機関としてC研究所のデータを利用するため，あらかじめ概観しておく。第3節では，研究者たちが共有する学問的序列意識の存在を確認するために，研究分野ごと（基礎科学系研究と応用科学系研究）に研究者たちの学界，組織に対する態度を確認する。第4節では，これまで検討してきたデータをもとに移動可能性と組織準拠性の関係を検証していく。第5節では，ローカル・マキシマム現象の構成概念の関係を整理し，図に示してまとめる。

2 基礎科学系研究分野の研究者の傾向

　本節ではA社，B社と同様の指標を用いて，基礎科学系研究機関のC研究所の研究者の組織や移動可能性に対する意識について概観する。

2.1 C研究所調査概要

　C研究所にはB社に行った調査票と，ほぼ同様のものを使用している[2]。調査対象はC研究所の全成員であり，全数調査を行っている。回答者の概要は以下の通りである。ただし，今回の調査では行政職の調査票がほとんど回収できなかったため，分析に用いることができるデータは研究職のみである。ここでは3組織比較を行う前に，A社，B社と同様にC研究所の世代ごとの特徴を検討する。C研究所の傾向分析には，第1章で求めた「組織コミットメント（情緒的要素・存続的要素・能力発揮要素）」，「職業人性（職業志向性要素，達成動機要素）」の5つの主成分得点を用いる。

調査票の配布数：600部　　　有効回答数　　95部（有効回答率　16％）

研究職

　男性：86名　　　女性：2名　　　合計　88名

　年齢：28歳～60歳　　　平均年齢　43.57歳（SD　9.49）

事務職

　男性：7名　　　合計　7名

　　年齢：20歳～47歳　　　平均年齢　27歳（SD　8.71）

2.2 C研究所の位置づけ

　C研究所は基礎科学系研究を主とした組織であり，製品につながることを目的としたA社やB社とは研究目的が異なる。C研究所は学術的研究志向の強い研究機関であり，学界で高い評価を受ける研究を目指している者が多い（ここには大衆に直接還元される結果を求めて研究している研究者は少ない。ただし，近年は応用科学系研究重点化により，C研究所を含む独立行政法人研究機関でも産業界への直接貢献という志向の変化が見られる）。

　C研究所の研究費は相対的に多いとはいえず，第2章の表2.1に示した通り，研究費が潤沢な通信系や重電系の研究所よりも，むしろ家電系のA社，B社に近い。しかし，論文執筆数は群を抜いており，年間1人あたりの論文

執筆数は 1.75 本と他の研究機関を大きく引き離している（A 社 0.01 本，B 社 0.01 本，D 社 0.35 本，E 社 0.13 本）。基礎科学系研究機関の研究者にとって研究業績は重要であり，論文数はその指標として扱われる[3]（現在では，産学連携政策が推進されているため，研究が産業界にどれだけ寄与したかについての評価指標も加えられている）。論文を審査し，知を構築する学会において，多くの論文を輩出する研究機関の威信が高くなるのは，想像に難くない。Merton は普遍主義は学者としての経歴が才能ある者に解放されているべきだとしており，「業績が価値あるもの」だと認められた者からなるヒエラルヒーを支持している（Merton, 1957=1961）。したがって，論文を多く発表する者が高く評価される制度において，基礎科学系研究という優位な分野（「基礎科学系研究＝上位，応用科学系研究＝下位」という価値意識において）に位置し，「研究することが目的」である研究機関で，論文を多く輩出する研究者の威信は自ずと高くなるのである。

2.3 C 研究所の傾向

近年の C 研究所での新規採用者の傾向はポストドクトラル[4]を経た研究者であることが多く，正規雇用の若手研究者には 20 歳代が少ない。本調査でも 20 歳代は 2 名しかサンプルがなかったため，世代比較から除外している。また，A 社，B 社の R&D 部門には管理職になった研究者たちが組合員から抜けていくために 46 歳以上が少なかったが，C 研究所は公務員組織であり，定年まで研究業務を行う者が多いことから，年齢構成はピラミッド型ではなく，長方形型である。したがって，C 研究所では研究部署に在籍していることが出世の遅れを指すことにはならない。いい方を変えれば，研究者の特性を分析する上で 46 歳以上であっても C 研究所のように研究業務を継続している場合を意図的に除外する必要はない。

図 3.1 に示すように C 研究所の研究者の情緒的要素に加齢の影響は少なく，全体的にやや低い傾向にある。能力発揮要素は，30 歳代から 46 歳以上の全世代を通して高く，ほとんど加齢の影響はない。存続的要素は 46 歳以上になると若干高くなるが，全体的に非常に低い値を示している。能力発揮

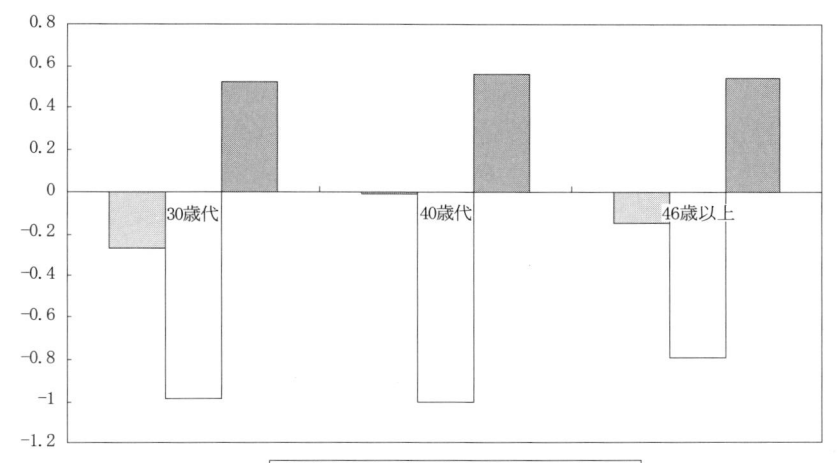

図3.1　C研究所における組織人性世代比較

要素の高さ，存続的要素の低さ，情緒的要素の低さと，C研究所の研究者の組織コミットメントは加齢の影響が少ないことが示された。ここでも研究者は加齢による組織コミットメントの向上がないとするOrnsteinらの研究を支持する結果がでている（Ornstein, S., Cron, W.L.and Slocum, J.W.Jr., 1989）。C研究所の研究者の職業人性は図3.2に示すとおりである。職業志向性要素は全世代を通して非常に高く，46歳以上がやや高い傾向にあるが，年齢の上昇に比例して職業志向性要素が上昇しておらず，加齢による影響とはいえない。達成動機要素はA社，B社と同様，加齢とともに減少する傾向にあるが，大きな差とはいえない。

　C研究所の研究者は組織に依存的な態度を示さず，自己の能力発揮のために組織に関与する傾向が強く，情緒的にも深く関与している様子がない。また，専門性の追求は世代にかかわらず，高い意欲を示している。達成動機要素は，やや加齢による影響も見られたものの，全体的に高い傾向にある。これらのことから，C研究所の研究者は典型的な職業人志向をもつ専門職人といえよう。

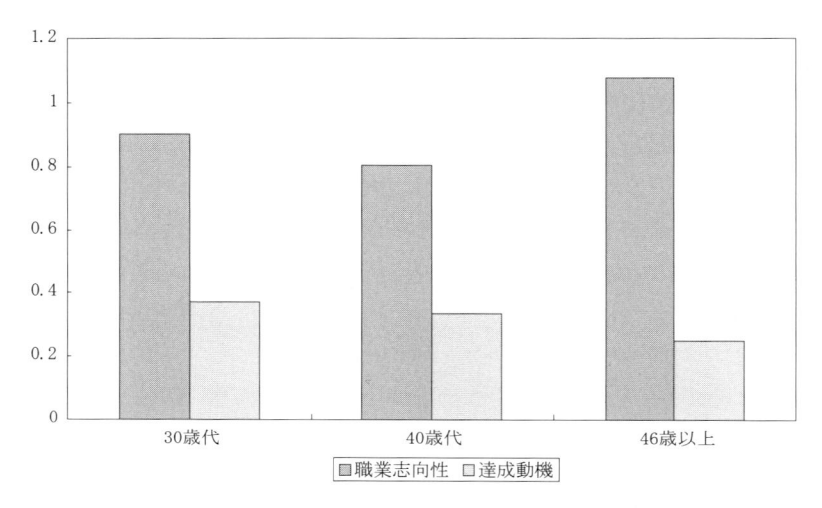

図 3.2　C 研究所における職業人性世代比較

（30歳代：職業志向性 約0.9、達成動機 約0.37／40歳代：職業志向性 約0.8、達成動機 約0.33／46歳以上：職業志向性 約1.08、達成動機 約0.25）

3　研究分野別コスモポリタン性比較

　本節ではB社とC研究所の追加調査項目を用いて，研究分野，組織の社会的地位による研究者の意識の違いを比較し，コスモポリタン性の程度を検討する。このデータは前述した通り，A社調査の3年後に設計されたものであり，A社の分析結果を活かしつつ，ローカル・マキシマム概念による仮説を検証するために追加された項目が含まれている。したがって，本節の比較分析には，A社調査時にはなかった項目群が含まれており，B社，C研究所のみで比較している項もある。応用科学系研究分野と基礎科学系研究分野の比較目的において，A社，B社が同じ応用科学系研究の家電業界内であることから，B社にその代表性を求め，傾向を比較することは有意義であると判断できる。

3.1　転職意思

　図 3.3 に示すように，B社の研究者の60％以上は転職意思がない。しか

し，残りの40%近くが「機会があれば転職してもよい」と考えていることから，実際の転職率ではなく，態度として移動可能性を予測していることが示されている。C研究所の研究者は約60%の人々が転職を考えている。C研究所のサンプルはデータの95.5%が正規雇用者であり，任期つき雇用者のように任期終了後の移動を考慮する必要がない人々である[5]。また，独立行政法人化後も雇用は保証されており，本サンプルの回答者には外部転出を強要するような圧力が働いていない[6]。この状況の中で約60%が転職を視野に入れていることから，C研究所の研究者は移動可能性を高く予測しているといえる。彼らの移動先として挙げられるのは，① 大学の教員 ② 国公立系研究所（現，独立行政法人研究機関も含む） ③ ベンチャー企業 ④ 企業研究所などである（インタビュー:9）。また，B社の研究者は転職希望の項目で，同職種（16%）より異職種（22%）がやや高い値を示しており，研究職から管理職，開発職など他職種への移行を視野に入れていると予想される。それに対してC研究所の研究者は同職種（46%）が異職種（13%）より多い値を示しており，研究職としての転職を想定しているといえる。

　これまで，B社には垂直移動可能性，C研究所には水平移動可能性があると位置づけてきたことから，ここでは移動に対する意識項目の違いを分析す

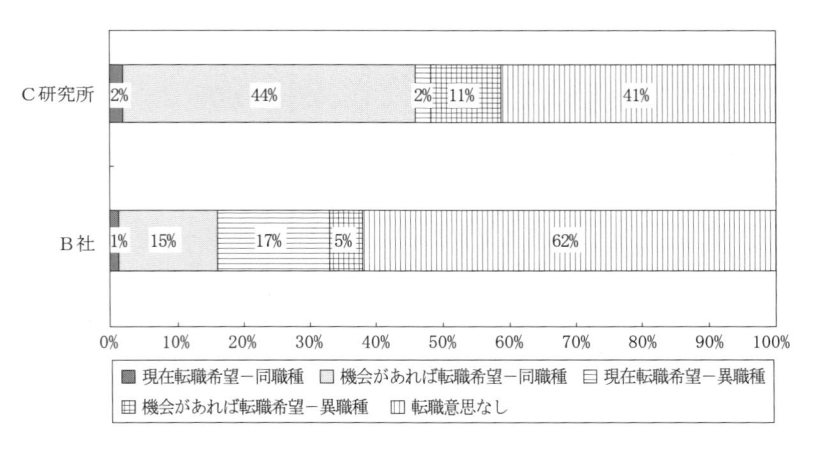

図3.3　転職意思の応用研究系／基礎研究系比較

る。「同じ分野で，他の組織へ移動するチャンスがあれば，移ってみたい」という質問項目（「1: そう思わない〜5:そう思う」）に対する平均値はB社 2.83，C研究所 3.40であり，C研究所の研究者の方が強く転職希望をもっている。表 3.1 の転職希望項目で「そう思わない」と答えている人が，B社では 31.6%であるのに対して，C研究所では 16.1%しかおらず，「そう思う」と答えた人はB社では 29.1%であるが，C研究所では 48.3%であった。これらの結果からC研究所の方がB社より外部への転職を望んでいる人が多いことが窺える（V = .223）。さらに「この組織では，ある一定年齢以上になると，組織外へ転出する人が多い」という質問項目に対する平均値はB社 2.67，C研究所 3.68 である[7]。表 3.2 に示した周囲の移動モデルの認知では，B社は 46.8%の人が周囲の移動は少ないと認知しており，転出者が多いと認知しているのは 24.1%であった。これに対してC研究所では 62.5%が周囲の移動が多いと認知しており，転出者が少ないと認知しているのは 12.5%しかいない。C研究所では多くの研究者が組織外への移動モデルの存在を認知していることから，B社よりも高く移動可能性を予測していることが窺え

表 3.1　チャンスがあれば移動したい

	そう思わない	どちらともいえない	そう思う	合計
B社 （人）	31.6% 25	39.2% 31	29.1% 23	100.0% 79
C研究所 （人）	16.1% 14	35.6% 31	48.3% 42	100.0% 87
合計 （人）	23.5% 39	37.3% 62	39.2% 65	100.0% 166

表 3.2　周囲の移動モデルの存在

	周囲は移動少	どちらともいえない	周囲は移動多	合計
B社 （人）	46.8% 37	29.1% 23	24.1% 19	100.0% 79
C研究所 （人）	12.5% 11	25.0% 22	62.5% 55	100.0% 88
合計 （人）	29.7% 48	27.0% 45	43.3% 74	100.0% 167

る（$V = .432$）。

3.2 プロフェッショナル・コミットメント

　B社，C研究所の追加項目にはA社調査の項目の確認の意味も含めて，職業への関与に関する項目も入れている。A社の調査時には職業人性の指標として職業志向性，達成動機尺度を用いていたが，B社，C研究所に配布した調査票にはプロフェッショナル・コミットメント尺度も合わせて設定し，直接，職業への関与の程度を測定している。ここで用いている項目は，Aranyaのプロフェッショナル・コミットメント尺度（Aranya, 1981）と，それをもとにして作成された蔡（蔡，1996）のものを参考にして作成したものである。この項目は職業への関与の程度（「1：そう思わない～5：そう思う」）を表わしている。分析に用いる項目群は，「(1) 私は，自分の専門分野での新技術開発のためなら，人並以上の努力を喜んで払うつもりだ」「(2) 友人にこの専門分野はやりがいのあるすばらしい分野であると言える」「(3) この専門分野に携わることは自分にとって価値のあることだと思う」「(4) この専門分野は私の意欲をおおいにかきたてるものである」「(5) 私はこの専門分野に愛着心といったものは持ち合わせていない」「(6) この専門分野を選んでよかったと思う」「(7) この専門分野は一生続けられる価値のある分野だと思う」の7項目である。各項目の値は表3.3の通りである。C研究所の研究者のプロフェッショナル・コミットメントは非常に高く，B社の研究者との意識の違いが明確に表れている。C研究所の研究者たちは(5)のネガティヴな質問項目以外，(1)～(7)まで全ての項目を4点台で回答しており（平均値は4.19），非常に職業への関与が高い（(5)はネガティヴな項目であるため「5−1.78＝3.22」で計算）。これに対し，B社の7項目の平均値は3.42とやや低い。B社も(5)がやや低めで回答されているが，それ以外の項目は3点台で回答しており，中程度の職業人性である。C研究所の研究者の回答は全ての項目でB社の回答を上回っており，全般的（(1)～(6)）に標準偏差も小さく，多くの成員が職業に対する自負心を強くもっていることが窺える。なお，職業志向性，達成動機で比較した場合とプロフェッショナル・コミットメントで比較

した場合もB社，C研究所の傾向は大きく異ならないことから，A社，B社，C研究所の3組織比較において達成動機，職業志向性で3組織の研究者の職業人性比較を行うことに支障はないと判断できる。

表3.3 プロフェッショナル・コミットメント（基礎－応用比較）

	C研究所		B社	
	平均	SD	平均	SD
(1) 新技術のために努力	4.54	0.66	3.83	0.94
(2) 専門分野はやりがいあり	4.29	0.88	3.62	0.99
(3) 専門分野への関与は価値	4.53	0.78	3.81	0.95
(4) 専門分野は意欲が湧く	4.45	0.74	3.50	1.01
(5) 専門分野に愛着心なし	1.78	1.09	2.48	1.09
(6) 専門分野の選択よし	4.26	0.88	3.46	1.07
(7) 専門分野一生継続の価値あり	4.01	1.16	3.21	1.12

3.3 研究所の地位認知

組織への関与を考える上で，組織の地位は研究者にとって凝集性を高める要素と考えられる。そこで，彼らが当該分野内での組織の地位をどのように認知しているかを次の項目で尋ねている。研究所の地位認知の項目として，「業界（国内研究所内）での地位」，「専門分野での地位」という問いに対し，低い方を「1」として10件法で回答を求めた。「基礎－応用」は，最も基礎的な研究を「1」，最も応用的な研究を「10」として，研究分野の位置づけの回答を求めた。B社の研究者は家電業界での地位を中堅と認知しており，専門分野での地位は業界内地位よりも高く評価している。これは担当分野によって認知が異なっているのかもしれない。C研究所の研究者は国内研究所での地位も，専門分野での地位もB社よりも高いと認識している。

これらの結果を箱ひげ図で示したのが図3.4である。地位に関する2項目では，B社の回答[8]の分散が大きいのに対して，C研究所は高い位置に回答[9]が集中している。分散が大きいB社は，専門分野での地位の最頻値がC研究所と同じ「8」であるにもかかわらず，平均値は6.30とかなり低い。そ

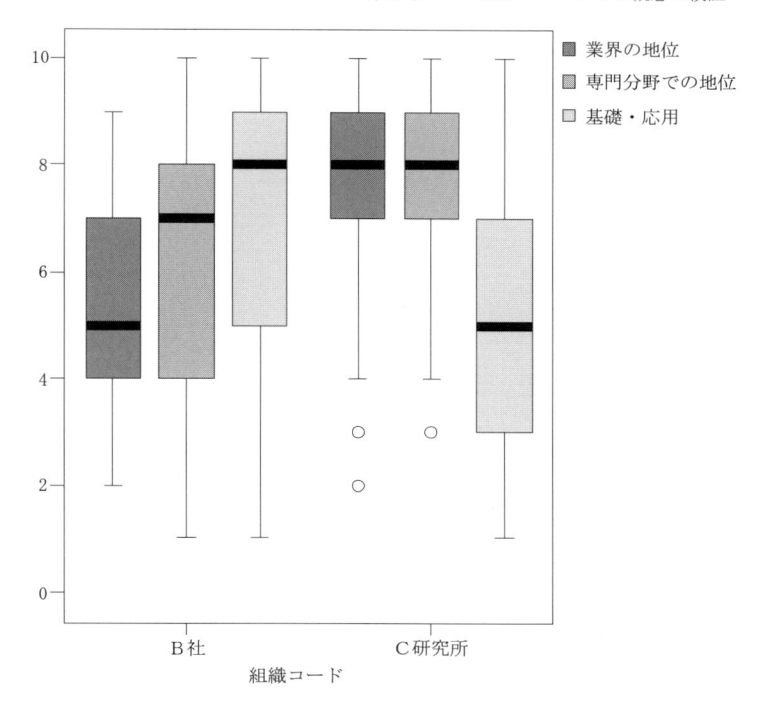

図3.4 B社, C研究所の組織の地位認知

れに対してC研究所の回答は分散が小さく, 高レベル研究に対する成員全体の自負が読み取れる。B社とC研究所の研究者たちの自己組織の地位認知傾向には平均だけでなく, 分散でも違いが見られた。

また,「基礎−応用」分野の認知はB社が応用寄りであるのに対し, C研究所は基礎と応用の中間に位置していた。この項目は両組織共に分散が大きく, B社の最頻値は「8」であり, 平均値よりも応用寄りにシフトした分布になっていた。C研究所の最頻値は「3」であり, 平均値よりも基礎寄りの分布になっている。しかし, C研究所の地位認知が周囲のC研究所評価（インタビュー:10）よりも応用科学系研究寄りであったことから, より基礎科学系研究寄りの研究者が彼らの視野に入っているといえよう。これは, A社やB社の研究者にとってC研究所が高地位（グローバル集団）であるのに対

して，C研究所の研究者にとって，さらに物理学的な基礎研究を行っている研究者は，自らより高地位（グローバル集団）であることを意味しているのかもしれない（「基礎科学系研究が上位にあり，応用科学系研究に近いほど下位に置かれる」という文化構造は相対的にどこまでも連鎖する）。

なお，「基礎科学系研究－応用科学系研究」に関して，現代の科学／技術には，バイオなどの研究分野のように基礎科学系研究／応用科学系研究という分離が困難なもの，あるいは応用科学系研究から基礎科学系研究へ「逆流」するものもあり，必ずしも「基礎－応用」という分類で分けられるものばかりではない。しかし，概ね研究者間の意識では，物理学系研究であるか，技術的な研究であるかなどで，基礎科学系研究－応用科学系研究と大別できるようである。近年の分野融合，基礎科学系研究から応用科学系研究へのインターフェース研究の創出など，基礎科学系研究を行う研究者が応用の段階も担当する場合もあるため，研究者自身，自分が基礎科学系研究の研究者であるか，応用科学系研究の研究者であるか，取り組むプロジェクトによって，認知が複雑になってきている。

3.4　所属組織への意識

では，彼らの所属組織に対する意識はどのようなものであろうか。これについて研究者の意識を次の3項目（「1：そう思わない～5：そう思う」）から検討する。「(1)自分の仕事を続ける上で，この組織以上の仕事環境はない」「(2)この組織でなくても，自分のやりたい仕事はできる」「(3)今の組織は自分が入りたかった組織である」。

図3.5に示す通り，(1)は研究環境という組織の凝集性に関わる問いであり，B社の研究者より，C研究所の研究者の方が研究環境がよいと感じている[10]。彼らは所属組織を価値客体として見ており，他組織への移動にメリットを感じにくいかもしれない。(2)の他組織への応用可能性の認知は，B社もC研究所も傾向は変わらない[11]。(3)の研究所への入所希望はC研究所の研究者の方が高い値を示しており，威信の高い研究機関の所属に満足していることが窺える。ただし先の表3.1で示したC研究所の研究者の転職希望と入

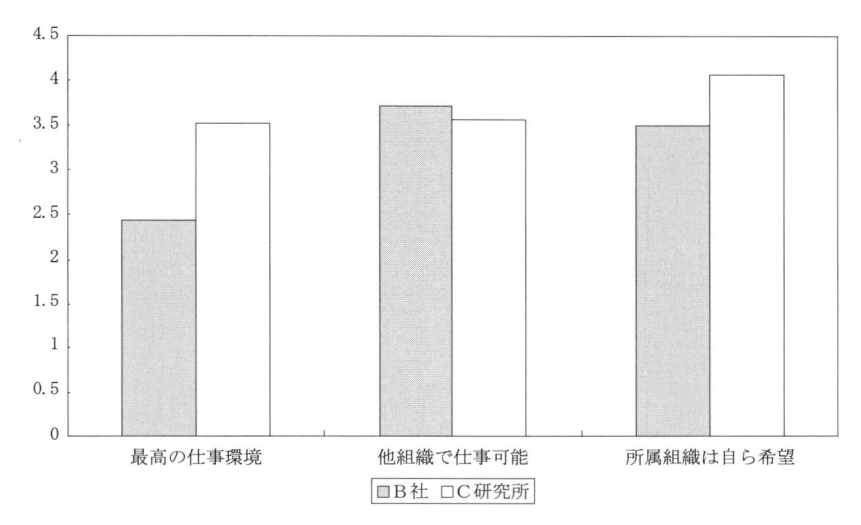

図3.5　B社，C研究所の所属組織への意識

所希望組織であったこととの関連性はなく（r = -.058），高威信組織への参入は達成されてしまうと，転職を希望する者を定着させる要素としては弱いようである。

　第3.1項～第3.4項の結果から，B社の研究者は専門分野に対する関与が中程度で，研究分野は応用科学系であるという認識をもっていることが確認された。また，B社の研究者が認知していた24％の移動モデルの存在や他組織での専門知識の応用可能性は，彼らに潜在的移動可能性を内在させ（実際に移動することとは別に），社外を視野に入れていることを窺わせるものであった。C研究所の研究者は，専門分野に対する関与の程度が非常に高く，専門職志向の強さが明らかになった。彼らは63％の移動モデルを見つつ，他組織での専門知識の応用可能性を感じ，転職希望を強くもつという現実的な移動可能性を内在しており，C研究所の研究者の目も組織外を視野に入れていることが窺える。移動可能性の差は地位差の意識にも表れていたが，基礎科学系研究のC研究所の研究者の方が応用科学系研究のB社の研究者よりも所属組織の地位を高いと感じ，移動可能性への予測をより現実的と

感じられる状況にあり，所属組織に対してコスモポリタン的であった。

3.5 転職希望と研究分野の関係性

本項では「転職希望」「研究分野での地位」「研究環境への満足度」「組織の地位」「転出モデルの認知」の項目間の関係性を分析し，「転職希望」を「移動可能性への予測」と捉え，これと関係性の強い項目を探索する。図3.6にB社の項目間相関係数を示し（詳細は付表2.1参照），図3.7にC研究所の項目間相関係数を示している（詳細は付表2.2参照）。B社の研究者のみでの項目間の関係は「転職希望」と「組織外での仕事が可能」の項目間で正の相関が見られ，自立的で自負心の強さが窺える。また，職場を「最高の仕事環境」と感じる項目と「転職希望」「組織外で仕事が可能」は負の相関があった。ことに，現在の仕事が所属組織外での仕事に転用が難しいことと，職場をよい仕事環境だと感じることに関係性が見られた。この結果は大企業になればなるほど個人の担当は細分化され，研究対象も限定的になる可能性があり，そうなれば他の企業研究所で通用するかどうかの予測が立ちに

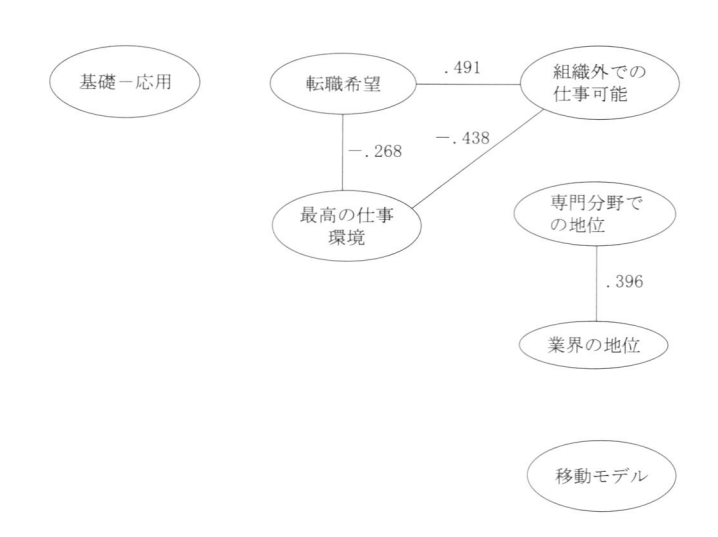

図3.6 B社の移動可能性関連変数の相関

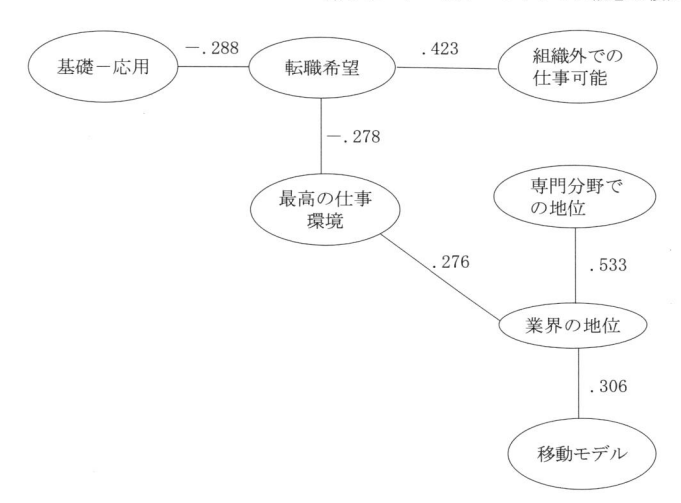

第3章 ローカル・マキシマム概念の検証　85

```
        −.288              .423
基礎−応用 ──── 転職希望 ──── 組織外での
                │              仕事可能
              −.278
                │
           最高の仕事        専門分野
             環境            での地位
                │.276          │.533
                          業界の地位
                               │.306
                          移動モデル
```

図 3.7　C 研究所の移動可能性関連変数の相関

くいということなのかもしれない。そして，B 社の研究者の組織に対する「専門分野での地位」，「業界内での地位」評価に弱い正の相関関係が見られるが，「移動モデル」の存在や「基礎科学系研究−応用科学系研究」であるということと「転職希望」との間には相関関係はない。

　これを C 研究所の研究者のみで項目間の関係を見ると，B 社の研究者と同じように「転職希望」と「所属組織外での仕事が可能」は，正の相関関係にあり，「転職希望」と「最高の仕事環境」と感じることは負の相関関係にある。しかし，C 研究所の場合，「所属組織外での仕事が可能」という項目と「最高の仕事環境」項目には相関性が見られない。また，C 研究所の研究者は，「転職希望」と「専門分野」の関係性が見られ，基礎科学系研究者と転職希望者に弱い相関関係があった。さらに，B 社の研究者には他の項目間に関係性が見られなかったが，C 研究所の研究者は「専門分野での地位」と「業界（C 研究所の場合，国内研究所中）での地位」との間に強い正の相関関係が見られ，研究所の地位が高いと感じることと外部への転出モデルを見ることには弱い正の相関関係がある。C 研究所では転出モデルを見ている人ほど，組織の地位を高く評価する傾向にある。この傾向は C 研究所の地位

が，転職につながる価値客体として研究者に認識されやすいと解釈できる。C研究所の場合，移動の際の「看板」として，C研究所に在籍したことがキャリアになると捉えられているのである。C研究所の研究者の「転職希望」に関係性が見られるのは，「研究環境」のみならず，研究分野も関連があり，基礎科学系研究を行っている研究者ほど，移動可能性を高く予測していることが示された。

4　移動可能性と組織準拠性の関係検証

本節では移動可能性と組織準拠性の関係を3組織比較により検討していく。ここで行う3組織の比較分析には，第1章で求めた「組織コミットメント（情緒的要素・依存的要素・功利的要素）」，「職業人性（職業志向性，達成動機）」に加えて組織の凝集性の指標となる「所属組織の社会的評価（社会的地位要素）（4.3項参照）」という3種類6つの主成分得点を比較に用いる。

4.1　学問的序列と業界内での序列

本項では所属組織の違いにより研究者の意識を分析するに当たり，学問的序列という文化構造からの分析軸と業界内での地位という社会構造からの分析軸を用いて検討を行う。第4節での分析では，学問的序列に照らした分類としてA社，B社をローカル分野，C研究所をグローバル分野とする。同じく，業界内での序列に照らした分類として，トップグループのA社，C研究所をマキシマム，中間的位置にあるB社をミドルとする。なお，第4節で比較に用いるデータは，第1章でA社の研究者にのみ特徴的な結果が導き出されたことから研究者のみを対象とし，非専門職は比較対象から除外する。

また，A社のみがランダム・サンプリングであり，他は全数調査（C研究所）や担当者による配布（B社）であったことから検定は意味を持たないが，次項以降では目安として平均の差を検定し，危険率5％水準で有意差がある場合は不等号記号「＜，＞」を用い，有意差がない場合は，ほぼ等し

い「≒」記号を用いた関係式で表現している。

4.2 組織の地位関係

　研究者の位置づけは，学問的序列を基準にした場合と，業界内序列（たとえば，家電業界内）を基準にした場合とでは認知が異なる。ここでは，これまでの議論からそれぞれの序列に照らし合わせた場合の地位を確認する。

(1) 学問的序列での地位関係

$$A ≒ B < C \quad \cdots \quad ①式$$

　学問的序列での地位関係は，ローカル分野のA社とB社の研究者の地位は変わらず，C研究所の研究者の地位が高くなり①式の関係になる。

(2) 業界内序列での地位関係

$$B < A ≒ C \quad \cdots \quad ②式$$

　業界内序列での地位および威信（社会構造上の地位および威信が高い組織と認知しているか）の関係は，B社とA社の研究者には差が生まれ，それぞれの分野でのトップ集団（業界のマキシマム）に位置する組織としてA社とC研究所が同じように位置づけられ，②式が成立する。

(3) 両要素による3組織の地位関係

$$B < A < C \quad \cdots \quad ③式$$

　全ての要素を加味した形として，B社の研究者はローカルかつミドルの位置にあり，A社の研究者はローカルかつマキシマムの位置にあり，C研究所の研究者はグローバルかつマキシマムの位置にあることから，③式の関係が成立する。

(4) 移動可能性による3組織の地位関係

$$A < B < C \quad \cdots \quad ④式$$

　移動可能性の違いから比較すると，トップグループにあるA社の研究者は，相対的に垂直移動可能性がなく，最も移動可能性が低い。それに対して，ヒエラルヒー内の上昇という垂直移動可能性をもつB社の研究者は，A社より移動可能性が高い。そして，他のヒエラルヒーへの移動という水平移動可能性をもつC研究所の研究者は，最も高い移動可能性をもつことから，

④ 式が成立する。

4.3 組織の社会的地位認知の指標

　第5節以降では，これまで比較に用いてきた組織人性指標，職業人性指標に加え，組織の凝集性の一つとして「組織の社会的地位」指標を用いる。ここでは，「組織の社会的地位」概念を表す指標を設定する。研究者が所属組織を価値客体視している場合，組織の社会的評価の認知は高くなることが予想される。A社の調査票では，所属組織に対する社会的な評価を組織の社会的地位認知に関する3項目（① 業界での地位が高い ② 全体的に好調だと思う ④ 安定している），社会での貢献度認知に関する2項目（③ 技術や企画が優れ，独創的な製品やサービス（販売体制）があると思う ⑤ 社会に役立つ製品やサービスを提供している）の合計5項目で測定している。① の項目については，B社，C研究所の場合は，直接「組織の地位（3.3項で示した「業界での地位」）」を測定したことから，A社の地位評価（① の項目）をB社，C研究所に対応させ，5件法の回答群を10件法に変換し，3組織とも10段階で地位認知の程度を比較可能な形に加工した。②〜⑤ の項目はB社についてはA社と同様の項目を，C研究所については（② 他の研究機関から目標とされる組織である ③ 技術や企画が優れ，独創性がある ④ 安定している ⑤ 社会に役立つ研究成果を提供している）類似項目を用いている。これらの項目群を主成分分析した結果，固有値1.0以上の主成分が1つ抽出された。それぞれの項目の負荷量は0.65以上であり，この主成分を「組織の社会的地位要素」とした。主成分の寄与率は46.83%である。

表 3.4　説明された分散の合計

	抽出後の負荷量平方和		
成分	合計	分散の %	累積 %
1	2.34	46.83	46.83

表 3.5　成分行列（組織の地位）

	成分
	組織の地位
①業界で地位が高い	0.72
②全体的に好調	0.66
③技術や企画が独創的	0.69
④安定している	0.67
⑤社会に役立つ製品	0.68

因子抽出法: 主成分分析

4.4 3組織の社会的地位認知比較

それぞれ3組織の社会的地位認知要素の平均を比較したものが図3.8である。所属組織の社会的地位認知はC研究所が最も高く，次いでA社，B社となっている。先に予測した③式と同じように，人々の組織評価もその順番どおりの状態で表れている。したがって，所属組織の社会的地位の認知に関しては，ローカル・ミドル ＜ ローカル・マキシマム ＜ グローバル・マキシマムという関係が成り立つ。研究者にとっても産業界での企業地位は，組織の地位を規定する要素となっているが（B ＜ A），さらに，学界での地位の方が，厳然とした上下関係を規定していると解釈できる（A ＜ C）。このことは所属組織の社会的地位認知が，産業界の序列と学問的序列での地位の両方から影響を受けていることを示しているといえよう。

〔 所属組織の社会的地位認知　　B ＜ A ＜ C 〕

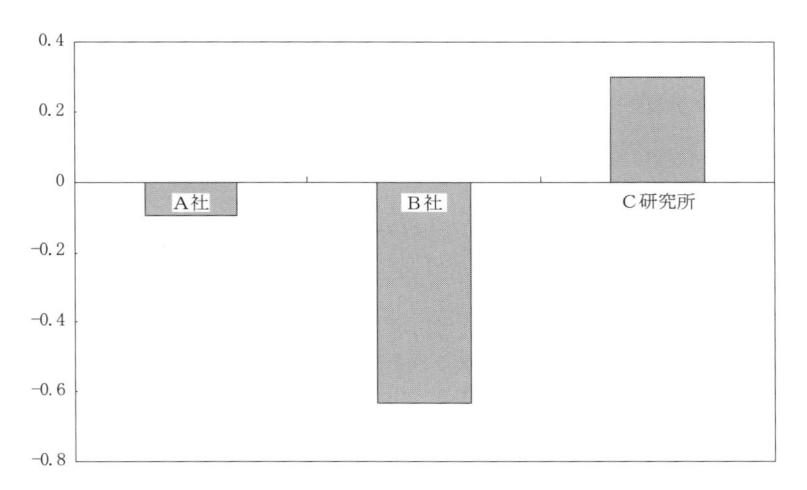

図3.8　3組織における所属組織の社会的地位認知比較

4.5 組織コミットメント比較

本項では，3組織の研究者が所属組織に対して情緒的要素，存続的要素，

能力発揮要素について，それぞれどのように関与しているかを検討する。組織コミットメントの各要素の平均を示したのが図3.9である。B社とC研究所の研究者の情緒的関与は類似しており，A社の研究者よりも情緒的関与が低い傾向にある。存続的要素はA社とB社の研究者が類似しており，C研究所の研究者の組織依存性は低い。能力発揮要素は3組織とも専門職らしく高い値を示している。これらの関係をまとめると下のようになる。A社の研究者は，他組織の研究者よりも所属組織に愛着や夢をもっており，同じ業界（ローカル）のB社の研究者やトップ集団（マキシマム）の地位にあるC研究所よりも高い組織コミットメントを示している。この関係は地位差から考えると，先に述べた①式，②式，③式のどのタイプにも当てはまらない。しかし，移動可能性という観点から見た④式と，図3.9の情緒的要素の関係は，B社とC研究所の差は小さいが，対称関係にあることがわかる。つま

情緒的要素　　　存続的要素　　　能力発揮要素
〔A＞B≒C　　　A≒B＞C　　　A≒B≒C〕

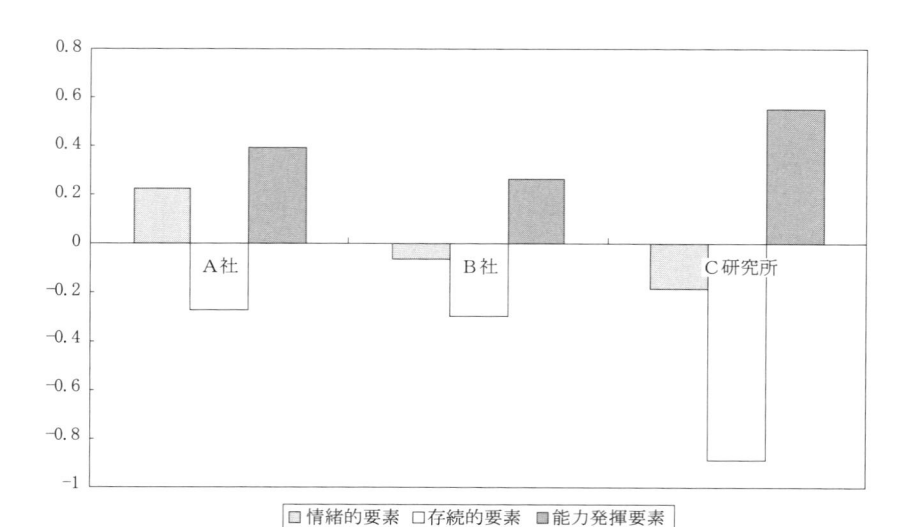

図3.9　3組織による組織コミットメント比較

り，情緒的要素と移動可能性への予測は，負の相関関係にある。これは地位順位がそのまま情緒的コミットメントを規定しているのではないことを示している。なぜならば，地位順位が情緒的コミットメントを規定しているのであれば，A社の研究者の意識はB社とC研究所の研究者たちの中間に位置するはずである。存続的要素については，ローカル同士のA社とB社の研究者が A ≒ B という関係にあり，グローバルでコスモポリタン的なC研究所の研究者とは A ≒ B ＞ C という関係にあり，地位モデルの ① 式が当てはまる（依存しない方がコスモポリタン的であるため，符合は逆）。能力発揮要素は3組織とも変わらず，研究者が自己の能力の発揮機会を求めて組織に関与しており，所属組織を価値客体視していることがわかる。この項目では3組織の中ではC研究者がやや高い値を示しており，基礎科学系研究を行っている研究者の方が，組織よりも仕事への関与を強くもっていることがわかる。

4.6 職業人性比較

3組織の職業人性の関係は，図3.10に示す通りである。A社とB社の研究者の職業志向性要素は類似している。3組織で比較すると相対的にC研究所が高く，A社，B社の研究者は低い傾向にある。達成動機要素は3組織とも高く，大きな差はない。C研究所が特に高い職業人性傾向を見せたが，3組織の研究者は専門職らしい特性を見せている。

$$職業志向性 \qquad 達成動機$$
$$[A ≒ B < C \qquad A ≒ B ≒ C]$$

4.7 所属組織との関係性比較

コスモポリタン的なC研究所，所属組織に情緒的に関与するA社，中程度のコスモポリタン性をもつB社と3つのタイプの研究者の特徴を示してきた。では，それぞれの組織は研究者とどのような関係にあるのだろうか。

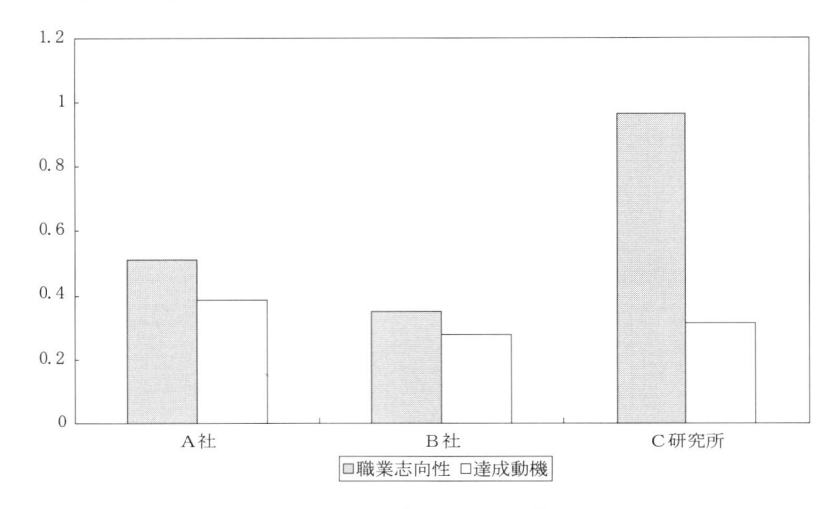

図3.10 職業人性3組織比較

　組織と個人の関係性については，「① この組織は所員の提案や意見をよく聞いてくれる」「② 所員の意見が組織運営に反映されていない」「③ 所員は組織の運営方針などを十分に知っている」「④ 所員は組織の運営方針によく従っている」の4項目（「1：そう思わない〜5：そう思う」）で尋ねている。図3.11にはそれぞれの項目の平均値を示している。この項目群の回答には，組織とのコミュニケーション状態が良好であるA社，組織とコミュニケーション状態はよくないが盲従傾向があるB社，組織から自立的なC研究所とそれぞれ特徴が表れている。「組織運営者が成員の提案を受け止めている」と研究者が感じているのはC研究所であり，次いでA社，B社となっている。「組織運営者が成員の意見を反映していない」と研究者が感じているのはB社であり，次いでA社，C研究所となっている。「組織運営者の方針が成員に十分に伝わっている」と研究者が感じているのはA社であり，B社とC研究所は方針がわかりにくいようである。「成員が運営方針を遵守している」と研究者が感じているのは，A社であり，次いでB社，C研究所となっている。3組織と組織の成員の関係をまとめると下記のようになる。

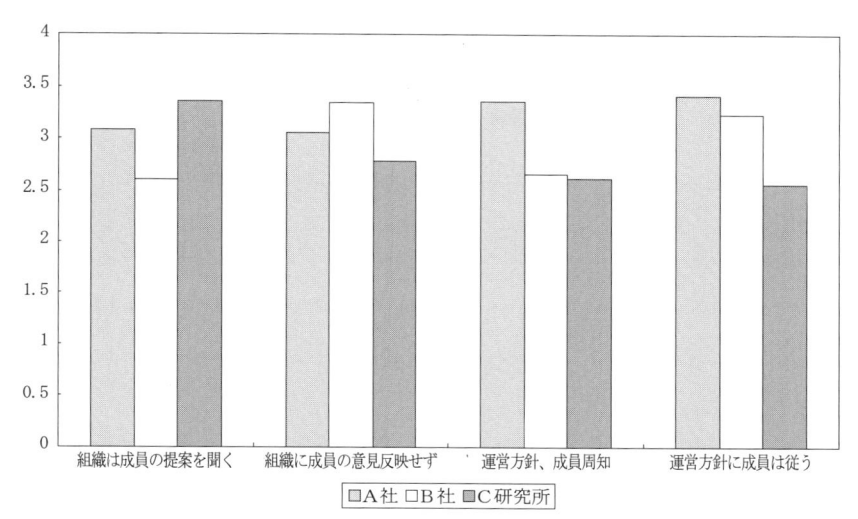

図 3.11　組織と成員の関係の 3 組織比較

　　組織は成員の提案を聞く　　　　組織は成員の意見を反映せず
　　　〔　B　<　A　<　C　　　　　B　>　A　>　C　〕
　　組織運営方針，成員周知　　　　組織運営方針に成員従順
　　　〔　A　>　B　≒　C　　　　　A　≒　B　>　C　〕

　これらの組織と研究者の関係をみると，A社は成員の提案を中程度に聞き，成員の意見を中程度に反映し，成員は組織の方針をよく知っており，組織の方針に従っている。A社は組織と研究者の関係が良好であることが窺える。B社は成員の意見をあまり聞かず，成員の意見も反映していない。成員は組織の方針はよく知らないが，組織の方針に従っている。B社は組織と研究者のコミュニケーション齟齬が起こっているが，成員は組織方針を無条件で受け入れている傾向が見受けられる。C研究所は成員の意見をよく聞き，成員の意見をよく反映している。しかし，成員は組織の方針をよく知らないため，組織の方針にも従っていない。C研究所の研究者は運営方針に関する情報量の少なさから，組織方針を遵守しないという態度を示している。しか

し，B社の研究者は周知されない運営方針に対しても遵守する姿勢を見せている。同じように成員が組織の運営方針の情報から疎外されているにもかかわらず，組織方針の遵守にその態度の違いが表れている。この違いは移動可能性の予測による研究者の自立感の違いなのかもしれない。

5　顕在的要因と潜在的要因から見たローカル・マキシマム現象

本節では，これまで検討してきた要素の関係性を図示して整理していくとともに，ローカル・マキシマム現象の顕在的な要因，潜在的な要因について考察を行う。なお，本節で扱う要素の中で，事務職や製造職の組織コミットメントを説明する上で重要な要素である「勤続年数」，「年齢」は，A社，B社，C研究所の研究者たちには影響を与えなかったため，除外している。専門職の組織への関与が，日本型経営の終身雇用制度下においても組織在籍の長さに影響を受けていないことは，本研究での副次的な発見であることを付け加えておく。

5.1　顕在的要因としての移動可能性と組織への情緒的関与

研究者の移動について，応用科学系研究分野の研究者は，移動可能性が低いと認知しているのに対して，基礎科学系研究者は，同僚たちが大学教員などに転出しているのをよく見ており，自らの移動可能性を高いと認知している。移動可能性が低いと予測された場合，研究者といえども組織に依存的にならざるを得ず，組織は存続のための価値客体になるであろう。先に示したように，存続的要素における研究者の組織間の関係は，A ≒ B ＞ Cであり，存続的要素はローカル VS グローバル という関係をそのまま移動可能性に反映した形で表れている。それでは，A社とB社の研究者の組織依存度が同程度であるならば，なぜ，A社の研究者の情緒的要素がB社の研究者より高いのであろうか。地位差や依存度から組織への愛着を予測した場合，情緒的コミットメントは $\boxed{\text{B ＜ A ＜ C　…　③式}}$，あるいは，A ≒ B ＞ Cとなるはずである。しかし，観測された情緒的要素は A ＞ B ≒ （＞）

Cという関係であった。業界での所属組織の地位に威光を感じて愛着をもつのであれば，ミドル vs マキシマムとなり， $\boxed{B < A \fallingdotseq C \quad \cdots \quad ②式}$ と予想される。A社の研究者はミドルに比べて上位にあり，「素晴らしい研究機関」と思いやすいと解釈できるだろう。A社とC研究所の地位差を考慮すると， $\boxed{B < A < C \quad \cdots \quad ③式}$ という予測もできる。しかし，情緒的コミットメントで観測されたデータは，予想された②式，③式のいずれでもない。

そこで，これまで述べてきた地位差から考察するために，この情緒的コミットメントのA，B，Cの研究者の関係を以下の⑤式と⑥式に分けて，それぞれに解釈を加える。

$$\boxed{A > B \quad \cdots \quad ⑤} \qquad \boxed{B \fallingdotseq C \quad \cdots \quad ⑥}$$

B社とC研究所の研究者の同程度の情緒的要素を表す⑥式は，明らかにA社の移動可能性（相対的な移動可能性がゼロ）と異なる共通性があることを示しており，それぞれ，垂直移動（B社）と水平移動（C研究所）の「移動可能性を有する者の情緒的要素」という条件で分類できる（C研究所の研究者の方がB社の研究者よりもやや所属組織に対する愛着は低い）。これは，先に述べた移動可能性に関する $\boxed{A < B < C \quad \cdots \quad ④式}$ と密接な関係にある。C研究所の研究者の移動可能性は最も高く，移動の選択肢が多い。B社の研究者は家電業界での威光の高い組織への上昇という移動可能性をもっている。第3節で示したように，この2組織は転出モデルを見ており，それぞれの移動可能性を自覚している。A社の研究者の移動可能性は，B社と同じローカル分野でありながら，トップの地位にあるために，上昇移動の可能性をもったB社の研究者よりも相対的に小さくなる。その関係は，社会構造上の地位とは逆に，A < B となる。B社の研究者は移動可能性をもっているため，従来の専門職論でいわれてきたようなコスモポリタン性をもち，組織人のような情緒的な関与をもたない。⑤式はその情緒的コミットメントの関係を物語っているのである。

これまでの分析で，もっとも移動可能性が高いC研究所の研究者は，所属

組織を価値客体視しており，コスモポリタン的であることが示された。B社の研究者は中程度の移動可能性であり，C研究所ほどコスモポリタン的ではないが，A社の研究者ほど所属組織に愛着をもっていないことが示された。第3節では，相対的な移動可能性がゼロであるA社の研究者が，B社，C研究所よりも所属組織を重視しており，所属組織の価値を内面化していることが示された。これらの関係性は，それぞれ基礎科学系研究分野／応用科学系研究分野の研究者の移動可能性の傾向と一致する「顕在的な要因」である。第2章の仮説にも示した通り，移動可能性は $\boxed{C > B > A}$ という関係にあり，情緒的コミットメントは $\boxed{A > B ≒ (>) C}$ （やや，C研究所の研究者の愛着の方がB社の研究者より低い）という関係にあり，情緒的要素と移動可能性は，負の相関関係にあることが示されたのである。

5.2 潜在的要因としての地位の非一貫性と組織への情緒的関与

文化構造の観点から組織コミットメントを見ると，もし研究者たちが学問的序列の中で所属組織の地位に威光を感じて組織に愛着をもつのであれば，ローカル VS グローバルとなり $\boxed{A ≒ B < C \ \cdots \ ①式}$ になると予想される。情緒的要素が①式の関係ならば，A社とB社はグローバルな地位にある研究機関と比べて，自組織を「素晴らしい研究機関」とは思い難いという解釈ができるだろう。また，高い移動可能性への予測がある場合，専門職は所属組織に対して自立的になり，忠誠心などの情緒的な関与とは別の能力発揮目的での関与をするだろう。しかし，移動可能性が低減したことによって組織への関与の程度が影響を受けるとすれば，先にも述べたように依存度が高まると予想されるが，A社の研究者の存続的要素はB社の研究者と変わらない。A社の研究者の場合，移動可能性の低減が依存度の高まりに直結していないのである。A社の研究者の情緒的要素の高さを項目別に見ると，組織の価値の内面化を示すものが多々含まれる。彼らの回答は，「組織（会社）に忠誠心を尽くすのは大切である」「この組織（会社）の発展のためなら，人並み以上の努力を喜んで払うつもりだ」「自分の組織やその事業の将来に夢をもっている」という項目に対して高い値を示しており，組織を準

拠集団化しているように見える。

　しかし組織の準拠集団化傾向を低い移動可能性と結びつけて，この現象を説明するには，もう少し説明が必要だ。たとえば，これを単に移動可能性の低減を認知することで起こった現象ではなく，業界トップという誇りがあることと連動していると想定すると，社会構造上の地位と文化構造上の地位のズレという地位の非一貫性により認知的不協和を起こした結果と解釈できるのである。このような解釈が可能となる理由は，トップ企業であるがゆえに移動可能性が低減することが，A社に愛着をもたせる要因であるならば，A社の事務職，製造職は，専門職以上に移動可能性が低いにもかかわらず，研究職よりも組織に夢をもっていない。つまり，移動可能性の低減だけでは，所属組織への情緒的コミットメントは高まらないことが示されているからである。彼らは，外部集団を見ている専門職であるからこそ，自己の相対的な地位が，業界での地位だけではないことを認識し，業界での地位の方が，学界での評価よりも高いことも知っているのである。そのため，2つの所属組織のうち，自尊感情を高める方をより重要な準拠集団として選択すると考えられるのである。

　産業界，学界の地位差に関するデータを分析すると，仮説に示したように地位の非一貫性による認知的不協和という潜在的な要因についても，移動可能性と情緒的要素という顕在的な要因と同じ関係を見ることができる。C研究所の研究者は基礎科学系研究という学界で高位に評価される分野で，その中でもトップクラスであることから，自己の地位の構成要素が一致している（グローバル＆マキシマム）。B社の研究者は応用科学系研究という学界で低位に置かれがちで，自己の業界でも中位にあり，自己の地位の構成要素はC研究所ほど一致していないが，その地位のズレは大きいとはいえない（ローカル＆ミドル）。そして，A社の研究者は学界で低位に置かれがちであるが，自己の業界ではトップクラスという自己の地位の構成要素が非一貫性状態にある（ローカル＆マキシマム）。地位の構成要素の一致度の高い順は $\boxed{C > B > A}$ となり，こちらも情緒的な関与の $\boxed{A > B ≒ (>) C}$ と負の相関関係にある。

移動可能性が高いと予測できることは，専門職を従来型のコスモポリタン的態度にさせる顕在的要因である。反対に移動可能性が低ければ，情緒的に関与する組織人になると考えられがちである。しかし，移動可能性の低減だけでは専門職より移動可能性が低い他職種との差異について説明不足である。これを地位の構成要素の非一貫性の程度という潜在的要因が影響を及ぼしていると捉えることで，この現象が見えてくるのである。A社の研究者の情緒的な関与は，学界での地位だけでなく，家電業界のトップ企業である自己の地位を重視する自尊感情維持のための準拠集団選択行動であると解釈できるのである。この現象は移動可能性という顕在的な社会構造上の要因だけでなく，彼らの学界，産業界での地位の非一貫性という潜在的な文化構造上の要因との複合的な現象なのである。この関係性を図3.12に示す[12]。この概念図は，顕在的には学界での地位と業界での地位が相対的な移動可能性を規定することを示し，潜在的には学界と業界の地位の一貫性の程度が，所属組織への愛着に影響を及ぼすということを表わしている。先の節での移動可能性の比較では移動可能性が低く，地位要素が非一貫性である研究者ほど情緒的コミットメントが高くなるということを，$A > B ≒ (>) C$という3組織の情緒的コミットメントの関係から示してきた。いいかえれば専門職といえども相対的な移動可能性が低減した者は，所属組織に対してコスモポリタン的態度ではいられなくなり，さらに外部との相対的な位置づけにより自尊感情が脅かされる場合，所属組織を準拠集団化するのである。

この背景は，「基礎科学系研究＝上位，応用科学系研究＝下位」の価値意識からなる学問的序列の存在なしでは語れない。たとえ世界に通用する製品に生かされる研究を行っていても，学界で研究が高い評価を受けないことは，研究者にとって認知的不協和が大きくなる。ローカルな分野であることだけが移動可能性の低減を意味するならば，組織に依存的な，いわゆる「ぶらさがり型」となることが予測される。しかし，A社の研究者は決して依存的ではなく，学界での評価に認知的不協和を高めながらも，大衆からの社会的評価の高さに自信をもつ誇り高き企業内研究職であった（第Ⅱ部参照）。

ローカル・マキシマム概念により「組織に夢を持つ専門職」の現象は，他

第 3 章 ローカル・マキシマム概念の検証　99

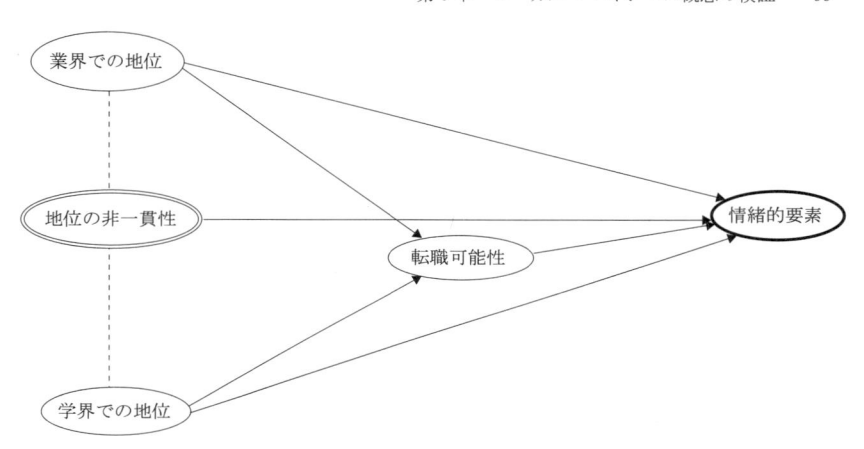

図 3.12　ローカル・マキシマムによる準拠集団選択行動

＜顕在的要素＞
グローバル・マキシマム
　→　移動可能性　高
＜潜在的要素＞
　地位の非一貫性　小
　→コスモポリタン

学界での
地位　高

業界で
の地位　高

業界で
の地位　低

＜顕在的要素＞
ローカル・マキシマム
　→　移動可能性　低
＜潜在的要素＞
　地位の非一貫性　大
　→　準拠集団化

＜顕在的要素＞
ローカル・ミドル
　→　移動可能性　中
＜潜在的要素＞
　地位の非一貫性　中
　→　愛着中程度

学界での
地位　低

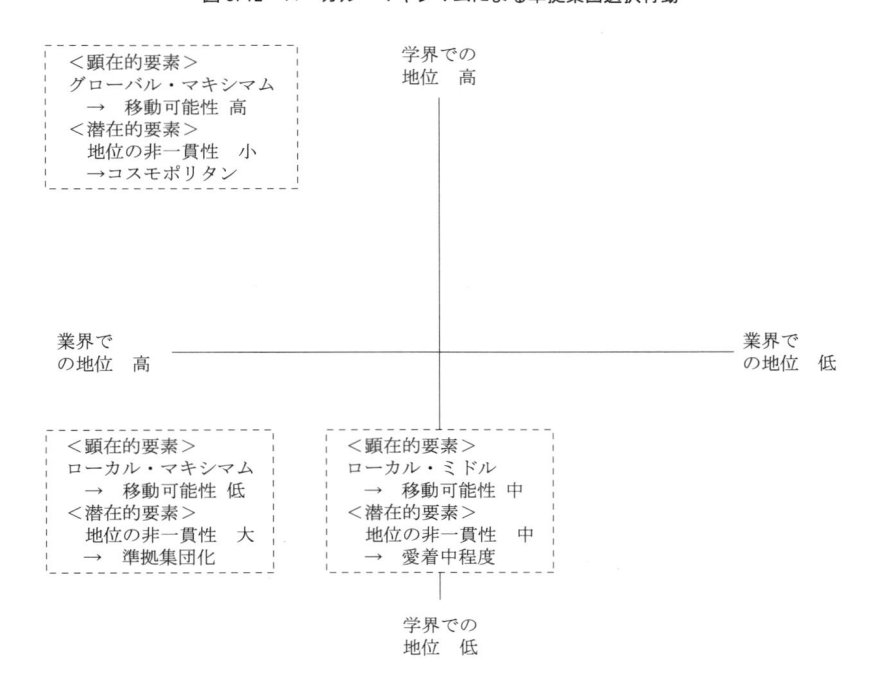

図 3.13　業界での地位と学界での地位を軸とした顕在的要因と潜在的要因の関係

の分野・組織への転職（水平移動可能性），業界内での上昇（垂直移動可能性）という移動可能性による顕在的な要因と，学問的序列意識と業界での地位の非一貫性に認知的不協和を起こし，自尊感情を脅かされるという潜在的な要因から，所属組織も準拠集団として追加（学界も準拠集団のまま存在）する組織成員の準拠集団選択行動であることが説明された[13]。

6　要　約

　第3章では第2章で提出した仮説の検証を行った。研究者を取り巻く要因として移動可能性と組織への準拠性という観点から分析を進め，学界での序列意識という文化構造と業界内での社会構造上の2つの構造的要因から検討した。転職行動に関する移動モデルの認知を分析したところ，基礎科学系研究機関の60％以上の人々が外部への転出者を見ているのに対して，応用科学系研究機関は25％程度の人々しか外部への転出者を見ていない。専門職が組織に対してコスモポリタン的であると考えられてきたのは，所与の条件として移動可能性の高さが想定されていたためであるが，本データから見る応用科学系研究機関の研究者の意識はコスモポリタン的ではなく，それは移動可能性の低さに影響を受けていたのである。移動可能性には水平方向と垂直方向があり，B社の研究者はトップ企業であるA社の研究者よりも垂直（上昇）移動可能性をもち，A社の研究者よりも所属組織への情緒的関与は低かった。移動可能性と組織へのコスモポリタン的態度には負の相関関係が見られ，A社の研究者の組織への愛着との関係が検証できたのである。ただし，このことは顕在的で可視的な要因として移動可能性があることと解釈する必要がある。つまり単に移動可能性の低さからだけであるならば，他の非専門職かつ，トップ企業に所属しているA社の事務職や製造職との差異を説明するには不十分なのである。

　先に示した要素を構造から分析すると，学界と産業界での地位の一貫性の程度との関係性も見出すことができるのである。そこで，研究者間で共有されている研究分野に対する序列意識をインタビュー，業績評価の指標となる

論文，研究費などから比較を行った。その結果，基礎科学系分野の研究が学界で上位におかれ，応用科学系分野の研究が下位に置かれるような序列意識が研究者間で共有されており，インタビューからも大学の研究室での序列の反映といえる価値意識が観察された。C研究所の研究者は学界での高位と自己の分野でトップクラスという地位の指標要素が一貫性（グローバル＆マキシマム）をもっており，B社の研究者は学界での低位と業界で中位という地位の指標要素のズレがさほど大きいものではない（ローカル＆ミドル）。しかし，A社の研究者は，学界での低位とは正反対に自己の業界ではトップクラスという地位の指標要素が非一貫的状態（ローカル＆マキシマム）にあった。このことはA社の研究者の自尊感情を脅かし，認知的不協和を起こすものである。そのため所属組織の社会的地位を高く評価して，専門職でありながら，所属組織に愛着をもつと解釈できるのである。組織の価値の内面化と見られる項目群から構成される（忠誠心，組織の目的の自己目的化など）情緒的要素の高さは，A社の研究者の所属組織の準拠集団化という現象として捉えられるのである。一言でいうならば，所属組織を準拠集団化する専門職の行為は，顕在的な要因としての移動可能性と，潜在的な要因として地位の非一貫性との複合的現象として説明できるのである。

注
1 A社は社員コードによるランダム・サンプリング，B社は窓口担当者による研究職への配布，C研究所は全数調査である。
2 このデータはB社で使用していた「会社」という言葉を「組織」と修正して，2000年11月に調査を実施したものである。
3 最近では量だけでなく，その論文の質を測るものとして，インパクト・ファクター（学術雑誌の評価であり，引用回数の多い雑誌ほど評価が高くなる）やサイテーション（論文引用回数）などが，評価指標となりつつある。質的評価への議論もあるが，成果主義が流行し，また，トップクラスの研究所ほどインパクト・ファクターやサイテーションを評価に取り入れているところが多い。
4 大学院で博士号取得後の若手研究者が就く2，3年の任期つきの非正規雇用ポスト
5 任期つき採用者の回答率は非常に低い（2名）。
6 C研究所は国立試験研究機関から公務員型の独立行政法人研究機関へ移行している。ただし，実査を行ったこの時期，制度変革の影響で例年よりも転職を決めている人が若干，多く存在した。
7 表3.1，表3.2に示すのは，「そう思う」と「どちらかといえば1つにまとめたものである。
8 業界での地位　SD　1.9　最頻値　4，専門分野の地位　SD　2.4　最頻値　8

9 業界での地位　SD　1.6，最頻値　7，専門分野の地位　SD　1.6　最頻値　8
10 B社　平均　2.62　SD 1.04，C研究所　平均　3.52　SD　1.02
11 B社　平均　3.56　SD 1.05，C研究所　平均　3.58　SD　1.58
12 女性の研究者は全体の2％という構成比率のため，性別は分析には加えていない。
13 なお，所属組織に対する情緒的コミットメントは，仕事の内的満足（働きがい），仕事の外的満足（給与，福利厚生），仕事の自律性などの他の要素と関係するものであるが（山下，1998），ここでは，情緒的要素に対して，多元的な所属組織・集団の影響を明らかにするため，あえて概念図から捨象している。

第 II 部
組織内専門職を取り巻く環境

第I部では第1章から第3章まで，ローカル・マキシマム概念で説明される現象について資料，インタビューデータ，アンケートデータなどから検討してきた。第II部では第I部で述べたような現象が起こる社会的背景として，研究者を取り巻く環境に着目して述べていく。第4章では専門職研究を辿りながら，従来型の専門職像を踏まえ，現代の専門職の社会的位置づけを検討する。第5章では科学史／技術史，科学の社会学，科学／技術の哲学などの中で語られる基礎科学系研究と応用科学系研究の地位差の源泉を読み解いていく。第6章では産業界の研究者の日常的な価値意識をインタビューデータなどから観察し，学界の価値意識を知りつつも，それにとらわれずに，産業界，大衆からの社会的報酬に自負心をもつ彼らの姿を取り上げる。

第4章
専門職の社会的位置づけ

　第I部では組織に愛着をもつ専門職という現象を説明し，従来型の専門職像とは異なると述べてきた。そこで本章ではプロフェッション論を紐解き，従来型の専門職像を確認しておく。なお，本章ではこれまでの専門職研究に準じ，高度専門職を「プロフェッション」という表現で呼ぶが，定義における不毛な議論を避けるために，文脈上，専門職と置き換えられるところは専門職と呼び，先行研究を引用した議論の場合は「プロフェッション」と表現する。

1 「プラスのプロフェッション」へのアプローチ

　これまで，専門職にはどのような役割期待や社会的な位置づけがなされてきたのだろうか。現代日本における研究者の6割が産業組織に雇用されている今日，情報化が進み高度なサービスが要求される中，ますます彼らの役割は重要になってくる。専門職は非専門職に比べて組織に対して，あるいは就業に関して「優位」とされてきた。しかし，彼らが準拠しているといわれる専門職集団内での立場によっては，所属組織を軽視できない場合もあるのではないだろうか。これまで，あまりにも一元的に専門職を捉えすぎてきた専門職研究であるが，第3次産業の拡大により，知的労働者が増加の一途を辿る現代社会において，彼らを取り巻く環境や現代社会における専門職の研究を展開することが必要である。本章では人々の困難な状況を援助する「マイナスのプロフェッション」に議論が偏りがちであった専門職研究から発展し，人々の利益や役に立つクリエイティヴな「プラスのプロフェッション」(石村, 1969:58-59) について議論が必要であることを提案し，現代の専門職研究に新しいアプローチを提示する。

2 プロフェッション概念の検討

2.1 プロフェッション概念の多様性

　プロフェッションという概念は多様な定義が試みられ，一義的に表すことが難しい。Carr-Saundersらは専門職研究を直接的に取り上げた最初の著書[1]である "The Professions" において，ブルーワーカーなどの研究に比べて，あまりにも専門職研究が少ないと嘆いている (Carr-Saunders and Wilson, 1933)。日本の専門職研究の先駆者である石村善助 (石村, 1969) は，「プロフェッション」という用語も研究もあまり定着していないと述べ，さらにその12年後に中野秀一郎 (中野, 1981) はCarr-Saundersらと同様のことを嘆いている。確立された伝統的な専門職 (医師，弁護士など) の従事

者人口の少なさがその主原因であろうが、その他の原因として、「プロフェッション」の定義が時代と共に増加する新しい職業を包括できずに、常に定義づけを堂々巡りの中で行ってきており、その議論に過度に集中しすぎたためといえる。専門職に関する研究は定義づけのハードルを越えようとするあまり、その先に広がる研究課題に目を向けずに時代を経たともいえよう。しかし、この情報社会において知識、情報の創造、編集、伝達という専門的職業が爆発的に増加している中、定義だけに留まらず、その先に踏み出す必要がある。むろん定義を軽視しているのではなく、私はその先に広がる研究課題に目を向けることも必要ではないかと提案したい。

1984年の社会学辞典では、「専門職(プロフェッション)は職業体系において通常上位にある高級職業であり、高度の学識と訓練に基礎づけられた、秘儀的な専門技能サービスを依頼者(クライアント)の求めに応じて有償で提供する、本来的には奉仕性と倫理性とが要求され、それゆえに実際には社会的威信の程度がきわめて高い職業である。専門職業人(プロフェッショナル)にはとくにきびしく職業倫理が要求されるので、専門職業団体は自主的に倫理コードを制定していることが多い」（八木、1984:555）と記述されている。この記述からもわかるように日本の社会学における「プロフェッション」は医師、弁護士などの伝統的な専門職を想定していたことが窺える。そして医師、弁護士においても高度なサービスの要求に対し、個人対個人のサービスではなく、組織ぐるみで総合的サービスの提供という形式をとるようになり、今や多くの専門職業人が専門職組織[2]内の専門職として従事している。また、1993年の社会学辞典には「高度に体系的な知識と訓練を基礎に、社会の中心的な価値に関する問題に対して、有償で依頼人にサービスや助言を提供するサービス職業のこと。（中略）現在は医師、法律家などの典型的な専門的職業のほか、公認会計士、記者・編集者、研究者、技術者、著述家などが含まれる（以下、省略）」と記述されている（上林千恵子、1993:901-902）。また、1999年に出版された『講座社会学 6 労働』での専門職に関する章（佐藤、1999）では、専門職組織に雇用される専門的職業従事者も産業の世界で雇用される研究者や技術者も、全て組織に雇用される「組織内プロフェッション」として、特に定義に関する断わりもなく用

いられている。これらの流れを見ていくと，日本の社会学の中での「プロフェッション」が伝統的な専門職から，確立されていない専門的職業も含めて考えるようになってきていることがわかる。産業組織に関わる人々に対する研究の中では，企業に雇用される研究者を「企業内プロフェッショナル」と定義して，その組織での行動を研究したものがある（太田，1993）。ここでは伝統的専門職以外の専門知識・技能習得のトレーニングを高度教育機関で受けた専門的職業も専門職として扱い，プロフェッション論で取り上げられる彼らの志向に関する研究も関連づけて検討を行う。

なお，類似していると受け取られがちなスペシャリスト，エキスパートなどとの違いについて，以下に見解を述べる。プロフェッションという言葉には専門職業人という意味と，アマチュアの対語として有償の仕事に従事する人という2つの意味があり，本章で用いるのはいうまでもなく前者である。また，スペシャリストはジェネラリストとの対語であり，ある1つの職務に精通している人である。知識，技術の習得形態の違いを表現しているのであって，職業人を指す語ではない。最後にエキスパートはアマチュアとの対語であり，熟練者を指す。知識，技術の習得レベルの違いを表現しており，これも職業人を指す語ではない。たとえば，「心臓手術のエキスパートである〇〇医師」などという表現も，エキスパートが職業人を指すものではなく，知識，技術の習得レベルの高さを指すものであるため，重複した表現ではないことがわかる。したがって，これらの類似すると考えられがちな用語は，何ら混同するものではない。

2.2　プロフェッションの職業要件

プロフェッションは，12－13世紀ごろのヨーロッパにおいて，大学が勃興したころに出現し始めており，教会と強く結びついた職業であった。今日でも「愛他的」要件が専門職の要件として挙がるのは，最初のプロフェッションが聖職者であるという，この歴史的経緯が影響している。しかし，16世紀以降は専門職養成機関として，イギリスで王立の医師養成カレッジが誕生するなど，プロフェッションは教会との結びつきを必要としなくなった。

また，この頃のヨーロッパではルネッサンスから産業革命まで，新しい職種の登場があり，その社会的承認はきわめてゆるやかであったため，厳密なプロフェッションの要件は求められなかった。（石村, 1969）

　Carr-Saunders らは，イギリスのプロフェッションがステイタスによるものであるとして，専門職に従事する者の階層を調査している。Carr-Saunders らは，階層の高い者しか従事できない職業としてプロフェッションが存在し，必ずしも福祉的役割や高度な専門知識の習得が求められるものではなかったとしている（Carr-Saunders and Wilson, 1933）。Elliott や Freidson も職業に付された高いステイタスは，その専門性ではなく，階層によるものであると指摘している（Elliott, 1972;Freidson, 1986）。長尾はこの時期のプロフェッションを重要な社会的機能を遂行するためではなく，その従事者ないしメンバーに対して高い社会的地位とそれにふさわしい紳士的生活様式を保障するものとして，その社会的意義を有していたと述べている（長尾, 1995:2）。このことは Elliott がこの時期のプロフェッションをステイタス・プロフェッションと呼んでいることに象徴されている（Elliott, 1971）。

　その後，産業化に伴い高度な知識や技術を要求される専門的職業が誕生し，従来の高い階層に属する専門職という概念に変化がもたらされた。Elliott は専門性が重視される専門職をオキュペーショナル・プロフェッションと呼び，産業化以降，ステイタス・プロフェッションの社会的地位志向が退行し，オキュペーショナル・プロフェッションの専門性重視志向が優越化したことを指摘している。しかし，オキュペーショナル・プロフェッションは専門知識の習得という要件の他に，ステイタス・プロフェッションの心的特性，つまり高い階層に属する者としての紳士的態度を要件として色濃く残していた（Elliott, 1972）。人々が専門職に愛他的，福祉的立場で仕事に従事する態度を求めたり，権威を求めたりするのもその影響である。

　専門職研究者がさまざまなアプローチからプロフェッションの定義を試みたが[3]，Millerson や，それをさらに発展させた竹内が概念の整理を試みており（表 4.1），それらにおおむね集約されているといえるだろう（Millerson,

1964;竹内, 1971)。プロフェッションの概念は大別して，機能的，構造的要件と心的特性に関するものに分けることができ，機能的要件はどのような機能を果たす職業がプロフェッションであるかを議論するものである。たとえば標準化されない仕事，創造的な仕事，仕事の自律性などの要件を満たしていることが評価基準となる。構造的要件は専門的職業を支える組織や機関の存在についての議論であり，たとえば体系的知識習得のための教育機関や専門職集団の存在，あるいはそれによる能力の試験，資格などを指す。それに対して，心的特性はプロフェッションとして守らなければならない規範や心構えあるいは気質などについての議論であり，たとえば職業集団への準拠，公衆への奉仕，天職の感覚などを指す。田尾[4]はプロフェッションの定義について，次のようにまとめている（田尾, 1991）。① 専門知識や技術（体系化された専門知識を習得していなければならない。それらの知識や技術を教授する高等教育機関の存在など）② 自律性（組織の権威に対し，干渉されない立場にある）③ 仕事へのコミットメント（報酬のために働いているのではなく，仕事それ自体のために働くように動機づけられている）④ 同僚への準拠（同僚は職場の仲間を指すのではなく，外部の同業者を指す。コスモポリタン的）⑤ 倫理性（専門知識の保有により素人に対して支配的であってはならない。公共の福祉に対する貢献の必要性）。この⑤の倫理性やCoganら多くの研究者が要件に入れる「愛他的」「福祉的」などの項目に対し，それらの必要性に疑問を投げかけたのが「プロフェッション研究の父」と呼ばれるParsonsである。Parsonsは，ビジネスを利己的動機，専門職を愛他的動機と区分できないとし，愛他性がプロフェッションの基本要件ではないとした（Parsons, 1949）。竹内は伝統的プロフェッションを彷彿とさせる「愛他的倫理」などをプロフェッションの要件から削除することにより，伝統的プロフェッションのイメージから解放されると述べている（竹内, 1971）。多くの定義がある中で，表4.1のGrossの① 理論的知識に基づく技術　②（専門職として）組織化（された集団の存在）③ 不可欠な公共サービス　④ 同業者への準拠　⑤ 標準化されない仕事，という定義が現代の専門職に比較的近いものといえるだろう（竹内, 1971）。しかし，Grossの

第 4 章 専門職の社会的位置づけ

表 4.1 プロフェッション定義の分類

	理論的知識に基づく技術	教育訓練	能力がテストされる	組織化	行為の綱領	愛他的サービス	他人の事柄への応用	不可欠な公共サービス	ライセンスを通じてのコミュニティサンクション	明確な専門職クライアント関係	信託されたクライアント関係	同業者への忠誠	公平なサービス	明確な報酬	※範囲が明確	※自律	※標準化されない仕事	※地位の公的認識
Bowen	×		×	×	×													
Carr-Saunders & Wilson	×	×	×	×	×								×					
Christie		×			×													
Cogan	×				×													
Crew						×												
Drinker	×										×	×						
Flexner	×	×	×															
Greenwood	×	×					×											
Howitt		×	×								×							
Kaye	×	×																
Leigh																		
Lewis & Maude		×	×	×							×							
Marshall				×														
Milne	×			×														
Parsons				×					×	×								
Ross	×		×	×	×						×							
Simon		×																
Tawney				×														
Webbs							×					×	×					
Wickenden	×	×	×															
※L.D.Brandeis（1914）	×	×																
※J.G.Darley & C.G.Wrenn（1947）	×	×	×	×	×		×											
※P.Wright（1951）	×	×	×	×											×	×		×
※E.Meigh（1952）	×	×	×	×														
※M.Libermann（1956）	×		×													×		
※E.Gross（1958）	×				×						×					×		
※P.Donham（1962）	×												×		×			
※B.Berber（1963）	×												×		×			

出所：竹内洋, 1971,「専門職の社会学－専門職の概念」『ソシオロジ』, 第 16 巻, 第 3 号, 48 頁より。
※のないものが Millerson の仕事であり, ※の付加されたものが竹内によるものである。

時代（20 世紀半ば）の公共サービスは，現代社会では組織を通して社会に貢献するという意味に広げなければならないだろう。また，Parsons や竹内

が「愛他的」要素を排除するべきとしていることは現代の専門職を考える上での前提であろうし、田尾がまとめた5つの要件のうち①〜④は「高度な専門知識によるサービスの提供」をプロフェッションの最も重要な役割と考えた場合、適合的な項目であるといえる。ここではこれらのプロフェッションの定義や現代社会の状況を踏まえた上で、次のような項目を専門職の要件として捉えることにする。これらの研究経緯を考慮に入れると、本書で扱う企業内の研究者たちは、太田（1993:21）の「企業内プロフェッション」の定義（「非専門職組織に雇用される職業で①専門知識（大学等での体系的教育訓練によりもたらされるものであり、一定の理論的基礎と汎用性を有すること）に基づく仕事であること　②専門家団体（専門職集団：著者挿入）あるいは専門家社会（たとえば、学界のような：著者挿入）の基準による、能力その他の評価システムが何らかの形で存在していること」という要件を前提）にも該当し、専門職が共有する価値意識への準拠、仕事の裁量（自由度）が高い職業として、専門職の範疇に入れることを妥当と考える。

表4.2　本書での専門職の要件

① 体系化された専門知識や技術の習得
② 仕事へのコミットメント
③ 同僚への準拠
④ 職業団体による専門分野の評価システムの存在
⑤ 標準化されない仕事

2.3　明治政府による日本のプロフェッション概念の形成

　日本におけるプロフェッション概念は、明治政府の国策としての概念の輸入から始まった。石村によれば明治初期の弁護士は代言人として社会的地位が低く、外国法の摂取による免許代言人制度の整備後も地位の向上はなかったという。明治10年に日本人で初めて英国バリスター（法廷弁護士）となった星亨の帰朝をきっかけに、大蔵卿大隈重信の推進により英国王室弁護士に似た制度が作られた。その後、東京大学法学部の卒業証書をもって代言人試験の合格証とみなし、法学士代言人が誕生し、今日に至る。日本の弁護士制度が外国の制度の輸入に端を発したのは間違いなく、制度の形成過程に

おいて制度輸入のスポンサーとしての明治政府の大きな努力があったといえる。医師においても明治政府が維新後に西洋医学の導入に力を注いだことはよく知られた事実である（石村, 1969）。

ヨーロッパのプロフェッションは，キリスト教の神への献身という Beruf という概念が背景にあり，プロフェッションという職業に求められる職業倫理や社会的地位は，その文化から起こったものである。しかし，日本のプロフェッションにはそのような文化は取り入れられず，精神的には表層的なものとなった。そして，政府の手によって制度の模型としてプロフェッションが輸入され，選ばれた職業だけに威信が与えられたのである。

石村はわが国の諸職業には外来のものが多く，政府は新職種の導入になるべく先頭をきろうとし，独占権，優先権，指導権を獲得し確保しようとすることを指摘している（石村, 1969）。コンピュータ産業の発展に通商産業省（現，経済産業省）が大きく寄与したことや，コンピュータの普及以来，数々のコンピュータ関連の資格が国家資格となっていることなどから考えても30年経った今でも同様のことがいえよう。さらに石村は官と民の関係を以下のように述べている。

> 「思うに科学技術の導入は，経費のかかることである。とくに直接生産に結びつかないプロフェッションの基礎をなす科学技術の導入は，これを民間にゆだねることは，はじめから不可能である。いきおい，最大の財源をもつ政府がその導入のためのスポンサーを買って出ることになる。ここに問題がある。多くのプロフェッションは，官僚制という巨大な機構によって，その機構の一部として導入されることが多くなる（また，科学自体が講座制という官僚機構の中で育成される）。まず官において養成してついで民に放出する，あの維新政府が産業の各部門においておこなった官営工場，官営鉱山の育成，その後の官有払い下げ，と同様の現象が，ここプロフェッションの世界では今日でもくり返されているのである」（石村, 1969:227）

石村は，巨大科学は民の手に負えるものではないため，科学のプロフェッ

ションたちが,官の支配下に置かれていることを指摘している。石村の指摘からはプロフェッションの問題に従来のプロフェッション論では語られてこなかった官尊民卑の構図が見えてくる(第5章参照)。

3 専門職研究概観

3.1 支配的なプロフェッションの研究

プロフェッション研究は秘儀的な専門知識によるクライアントとの支配関係をテーマにしたものが多い。サービスが高度化するほど,素人には理解できない専門知識は拡大し,メディカル・プロフェッションとクライアントの関係で取り上げられる支配関係が発生する。Freidsonは専門的訓練を受けていない素人であるクライアントが,プロフェッションの行う医療サービスを適切であるかどうかの判断ができないために,その指示に従属するしかないと指摘している。彼はクライアントが個人であり,素人であるために発生するプロフェッションの「権威」こそが重要な問題であるとして,プロフェッション論で集中的な研究がなされてきた「定義」に関する議論の中に,仕事の評価者が「対 素人」か「対 同僚」であるのかを考慮に入れるべきだとするHughes, E.の主張を支持している(Freidson, 1970=1992)。

また,Illichもメディカル・プロフェッションを始めとする多くのプロフェッションや技術者に対し,専門知識による支配や技術ファシズムへの堕落を強く批判している(Illich, 1978=1984)。Illichはプロフェッションによる人々への「ニーズ」[5]の押しつけが人を不能化し,プロフェッションの判断こそが正しいとする価値意識の植えつけを行ったとしている。科学／技術の発達を礼賛する風潮に対し,プロフェッションがテクノロジーをコンビビアル(自立共生的)な道具ではなく,独占のために用いようとしていると主張した。FreidsonやIllichを始めとする多くの研究者が,プロフェッションとクライアントの支配関係に対する批判的な研究を行ってきた。彼らは人々の不都合に対処するプロフェッションが人々を従属的な位置に貶め,権威の上に安寧とした地位を築いてきたと批判したのである。

石村は，このような人々の不都合に対処するプロフェッションを「マイナスのプロフェッション」と呼んでいる。石村はプロフェッションの分類軸を人の消極面と積極面の対処で分けて次のように分析している。

　「三大プロフェッションの場合，その活動は，聖職者にあっては悩める魂の救済，医師にあっては肉体の疾病の治療，弁護士にあっては人間間の紛争の処理解決というように，いずれも人生や社会の消極面の治癒，回復を目的としていることが知られる。（中略）しかし，その後に登場したプロフェッションの場合には，様子はかなり変わっている。（中略）積極的な社会の生産活動（経済活動）――創造活動――に，むすびついたものであること，いな創造活動そのものである（建築士など）ことに注目すべきである。近代以降のプロフェッションは，積極的機能をもって社会の全体活動，しかも（物を対象とする）生産活動，創造的活動の一端をになっているといえるのである。社会的分業という大きな機構の（積極的な）一翼を彼らは担当するよう社会より委託されているといってもよいであろう。三大プロフェッションを，もしマイナスのプロフェッション（不要であるという意味ではなく，上述の意味で）というならば，これらの新しい職種は，プラスのプロフェッションということができよう」（石村, 1969:58-59）

　従来のプロフェッション研究は，石村の示す「マイナスのプロフェッション」に関するものがあまりに多く，「プラスのプロフェッション」に関してはほとんど関心が払われてこなかった。「マイナスのプロフェッション」は，専門職に援助を求めざるを得ないような不都合がある場合に，クライアントが救済を求めるため，その秘儀的な専門知識により支配関係が成立しやすいという指摘がなされてきた。職業階層の研究における専門職の中に「プラスのプロフェッション」も取り上げられ，その職業威信や給与などによる比較分析がなされているが（寿里, 1993），「プラスのプロフェッション」の社会的機能や組織における態度，行動に対する研究は少ない。

　人々の利益や役に立つクリエイティヴな「プラスのプロフェッション」を

含めることにより，プロフェッションを強者，支配者という視点以外の捉えかたで分析することができるのである。組織内（特に企業内）の専門職は，直接的なクライアントが所属組織であり，サービスの享受者たる大衆は間接的なクライアントとなる。評価者が専門分野の同僚と所属組織の両方となる。彼らは，その定義づけの研究からも「権力」「支配」という観点の研究からも置き去りにされてきたのである。これらの専門職は"強者"という呪縛から解放され，「プラスのプロフェッション」として研究されるべき対象といえよう。

3.2 組織内プロフェッションの研究

専門職研究は，第2節に述べたように非常に定義に集中しており，あらゆる職業のプロフェッション化について論ぜられ，職業の分類などに関心が払われてきた（Greenwood, 1957;Hall, 1975;Elliott, 1972）。また，従来の専門職研究は，「personal professions」が対象となっていたが，近年の専門職研究は産業化，情報化が進むにつれて，大衆から高度なサービスが求められるようになり，組織ぐるみでのサービスを行う専門職が増えたことから，組織内プロフェッションへと対象を移している（太田, 1993）。伝統的プロフェッションである医師や弁護士においても，総合病院や弁護士事務所などの大組織に雇用され，高度なサービスに応じるようになった。

さらに，企業も高度な技術を活かした製品が社会で求められるようになると，研究者を自己の組織に取り入れ，先端的な研究開発を行うようになった。Millsは経営業務の大規模化と複雑化により，従来，見習い的な訓練で習得してきた技術では対応できず，極度に専門化した高等教育によるものへの必要性が高まったことを指摘している（Mills, 1951=1957）。Kornhauserは，プロフェッション業務の多くの部分が，企業その他に雇用されている人々により遂行されているという事実を考慮に入れるような，プロフェッション概念が必要だとした（Kornhauser, 1962）。Wilenskyは専門職の行動科学として，組織に雇用される研究者のコミュニケーション・ルートについて研究し，伝統的プロフェッション以外にも研究対象を広げていった

(Wilensky, 1964)。

　このように，クライアントと直接的に接する専門職だけではなく，組織，企業に雇用される専門的職業に従事する者も広義のプロフェッションとして捉えられるようになった。組織に雇用される専門職が増加する中で，組織の目的と個人の目的の違いによりコンフリクトを起こす専門職にも関心が払われてきた（Kornhauser, 1962;Etzioni, 1964=1967;加護野, 1984;太田, 1993）。所属組織が官僚制組織であり，組織の目的が知識の創造，応用，伝達にある専門職組織である場合，専門職は自律的に職務を進めることができることが多く，コンフリクトは少ない。組織の目的が営利であり，知識の創造よりも利益優先の非専門職組織である場合，組織の方針と専門職の専門分野での知識創造を追求する自律的な態度とが，コンフリクトを起こすのである。自律的な専門職と彼らの組織への統合化については，Etzioniが研究を行っていたころから組織内プロフェッションが大半を占める現代にまで共通する問題である。

　その中で1966年にPelzらによる企業系研究機関，政府系研究機関，大学という性質の異なる組織の研究者を調査したものがある。この調査によれば博士号所有の有無と「科学志向」「専門職志向」「地位志向」という専門職の志向との関係が深く，博士号を有する者はもたない者より「科学志向」「専門職志向」が高く，業績とも正の相関を示すことが明らかになった（Pelz and Andrews, 1966）。この研究は研究者たちの組織や研究に対する志向に博士号という学界での地位指標のひとつが関わるということに着目した先駆的なものである。さらに，この研究では組織の性質の差（研究志向研究所と開発研究所）による研究者の志向も比較している。彼らの調査によれば，博士号を有する科学者間でも研究志向研究所と開発研究所という所属組織の違いが態度の違いとなって表れている。研究志向研究所（大学，政府系研究機関）の博士は，開発研究所（産業，政府機関）の博士より，科学志向や専門職志向が強く，職場での地位上昇には関心が低い。また，開発研究所の博士は組織と個人の目的の一致度が低い者ほど業績が高いという傾向を示している（Pelz and Andrews, 1966）。科学志向の強い研究者は自律性を重んじ，

表 4.3　研究者・技術者が重視する，あるいは動機づけられる要因

調査主体	調査方法	研　究　者	技　術　者
Pelz=Andrews	質問票	科学 専門職 要因としての自己のアイデア 自己のアイデアを実行する自由 独立	要因としての監督者
Kornhauser	面接等	自分の研究を行なう自由 基礎科学 専門職の内部での昇進	研究成果の応用と利用 専門職の内外での昇進
Myers	面接	仕事それ自体 会社の方針と管理	仕事それ自体 昇進
Lorsch=Morse	質問票, 面接	独立，自律 独りでいて独りで働くこと	―
加護野	質問票	学会との接触 背景の異なる人との協力・接触 工場の人々との接触 研究テーマの自主的な決定 論文にまとまるようなテーマの選択 水面下での自主的な研究	―
村杉	質問票	達成 仕事自体 成長	達成 仕事自体 成長 リーダーシップ
科学技術庁	質問票	研究所の具体的方針の明確化 研究者の質的向上 意思決定権限の委譲 研究者として現在のところで働く	―
日本生産性本部 (A)	質問票	給与 ボーナス 昇格 研究の自由度	
日本生産性本部 (B)	質問票	研究開発の第一線での仕事の継続 研究の自由度の確保 専門分野の深化 関連分野の知識・技術の修得	
電機労連	質問票	専門技術・研究分野の発展への貢献 仕事や研究成果を通した社会への貢献 役職にこだわらず専門を生かす	会社の業績向上につながる成果の獲得 他社との競争での勝利 役職にこだわらず専門を生かす

注：「研究者」と「技術者」の定義は明確でないため，それぞれの内容は調査によって必ずしも同じではない。
出所：太田　肇, 1993, 『プロフェッショナルと組織　―組織と個人の「間接的統合」―』37頁。

組織による管理を好まない（組織からの管理は業績によい影響を与えない）コスモポリタン的な研究者が多いということが示された。Pelz らは大学，政府系研究機関，企業系研究機関の順に研究志向から開発志向へとシフトすることを示している。彼らの研究は組織の性質の違いや博士号所有の有無による研究者の態度や行動の違いを実証したものである。このことは研究者の志向を分析する上で，所属組織の特質，地位，さらに準拠集団概念に示唆を与えるものである。

中野は『プロフェッションの社会学』を著し，社会学におけるプロフェッション研究の重要性を強調した。この中でプロフェッション概念を整理するとともに，医師，大学教師を中心として，組織におけるプロフェッションの志向や役割意識など，プロフェッションの定義や"強者"としての部分以外にも焦点を当てた（中野, 1981）。太田は組織内プロフェッションに関する研究を表 4.3 のようにまとめている（太田, 1993）。ここから見てとれるように，プロフェッションは，組織に雇用されていても「自己のアイデアを実行する自由（Pelz and Andrews）」，「仕事それ自体（Meyers）」，「専門分野の深化（日本生産性本部（B））」，「役職にこだわらず専門を生かす（電機労連）」というように専門分野を志向しており，職業人性の強さを示している。組織に雇用されるプロフェッションが組織社会化によって職業人志向を逓減させることはないようである。その意味でも組織内の専門職は専門職特性をもっている職業人であると考えることが妥当であろう。

また，最近の専門職研究はほとんど組織内プロフェッションに関するものといっても過言ではない（Rabban, 1991;Fielder, 1992;Donnelly, 1996;Davis, 1996;蔡, 1997）。たとえば，Fielder は，組織内プロフェッションのプロフェッションとしての責務と所属組織に対するロイヤリティの関係を議論しており，蔡は専門分野と所属組織へのコミットメントと業績の関係に関心を向けている。しかし，これらの研究は対象が専門職であるにもかかわらず，所属組織と専門職の関係という点に終始している。社会構造面，たとえば産業構造や組織間関係などを考慮に入れたより広い視点をもたないものである。彼らが所属組織よりも外部の職業集団に準拠する専門職であり，所属

組織での昇進よりも同じ専門分野の同僚からの業績の評価を重視するという要件を考えるならば，所属組織内だけに視野を絞るのは十分とはいえないのである。そのため本書では専門職を取り巻く環境として所属組織が含まれる産業界や専門職集団などの多元的なヒエラルヒーでの位置づけから，彼らを分析しているのである。

4　プロフェッションのエートス

では，彼らがもつ専門分野への志向はどのようなものなのであろうか。尾高邦雄は職業を「個性の発揮」「連帯の実現」「生計の維持」の3つの要素からなると定義している（尾高, 1995）。それらの要素は職業の語義の「職」に「個性の発揮」（自己実現）「連帯の実現」（社会的役割の実現）が対応し，「職分」，「天職」，Beruf，calling がこれに相当する。「業」には「生計の維持」（収入）が対応し，「なりわい」「労働」がこれに相当する。プロフェッションが前者の意味を強く持った職業であることはいうまでもない。尾高はプロフェッションの職業倫理についてモーレスとエートスの2つの概念を明確に定義しながらも，密接に関係し二分しがたいものであるとしている。

> 「ラテン語の語源をもつモーレスのほうは，ある社会の成員がそれにしたがうことを要求されている行動基準で，それにたいする違反が集団によるなんらかの制裁をともなうものをさす。これたいして，ギリシア語に由来するエートスのほうは，ある社会の成員が習慣的にそなえるにいたった道徳的気風を意味する。モーレスである（「伝統的」：著者挿入）プロフェッションの倫理は，拘束的，他律的であり，それにたいする違反が制裁を結果するがゆえに，人びとはその意に反してもこれにしたがわざるをえない。これに反して，エートスである勤労の倫理は，制裁を設けることによってこれを人びとに強制することはできない。この内面的な道徳的気風を培うためには，辛抱強い指導と，そしてとくに人びと自身の自己啓発が必要である」（尾高, 1995:25-26）

Weberは『職業としての学問』において，勤勉な姿勢（「遮眼革を着けることのできない人や，また自己の全心を打ち込んで，たとえば，ある写本のある箇所の正しい解釈を得ることに夢中になるといったようなことのできない人は，まず学問には縁遠い人々である」）という点を強くその職業倫理として説いている（Weber, 1919=[1936] 1997:22）。それは現在のプロフェッションの倫理にも通ずる「望ましさ」といえよう。私は調査を通じて日本の組織内の専門職の行動や態度に，尾高のいうプロフェッションの職業倫理の中での内面的な自己啓発によるエートス，Weberのいう専門分野に没頭する姿勢を求める規範などの存在を感じた。彼らの行為を規制し，方向づけるエートスの中に厳然と存在する価値意識，文化構造こそが，本書で取り上げるテーマと関わる重要な要素である。エートスは行為主体が内面化して，態度や行動を規定し，一定の方向に向かわせるようなものを表わした概念である。なんらかの集団や社会階層に共有される社会規範の一種ということができる（北川編, 1984）。行為主体を内面からつき動かすエートスには，共有された価値意識が存在し，それにより「望ましさ」が生まれるのである。Mertonは「科学の社会学」の中で「科学のエトスとは科学者を拘束すると考えられている価値と規範の複合体であって，感情に彩られたものである。この規範は『すべし』『すべからず』『望ましい』『して可なり』という形で表現せられ，制度的価値として正当化されている」（Merton, 1957=1961:505）と述べている。たとえば，これを日本の科学／技術に従事する研究者に当てはめた場合，「基礎的研究こそが科学であり，普遍的な研究こそが望ましい」という「望ましさ」（エートス）により，研究に専心していると考えることができるのである。第Ⅰ部で述べた学問的序列意識は，この「望ましさ」が基準となって形成されており，「個人が多元的に所属する組織・集団」という構造から議論されたものである。ここでの議論はこの「望ましさ」が存在するがゆえに，研究者が多元的に所属している組織・集団に対してもつ態度や行動を規定するというものである。学界での承認がこのエートスに沿った自己の専門分野への専心度合いを評価したものとするならば専門職が抱く周囲の環境（所属組織，学界，大衆からの評価）への意識（学界で承認を受け

る行為と受けない行為への力点の差など）に大きく影響を与えるだろう。

　また，Drucker は企業に雇用された研究者を想定した「雇用されたプロフェッション」に対し，いくつかの要件を挙げる中で「大きな貢献をするように企業から金銭的なインセンテイヴが与えられなければならない」としている（Drucker, 1952）。Pelz らの研究でも，地位上昇を望まない研究志向の基礎科学系研究者でも金銭的な報酬を望むことが実証されていることから（Pelz and Andrews, 1966），Drucker の指摘は彼らを支持するものといえよう。近年の成果主義を取り入れた有名総合電気メーカーの研究機関の失敗例[6]などを考えると，単純に外的報酬を得ることを目的とした外発的動機づけは日本の研究機関には馴染まないものなのかもしれない。彼らの行動，態度には外発的動機づけだけでは説明できない心理的な満足を得る内発的動機づけ（たとえば，知的好奇心やものづくりへの達成感など）なども窺えるのである。後の第 6 章では欧米型の従来型の専門職像，アメリカでの企業内専門職像とは異なる日本の専門職を取り巻く環境と彼らの行動，志向について示す。

5　要　約

　専門職研究は他のブルーカラーなど職業に関する研究に比べて非常に少なく，過度に専門職の定義に研究が集中し，発展性がなかったことが問題として挙げられる。職業の定義が時代とともに変化すること，多くの専門的職業が次々に発生することなどから，専門職の範疇に入る職業を限定することは不毛な作業ともいわれる（中野, 1981）。さらに，プロフェッションはステイタス・プロフェッションからオキュペーショナル・プロフェッションに変化し，伝統的な医師，弁護士，聖職者にのみに当てはまるようなプロフェッションの要件は現代社会には適合しなくなった。ここでは伝統的プロフェッションの要件の全てを満たし得なくとも，① 体系化された専門知識や技術の習得　② 仕事へのコミットメント　③ 同僚への準拠　④ 職業団体による専門分野の評価システムの存在　⑤ 標準化されない仕事　の 5 つの項目を

満たしていれば専門職とした。産業化以降，オキュペーショナル・プロフェッションに変化したことで，プロフェッションになるための出身階層が限定されなくなった。しかし，職業的優位性から社会階層の中で上層に位置づけられる"強者"という見方は変化せず，研究アプローチもそこから発展したものは少ない。

　社会的強者として描かれてきたプロフェッションの支配力は，人々の消極面の救済という「マイナスのプロフェッション」とクライアントの間に存在し，その支配関係を指摘する研究も進んだ（Freidson, 1970=1992）。しかし，人々の利益や役に立つクリエイティヴな「プラスのプロフェッション」を含めることにより，プロフェッションの"強者"，"支配者"という一面的な見方は多様になる。日本でも職業威信が高く，"強者"としてのプロフェッション像が確立されているが，日本のプロフェッション概念はヨーロッパのようにキリスト教という文化的な背景がないため，キリスト教を背景としたエートスは輸入されず，制度だけが模倣されたものである。当時，社会的地位が低かった医師や弁護士の職業威信は，政府の力によって確立されたといっても過言ではない。医師や弁護士のような伝統的なプロフェッションにおいても，その職業威信は職務への尊敬から自然発生的に生まれたのではなく，制度の導入にあたり政府が関与したという歴史的背景から生まれたのである。

　後の研究では個人的活動の伝統的プロフェッションから，組織，企業に雇用される専門的職業も広義のプロフェッションとして捉えられるようになり，彼らの志向に関心が向けられるようになった。組織の統合的圧力は専門職の職務における自律性を脅かすものとして，そこに発生するコンフリクトに関心が寄せられた。組織の中で自律性を発揮できる専門職は，明らかに他の労働者より組織に対して強い立場にある。しかし，これらの研究は対象が専門職であるにもかかわらず，所属組織内の専門職の志向に関心を向けるという点に終始していた。彼らが所属組織よりも外部の専門職集団に準拠するプロフェッションであり，所属組織での昇進より同じ専門分野の同僚からの業績の評価を重視するという志向を考えるならば，組織内だけに研究視野を

絞るのは十分とはいえないであろう。

　私はプロフェッションの倫理に関して，伝統的プロフェッションに対し，モーレスのような規律に違反した場合のサンクションだけが存在すると考えるのではなく，エートスのような内面的な自己啓発によるものが彼らの価値意識に大きく影響を与えていると考える。ここでは伝統的プロフェッションの倫理だけでなく，確立されていないプロフェッションの専門分野に没頭する姿勢にも注目したい。研究に専念することが「望ましい」というエートスであるならば，学界での承認は自己の専門分野への専心の証となる。そして，学界での承認は，普遍的な研究であればあるほど価値が高いという共有された価値意識の中で行われ，具体的な応用科学系研究は評価されにくいといわれる。

　以上のように専門職研究を概観すると，いかに一貫して"強者"としての一面だけにアプローチが集中していたかということがわかる。専門職研究におけるこれらのアプローチが，社会問題を捉えるのに重要であることはいうまでもないが，そこに固執するあまりに，その他に存在するさまざまな問題には目を向けなかったのである。第Ⅰ部で述べたような現象のように，"強者"としての専門職だけではなく，専門職の特性と彼らが多元的に所属する組織・集団という社会構造，文化構造を要素に含めて，組織内専門職の所属組織に対する意識や，彼らが共有する価値意識について考察を行うことで，新しい専門職研究が展開されるのである。

注

1　WeberやDurkheimも産業化する社会の中での専門的職業には触れているが，直接的には扱っていない。
2　Etzioni, A. (Etzioni, A., 1964=1967) の分類によれば，専門職組織とは，主に専門職で構成された組織を指し，病院や大学などがその代表的な組織である。非専門職組織とは組織が非専門職，専門職に限定されず構成されている組織を指す。代表的な組織として軍隊や企業などがある。
3　Millerson, 竹内洋がプロフェッションの定義に関する研究を網羅する形でまとめており，機能，心的特性，仕事の性質など，研究アプローチはさまざまである（Millerson, 1964;竹内洋, 1971）。
4　田尾は，Greenwood, Goode, Kornhauser, Strauss, Goldner & Ritti, Miller, Engel, House & Kerr et al.らの定義をまとめている。

5 たとえば,かつては自宅で療養していた程度の不具合も,病院に行き,医師に病名のレッテルを貼られたとたんに,人は「患者」となる。また,必要に迫られていなかった物を道具として提供されることによって,その道具がなかった時に使っていた能力を人は失っていくというものである。

6 短期的に成果が見られるような研究計画を立てる研究者が増え,萌芽的な研究,長期間必要な研究を許す評価でなければできないような研究を行いたがらない研究者が増えたため,短期間で成果が出るような研究や達成しやすい研究設定ばかりになったという事例である。要するに評価軸も問題なのである。

第 5 章
科学／技術に対する価値意識

　第5章では，これまで取り上げてきた基礎科学系研究と応用科学系研究の地位差の源泉を科学史／技術史の中で語られる価値意識，国家政策，工学教育から探究する。まず，科学発祥の地であるヨーロッパの科学／技術に対する価値意識を概観し，ヨーロッパをモデルとした明治期の日本における科学／技術に対する価値意識を検討する。そして，現在も専門職集団の中に色濃く影響を残している科学／技術の価値意識，「官」，「民」の価値意識等の構造を分析する。

1　欧米での科学／技術の位置づけ

1.1　既存学問から新規学問の自立における負の遺産
　本項では，日本が科学／技術の輸入先としてモデルにしてきたヨーロッパの科学／技術に対する価値意識，学問的序列意識の存在を概観する。Ben-David によれば，中世ヨーロッパでは神学・法学・医学が学問としての地位を確立しており，哲学さえも下位に置かれていた。さらに哲学は実験，観察による経験的知識で成立する自然科学を下位に置いてきた。科学が地位を確立することができたのは，「科学は革新をうみ出し，議論の余地のない明白な証拠に裏づけられたその革新は，哲学的論争をまったく不用化した (Ben-David, 1971=1974:96)」からである。哲学から自立的地位を獲得した科学は神学，哲学，科学での地位関係と同様のことを技術，ことに応用科学に連鎖させるのである。科学は自らが哲学から学問的低位に置かれたように，基礎科学系研究よりも応用科学系研究を下位に扱った。ヨーロッパでは

特に神学，哲学などの伝統的学問が影響を残し，思弁的な哲学や議論の余地のない明白な唯一性をもった「客観的知識」である科学以外を正当な学問と認めにくい価値意識が優勢であった。

学問の発達の流れを見ると，神学から哲学，哲学から（基礎的）科学，科学から工学（応用科学）という既存の確立された学問分野からの自立過程において，新規参入学問（たとえば，神学から自立した哲学など）は，低い地位を与えられてきたという共通項がみてとれる。神学から始まったこの連鎖は現在の工学にまで影響を与えている。確立された地位をもつ学問分野の研究者は下方比較（Downward Comparison）を行うことにより，自己の専門分野の地位が脅かされないようにしてきたのかもしれない。さらに下方比較された新規参入学問は，自立前の祖先的学問（たとえば，哲学に対する神学など）に対して下位意識を植えつけられ，自らの業績に対する社会的評価とは別の，正統性という価値意識に対してコンプレックスをもつようになるのである。

1.2 科学の「普遍性」

科学が技術より価値の高いものと位置づけられていたのは，他のアプローチの追随を許さない「唯一性」や議論の余地を残さない明白な「普遍性」をもっているためであった（三枝，1972）。科学的知識はこの「唯一性」「普遍性」により社会的要素とは隔離された「客観的」知識と受けとめられていた。アカデミズムでは基礎科学系研究の普遍性，汎用性の高さが応用科学系研究より評価され，学界の同僚から尊敬されるという科学それも「純理研究」への価値づけと応用科学系研究への軽視がみられる（Merton, 1957=1961, Coser;1965=1970;Mulkay, 1979=1985）。科学は哲学からの自立に際して「唯一性」，「普遍性」が重要な要素であったために「具体的」な技術を厳しく峻別するのであった。Mulkeyは科学は社会的要素の影響を受けない普遍的なものであり，その科学的知識も普遍的なものであるというDurkheim, Marx, Mannheimなどの「科学観」には限界があるとした。また，Kuhnも科学の「客観性」はさまざまな社会的要因に影響を受けるものであ

るとして,科学の客観視に異を唱えたのである(Kuhn, 1970=1971)。また,Coser,戸坂,三枝らも,制度化された科学は業績の承認を科学共同体の評価に左右されるため,決して客観的とはいえないと批判している(Coser, 1965=1970;戸坂,[1935] 1990;三枝,1972)。メンデルの遺伝子研究がその当時の社会に受け入れられなかったという事実をみるならば,「科学が技術より地位が高いのはその唯一性,普遍性のためである」という正当性は疑わなければならない。しかし,彼らの科学的知識を承認する学会という科学共同体への批判的記述は,決して技術を科学の下位から救い出すことにはならず,科学を批判している研究者の価値意識の中にも,技術が下位に位置することが読み取れるのである。

1.3 科学のエートス

科学が技術を下位に置くという序列意識を検討するには,科学者が共有する価値意識について触れなければならない。まず,科学の発達経緯を概観し,そこで共有される価値意識における技術の位置づけを考察する。科学は17世紀のイギリスで勃興期を迎えるが,当時,純理研究が重視される中,清教徒[1]の宗教的戦略により,「人々の役に立つ科学」として工学が市民権を得るに至った。清教徒が関わる大学では自然科学関係(工学,流体静力学,物理学,解剖学,天文学など)の学部が設立されていった。その根底に流れるものは,「科学のエートス[2]」であり,「普遍性」が最も重要な地位にあり,普遍的であればあるほど「崇高」で,特殊な(限られた人々だけが潤う)ものであればあるほど「下位」,という評価を同僚たちから受けるのであった(Merton, 1957=1961)。

Mertonに示された科学のエートスは4つのモーレスからなり,公有性(Communism),普遍主義(Universalism),利害の超越(Disinterestedness),系統的な懐疑主義(Organized Skepticism)であり,その頭文字をとりキュードス(CUDOS)[3]と呼ばれている。その中でMertonは普遍主義とは社会的属性に左右されない,非人格的な知識を科学的知識とする考え方であると定義している(Merton, 1957=1961)。さらに,普遍主義は学者と

しての経歴は才能ある者に解放されているべきだとしており，「業績が価値あるもの」だと認められた者からなるヒエラルヒーを支持している。Mertonはこれらの科学のエートスは，科学者を拘束する規範と価値の複合体であると述べている。このエートス[4]は科学者の態度や行動を規定するものであり，判断の基準となる価値の存在を示している。しかし，Mertonの示したエートスは理想であって，現実は科学的知識が社会の恣意性に左右されるという批判がある（Kuhn, 1970=1971; Habermas, 1968=1990; 村上, 1981; Ziman, 1994=1995）。科学者に共有されているこの価値意識は，第Ⅰ部で取り上げてきた文化構造と関連が深い。私は科学と技術の地位差を生み出す価値意識が，このエートスを構成しているもののひとつであると考えている。エートスは規範的要素を含んでいるため，どこか正当性をもっているような，ポジティヴなイメージがあるが，当然のことながら，そのことはそのエートスを共有している人々にとって「正当」なのであり，共有していない人々にとっては，必ずしも正当ではない。先の批判にもあるように，科学者の中で作り上げられた価値のヒエラルヒーは必ずしも「正当」とはいえず，伝統的な経緯による価値意識に対して「正統性」が与えられているに過ぎないのではないだろうか。

メンデルの遺伝子研究が30年間も放置されてきたように，価値あるものという「正当性」は社会によって変化するものである。その「正当性」は価値のヒエラルヒーの上位に位置する人々にとって承認されるものといえよう。科学のアカデミック・ヒエラルヒーの上位に位置する人々の価値意識による「正当性」が，科学者に共有されているのであれば，上位の人々と同じ普遍的な研究を行っていない応用科学系研究者は下位に置かれざるを得ない。

1.4　工学教育に見るコンプレックスの源泉

17世紀のイギリスで勃興した科学の中から市民権を得た工学であったが，その地位は学界では高まりにくい状態にあった。しかし，フランスでは工学が役に立つものとして，エンジニア育成を目的としたエコール・ポリテクニクという工学専門学校が1794年に設立された。奥田によればエコール・ポ

リテクニクでは，工学の基礎として科学を教えるという現在の工学教育の原点となるカリキュラムが考案された。科学と技術の一体化を企図したこの教育方針は，ヨーロッパの工学教育に広く取り入れられ，工学の発達に大きな成果を挙げたのである。しかし，科学と技術の一体化というもくろみは，結果として「基礎は科学で，技術はその派生」という負い目に拍車をかけることとなってしまった。このような流れの中で，ヨーロッパの大学では技術教育は一切行われず，技術に関する知識，技能の移転は大学ではなく徒弟制度の中で行われていた。19世紀に科学が哲学の一部として誕生したとき，科学は哲学に比べて軽視されていた。そして，さらに科学の下に技術が置かれ，大学でも低位に置かれていたのである。そこで，工学は自立的活動を求めて，工学専門大学を設立するに至ったのである（奥田，1996）。

19世紀の初期は，技術が科学よりも低いものと見られていた時代であったが，1830年から1860年にかけて高等工業学校の名声は安定し，19世紀も中頃になると大学への改組の動きが強まった。工業大学はその名称が許されるのは1885年になってからであるが，総合大学からは職業訓練校の域を越えない扱いをされていた。工業大学は大学と承認されず，学位授与権が1899年まで認められなかったのである（奥田，1996）。このように工学は学界での地位獲得までに苦渋の日々を送ってきた。そして，エコール・ポリテクニクに始まった工学の教育方針，大学での差別的価値意識により，工学（技術）研究者は，科学の分野で下位にあることを認識させられることになるのである。

1.5 アメリカにおける科学のプロフェッション化

ヨーロッパで展開された科学の発達は，アメリカにおいて応用科学の発達という形で開花した。19世紀のアメリカでは，プロフェッショナル・スクールの発展や創造的研究が基礎科学分野以外から起こったことなどが起動力となり，「応用科学」が新規学問として台頭し始めた。病原菌の発見，電気分野に代表される工学的な研究，精神分析の発達，社会科学的研究など，「基礎科学」とはいい難い学問分野が多く出現したのである（Ben-David,

1971=1974)。さらにこれらの業績は既存の学問からの蓄積でなされたものではなく，全く新しい視点で生み出されたものが多く含まれていた。つまり，従来の正統性を踏襲しない新規の学問が現れたのである。この時期には工学をはじめとする新規の学問を独立した学問領域に押し上げようという社会的気運の高まりがあったのである。これより「応用科学」と呼ばれる科学分野が成立し，伝統的な学問と同様の体系を形成していったのである。19世紀のアメリカではヨーロッパが基礎科学系研究の呪縛に苦しんでいる間に，専門職養成を目的とした大学のみならず，研究重視の大学においても「応用科学」を奨励し，工学をはじめとする「応用科学」が市民権を得るに至るのである。Ben-Davidが「不愉快な差別」と呼ぶ基礎科学系研究と応用科学系研究の地位格差は，アメリカでは改善の動きがみられたのである。

1.6　研究者の流動性

　アメリカの大学における科学の台頭は科学者の流動性に関係する。Ben-Davidによれば，ヨーロッパの科学者の流動性は学者としてのキャリアの構造と大学のヒエラルヒーとによって規定されている。人びとが移動するのは，より高い地位を獲得するためか，あるいは，より有名な大学に移るためである。それに対してアメリカの場合は，よりよい研究環境を求めて個人的な判断に動機づけられ移動している（Ben-David, 1971=1974)。アメリカの研究者は大学という組織に関与しているのではなく，専門分野に忠誠心をもっているという。そのために彼らにとっては所属組織より専門職集団が重要なのである。アメリカの科学は経験から学ぶことで発展してきたが，アメリカの研究者たちはヨーロッパの伝統的価値意識によって確立された学問に対抗するために，プラグマティックな業績を重ねることで，伝統による正統性や名声に代わるものを手に入れようとしたのである。アメリカでは科学が巨大化し，基礎科学系研究者と科学研究を統合管理する「アドミニストレーターそしてジェネラリスト」としての科学者が誕生した。山田は科学者が政府研究所，企業研究所，大学研究所の3者の間を自由に，よりよい研究機関を求めて移動できたことは，科学者自身の質の向上，多くの研究員を引き寄

せる設備の充実など，アメリカの科学の発展につながったと分析している（山田，1981）。アメリカでは科学のポリエージェントたち（上述のような科学者であり，かつ，研究者以外の役割も果たす人々）の存在があり，山田の記述からは，基礎科学系研究者のみが価値の高い仕事をしているという価値意識はもはや過去の遺物のようであり，価値意識の多様化が窺える。現在，日本でも研究者に将来の技術予測を見極める力，研究プロジェクトを統括する力を求め，ポリエージェントとなるような科学的知識をもったジェネラリストの育成を目指した大学院での教育コースが設置され始めている。

2　日本の科学／技術の位置づけ

では，日本の科学／技術の発展経緯はいかなるものだったのだろうか。ここでは科学／技術の価値意識に影響を及ぼした要因について検討する。

2.1　国家による西欧の科学／技術の輸入

世界が科学と技術の一体化，基礎科学系研究の呪縛などに苦しみ，制度化にむけて混迷している時期に日本は開国した。開国の目的は欧米の優れた科学や技術を導入して日本の植民地化を防ぐことにあったのだが，それは図らずも世界に先駆けて科学と技術の結合を自然に受けとめ，定着させることとなったのである。植民地化という国家の存亡に対する危機感に駆られた明治政府は，科学移植政策で科学／技術の発展に大きく介入した。日本の科学／技術は政府が統制する中で富国強兵，殖産興業に重要な役割を果たしたのである。欧米が本格的な産業化の時期に近代化を迎えていた日本では，欧米とほとんど同じペースで技術が社会に浸透していったのである。そのため明治初期の科学者たちは，大学において西欧科学のパラダイムを習得して巣立っていったのである（村上，1981;奥野，1996;三好，1979;道家，1995）。

2.2　工部大学校の教育理念

日本はエンジニアの教育システムとして，世界で最初に総合大学（東京帝国大学）に工学部を組み込んでいる。日本の大学はヨーロッパの大学が技術

第5章 科学／技術に対する価値意識　133

を下位に置き、工学部の位置づけを試行錯誤している間に、スムースに科学と技術の結合を行ったのである。政策として1870年に工部省が設置され、日本の工業教育は国家をあげて取り組まれた。工部省はイギリスからDyerら9名の教師を呼び寄せて、工部大学校を設立して日本の工業教育に力を入れたのである。Dyerは母国において科学と技術の教育の結合が達成されていないことを踏まえて、日本において新しい教育法を考え出した[5]。それは、専門的教育と実践的教育の「サンドイッチ方式」と呼ばれるもので、実際の工場実習に多くの時間を割いて、技術の習得を重視したカリキュラムであった。Dyerの教育理念は体系化された知識をもたない職人でもなく、学理偏重の「役に立たない」学徒でもない、「学問ある専門職」としてのエンジニアの養成であった（三好、1979）。

　そして、工部大学の設立後わずか10年余りで、日本の科学は外国人の助けを借りずに一人立ちすることができるまでに成長した。たとえば、国際的に高く評価される琵琶湖疎水の大工事は、1885年に工部大学校出身の田辺朔郎という24歳の若い技術者を設計・施工責任者として起工され、1890年に完成した。この工事は遷都により衰えた京都市の市勢挽回を期して行われたものであるが、随所に市民の立場に立った設計がなされた。この成功は先進諸国を驚かせ、英国土木学会からその業績をたたえられたほどであった。田辺は軍事ではなく、市民のための技術（シビル・エンジニアリング）の実践者として輝かしい業績をあげたのである。しかし、武力でなければ国威を維持できぬと考える政府の上層部は、琵琶湖疎水工事のような市民のための技術に対する成功を決して高く評価しなかったという（道家、1995）。現在でも市民にその研究利益を提供する技術は評価が低く、国策として取り組む科学研究に対しては高い評価が下されることがある。産業分野、研究分野における価値意識のヒエラルヒーは、市民に寄与する研究であるか国家に寄与する研究であるかということにも関連しているのかもしれない。

2.3　東京帝国大学と工部大学校の合併

　「学問ある専門職」を教育理念に掲げ、エンジニア育成に取り組んだ工部

大学校であったが，1885年の工部省の廃省に伴い東京帝国大学の工学部と統合され，それにより分科大学として帝国工科大学となって文部省に移管された。教育方針も教授陣も工部大学校の方が確立されたものとなっていただけに，帝国大学への吸収は工業教育にとって大きな痛手となった。それは，ヨーロッパにおいて工学が自立のために総合大学から分離して工科大学を設立したこととは逆の現象であり，工学部は帝国大学の他学科の影響を受け，教養主義的な学理偏重傾向の工業教育となっていった。このことによりDyerが築いた市民社会に利益を提供する「実践できるエンジニア」教育は幕を閉じた。この工部大学校が帝国大学化したことにより，工業教育がアカデミズムの中で下位に置かれるという結果が招かれた。そのため日本の工業教育は基礎科目（数学，物理学，天文学，化学など）を重視し，その応用として工学を学習するというスタイルになっていったのである（三好，1979）。

また，1885年の帝国大学令以前の大学は教育をその使命とし，研究機関という役割をもたなかったが，帝国大学令により，大学は教育と研究の双方を使命とする機関であることが定められた。大学が専門職養成機関であると共に，研究機関として位置づけられたことにより，大学はますます学理に傾倒し，現場重視の工業教育は縮小していったのである（奥野，1996）。そして，アカデミズムは科学を「純正の学術」，技術を「実業応用の学芸」と呼び（三好，1979），その差別化を図っていった。このような歴史的経緯の中，工学（応用科学）系研究者は大学時代に，実践より基礎科学系科目を重視する姿勢を学び，自己の分野は「純正の学術」ではないと認識させられるに至るのである。もし，工部大学校の理念が残り「学問ある専門職」のエンジニアが育成され続けていたら，西欧の「基礎科学研究＝上位，応用科学系研究＝下位」という価値意識は，日本で異なる形に発展していっただろう。

2.4　工学部における二重の価値意識

東京帝国大学工科大学として総合大学に統合されていった日本の工業教育は，学理重視ながらも，日本の近代化を推し進める人材の輩出に大きく貢献した。大学は富国強兵，殖産興業のための職業人輩出が国家のために重要で

あるとし,「純正の学術」ではないが,「実業応用の学芸」である工学部の存在意義を徐々に認めるようになったのである（三好, 1979）。これは, とりもなおさず専門職育成機関である大学が, 一方で学問による教養こそアカデミズムが求める真の姿であり,「純正の学術」を志向するという価値意識を有し, もう一方で, 応用科学は富国強兵, 殖産興業のための道具であり,「純正の学術」にあらずというアンビバレント（両義的）な価値意識を有していることを示すものである。大学は基礎科学系研究を志向し, そこで育成される学生たちは専門職養成プログラムを習得しながら,「純正の学術」の所在を基礎科学に感じるのである。大学において西欧科学のパラダイムを習得し, 大学での研究, 基礎科学系研究こそが「純正の学術」であり,「実業応用の学芸」を民間で発展させる卒業生たちは, 自らの応用科学の知識や技能は学術的ではないと感じることになるのである。

2.5 戦後の科学／技術振興策

明治期に確立された日本の科学／技術振興策は, 1930年代後半以来の軍備拡大の中で, 理工系大学, 専門学校の大幅拡大から初等教育における「科学するよい子供」（橋田邦彦文相時代のスローガン）に至る基礎科学振興策が取られた（後藤, 1999）。基礎科学系研究が文部省直轄の研究所で行われるようになり, その後, 他省庁でも基礎科学系研究志向に変化していった。戦後の経済復興のために, 日本の政策の流れは基礎科学系研究だけでなく工業化を重視し, 応用科学系研究が拡大された。明治期の富国強兵, 殖産興業の政策と同様に, 工学は日本の復興に大きな役割を果たした。しかし, 工学の発達が重要な鍵となった高度経済成長期においても, 基礎科学系研究重視の思潮は喪失しなかったのである。

2.6 中央研究所ブーム

基礎科学系研究は大学と政府系研究機関が担っていたが, 高度経済成長期を前に中央研究所ブームが起こり, コンピュータに関する研究が多く行われるようになった。大学や政府系研究機関からも研究者が引き抜かれ, 企業が

研究機関としての機能も果たすようになった。企業は先端的な研究を自社で行うことにより，特許権の独占，業界のリーダーとしての地位の獲得など経済的利益に関連するところに目標を設定して，研究所に力点を置いた。研究分野は基礎研究，応用研究，開発研究，実用化研究，生産技術研究などに分類されるが，企業での研究は後の3つが中心であり，この3つの研究は学界で低く見られる傾向があった（常石, 1994）。

第二次世界大戦が原子爆弾で終結したため，戦後初期には基礎科学が技術革新をもたらす素因になるという認識がアメリカで高まった。戦後はヨーロッパが疲弊していたため，基礎科学系研究の源泉となり得ず，アメリカは自国による基礎科学支持の科学政策パラダイムを打ち出した。さらに，それに拍車をかける出来事として，スプートニク・ショック[6]が起こり，アメリカは基礎科学系研究に力を入れざるを得ない状況となっていった。それ以来，アメリカは基礎科学系研究重点政策を取るようになり，工学部の教育は実用主義重視から基礎科学重視へ変化していった。その頃，日本では高度経済成長期における経済発展のための工学が「大量生産」をパラダイムとしていたため，基礎科学系研究重点政策は取られなかった。日本の1950年代以降の先端科学の摂取は，アメリカから行われてキャッチアップ体制が続いた。そして，1980年代にはマイクロ・エレクトロニクスをはじめとする日本の科学／技術の一部がアメリカを脅かす存在となっていった。そこで，アメリカは，日本の「基礎科学系研究ただ乗り」批判を行うと同時に，基礎科学系研究を自国で行わない日本が，アイデアの枯渇に陥るという脅迫概念を植えつけた。このことは，その当時の政策に関わった通商産業省（現，経済産業省）のOB官僚のインタビュー[7]からも窺える。

「日本の高度経済成長期の産業育成政策で「機振法」[8]と「電振法」[9]により手厚い保護をして育成しました。これは機械とか電子の基本部分を育てる法律です。これにより技術開発助成を全面的にしました。次々にいろいろなテーマを取り上げ，技術開発を産・官・学でやりました。当時，コンピュータの基礎はC研究所（政府系基礎科学系研究所）が設計して，コンピュータの技術を発展させました。1980年に輸入の自由化

第5章　科学／技術に対する価値意識　　137

と資本導入の自由化になる前に，基礎を作り産業の育成に成功しました。
　しかし，1980年代の貿易黒字で貿易摩擦が激しくなって，日本はターゲット・ポリシー[10]で産業を育てるのはけしからんという，ものすごい圧力を受けたのです。結局1980年代中頃は，ほとんど，そういう政策をギブアップしてしまいました。このころには，大型プロジェクトも競争力強化じゃなくて，<u>基礎（基礎科学系研究：筆者挿入）へ基礎へと志向せざるを得なくなったんです（筆者傍線）</u>。その時の批判のひとつが「技術ただ乗り論」で，日本は基礎をやらないで，応用（応用科学系研究）の部分だけやって，商品を作って世界に売りまくっているということを，さんざんいわれたのです」

　こうして，第二次中央研究所ブームがバブル期の前に起こるのである。日本の技術的成功は，アメリカの基礎科学系研究への依存のみによって成し得たものではないが，基礎科学系研究を重視する姿勢はアメリカからの圧力によって日本に浸透することとなった。ただし，日本の基礎科学系研究志向，いわゆる「基礎シフト」は，アメリカからの圧力だけによるものではない。先に述べた高度経済成長期においても基礎科学系研究重視の思潮が衰えなかったことがあり，さらに基礎科学系研究導入の対価が高額であるという経済的理由も大きく影響している。このことは先端的基礎科学系研究の導入に対して，国内外の機関・企業と交換できる技術をもつことで，クロスライセンシング（特許の相互利用）が可能となり，一方的導入（交換する特許がない場合は利用料を支払う）という高コストの回避を指している。そのため，日本の企業はクロスライセンシングのためにも基礎科学系研究を重視せざるを得なくなったのである。企業研究所は研究機関としての歴史は浅く，この2回のブームによって定着してきたものである。初期の頃は大学および政府系研究機関のみが研究機関としての役割を担っていたが，中央研究所をもつ企業が増え，企業研究所もその一翼を担うに至った。しかし，先端的な基礎科学系研究は一企業が担えないほど大きな経費と年月が必要であり，国家の

補助なしでは成立しないため（広重, 1979; 石村, 1969），そのような研究は政府系研究機関でなければ行われにくく，産業界では応用科学系研究を行わざるを得ないのである。

2.7 西洋科学輸入の負の遺産

これまで述べてきたように日本の科学／技術は，西洋の科学／技術の輸入により発展を遂げてきたが，奥田が指摘するように負の遺産も背負い込んでしまったのである。

> 「しかし，幸運のうらがえしとして不運も背負い込んでしまった。第一に，体系化された学問が導入されたために，学問とはそういうものであると誤解してしまったことにある。すなわち，科学の制度化にともなう教育のための体系が，そのまま学問分野と認識されてしまったのである。教育のための体系の延長にあるものが正統な学問であり，これまでの学術成果を延長するものが，高尚な基礎科学系研究とされたのである。そこには，具体的な問題を解くことによって新しい学問分野を開拓しようとする態度はほとんど見られない（筆者傍線）。新しいものはすべて海外から導入されるはずのもので，中から生まれてくるものではないという刷り込みがなされてしまったため，たとえ日本において発明発見されたものであっても，それが一度海外に輸出されて，それからでなければ真価が認められないという悪弊がいまだに残っている」（奥田, 1996:53）

明治期に輸入された「基礎科学系研究＝上位，応用科学系研究＝下位」という基礎科学系研究志向の思潮は，富国強兵，殖産興業，軍備拡大，戦後の復興の中で大きな役割を果たした工学を下位に置いたまま衰えることはなかった（後藤, 1999）。さらに現代における日本のマイクロ・エレクトロニクス技術の発展も，基礎科学系研究重視の思潮を変えることはできず，アメリカの圧力，クロスライセンシングなどによる基礎科学系研究志向が継続したのである。日本は体系化された科学的知識を輸入したために，理論的知識へ

の回帰に縛られ，応用科学系研究や経験的知識に対する軽視という価値意識を背負い込んでしまったのである。科学の勃興期に間に合わなかった日本は，西洋の文化的な科学や自然哲学の側面を「おくれた日本の科学」のために取り入れなければならないという「基礎科学系研究重視」の思潮が強まった。このような流れのなかで，日本の工学（応用科学系）研究者たちは，その基礎的科目としての物理学にコンプレックスをもち，観念的な研究ほど価値が高いという狭量的科学観の呪縛から逃れられないでいるのである。

科学の応用から技術が生まれるのではなく，帰納的に科学へ影響を与えるもの，あるいは物理学的に証明されていないことでも工学的に成し得る技術が存在する。にもかかわらず，科学の下位に技術が置かれてきた経緯は未だに覆らない。世界が科学に対して技術をどのように位置づけるかということに混迷していた時期に，日本は科学／技術の並列導入（総合大学に工学部を設置）を抵抗なく行ってきた。しかし，工部大学校の試みを早々に消滅させたことが後々にも影響を及ぼし，現場重視の姿勢は大学から消失した。日本は科学／技術の後発導入国であるために吸収効率も高く，科学／技術先進諸国への追従も早かったが，大学で欧米のパラダイムに習うキャッチアップ姿勢を継続するうちに，自らが生み出していない「科学」へのコンプレックスというジレンマに陥り，現代もなお工学系研究者に覆い被さるのである。

3　日本での科学／技術における産・官・学の構図

日本の科学技術振興政策は，明治の開国以来「インハウス・エンジニア」という，世界で類を見ない形式で官僚が技術的な問題に介入し，民間を育成するというコンサルタント的な役割を果たしてきた経緯がある[11]。日本の科学／技術の発展とそこで共有される価値意識の中には，産・官・学の関係が浮上する。そこで，日本における科学（基礎科学系研究）と技術（応用科学系研究）の関係性をいくつかの指標を用いて位置づけ，その構造を分析する。

3.1 産・官・学の構図

　ここでは科学（基礎科学系研究）と技術（応用科学系研究）を「研究分類」，「研究目的」，「管理主体」の3つの軸で分類し，各研究機関を位置づけ，産業界，行政，学界の構造を分析する。「研究分類」は「基礎科学系研究－応用科学系研究」という軸で表現し，「研究目的」は「学術的目的の研究－経済的利益目的の研究」という軸で表現する。そして，「管理主体」は「国立（官）－民間」という軸で表現する。これらを本研究に関連する工学系の研究機関に当てはめたものが図5.1である。「基礎科学系研究－応用科学系研究」の軸は，先端的な基礎科学系研究であるか，応用科学系研究であるかという違いであり，研究分野が「純正の学術」であるか否かということを示す。これは先に述べた「基礎科学系研究＝上位，応用科学系研究＝下位」の学問的序列意識での位置づけである。「学術目的－経済目的」の軸は，その動機づけが研究者としての立場が強く「科学のための研究」であるか，大衆への利益となるエンジニアとしての立場が強く「売れるもののための研究」であるのかという違いを示している。「国立（官）－民間」の軸は先の項で述べた通り，国家として重視している研究分野であるか，民需としての研究分野であるかを示すものである。なお，本分類は第Ⅰ部で分析した1997年，2000年当時の組織データを基に行っており，「国立（官）」で分類している政府系研究機関，国立大学の多くは，それぞれ2001年－2004年に独立行政法人化され，独立行政法人研究機関となっている。

3.1.1 研究分野，研究目的，管理主体からみた構図

　図5.1に示すように，研究機関は「経済目的－学術目的」と「国立－民間」の2つの軸で対称的な位置に存在する。(1)「官・基礎・学術的」に当てはまる研究機関（国立大学，政府系研究機関など），(2)「民・基礎・経済的」に当てはまる研究機関（重電系，通信系基礎科学系研究所など），(3)「民・基礎／応用・学術的」に当てはまる研究機関（私立大学など），(4)「民・応用・経済的」に当てはまる研究機関（家電系研究所など）に分類することができる。これらをまとめたものが表5.1である。一見，国立系1つと民間系

第 5 章 科学／技術に対する価値意識 　141

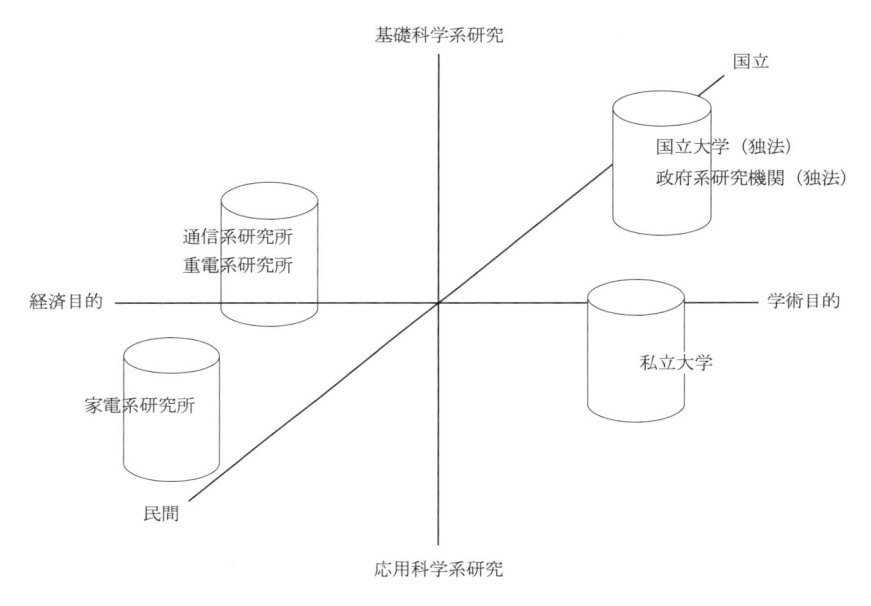

図5.1 「基礎－応用」「国立（官）－民間」「学術－経済」の 3 軸による組織間の関係

3 つに見えるが，重電系，通信系は「公」の事業と長年，関わってきた企業である。現在でも，多くの通信系の企業が登場したとはいえ，この通信系トップ企業は未だ寡占状態にある。「表 5.1 の(1)，(2)，図 5.1 の第Ⅰ，Ⅱ象限」と「(3)(4)，第Ⅲ，Ⅳ象限」には，「官－民」の溝が見え隠れする。石村の述べた「官尊民卑」の構図は（石村，1969），彼の研究から 50 年近く経った今でも消失していないことが窺える。これらの機関に所属する研究者の自己の位置づけが，所属する組織・集団の属性や位置づけに影響を受け，高い

表 5.1 研究機関の属性と種類

研究機関の属性	研究機関の種類
(1) 国立（官）・基礎科学系・学術的	国立大学，政府系研究機関など
(2) 民間・基礎科学系・経済的	重電系，通信系基礎科学研究所など
(3) 民間・基礎科学系／応用科学系・学術的	私立大学など
(4) 民間・応用科学系・経済的	家電系研究所など

ものになることは第3章で検討してきた通りである。以下に、これらの分類に当てはまるそれぞれの組織の特性や研究者への威信など、いくつかの側面から分析し、これらの組織に所属する研究者の位置づけを検証していく。

3.1.2 研究費の性格別支出からみた構図

　次に各研究組織の研究費の性格別支出を比較し、その組織の重点研究分野（基礎研究から開発研究までの間）について検討する。第Ⅰ部で述べてきたように研究機関で重視されている研究分野が組織の威信に影響を与えるとすれば、重点研究を見ることで研究機関別の威信構造を見ることができる。図5.2に示すように大学は最も基礎（科学系）研究を重視しており、全体の平均（総数）で示す「基礎（科学系）研究費」の4倍近い比率となっている。次いで公的機関が基礎（科学系）研究に多くの費用を支出しており、全体の構成比率（総数）の2倍近い比率となっている。ここでも図5.1の第Ⅰ象限に当たる研究機関の基礎重視傾向が示される。これに対して「会社など（企業）」は、応用（科学系）研究、開発研究重視型であることが示されている。基礎（科学系）研究費は、全体の構成比率（総数）の3分の1程度であり、開発研究は大学の8倍近い比率である。これらの支出構成比から、それぞれの研究機関の重点研究分野がみてとれる。先に述べた「基礎科学系研究＝上位、応用科学系研究＝下位」という価値意識と照らすならば、企業の研究者は「純理研究」ではない研究を行う環境におり、その下位意識はぬぐえない。

　A社、B社、C研究所の調査を行った1997－2000年頃の政府系刊行物の科学技術に関する報告書（科学技術庁, 2000）には、研究分野が基礎科学系研究（基礎的理論形成の抽象度の高い研究）、応用科学系研究（基礎科学系研究の応用）、開発研究（基礎、応用科学系研究の利用・改良）と分類され、基礎科学系研究が研究のルーツであると示されている。当時は現在ほど産学連携がブームになっておらず、政策的にも応用科学系研究に特化された予算配分が重点化されているわけではなかった。それでも圧倒的に応用科学系研究への費用配分が多く、基礎科学系研究費の少なさを危惧する言葉が散見さ

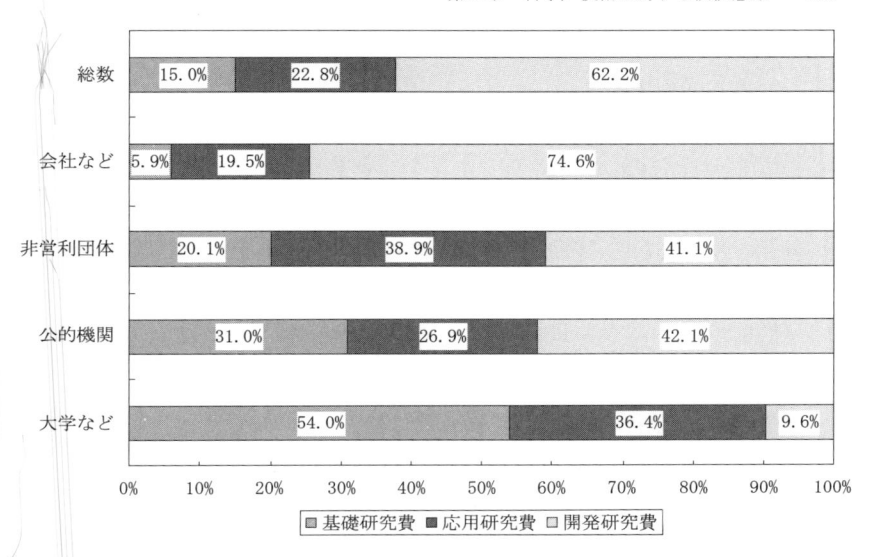

第 5 章　科学／技術に対する価値意識　143

区分	基礎研究費	応用研究費	開発研究費
総数	15.0%	22.8%	62.2%
会社など	5.9%	19.5%	74.6%
非営利団体	20.1%	38.9%	41.1%
公的機関	31.0%	26.9%	42.1%
大学など	54.0%	36.4%	9.6%

図 5.2　2004 年度　研究費の性格別支出構成比
出所：文部科学省，2004,『科学技術白書（平成 16 年版）』第 1 章第 4 節より。

れる。大学や政府系研究機関には基礎科学系研究に従事する人々が多く，これらの機関では研究費も基礎科学系研究費比率が高い。先の報告書の記述や性格別支出から組織ごとの基礎科学系研究と応用科学系研究の位置づけの違いがみてとれる。

3.2　学界の構図

本項では研究者に対する社会的評価を検討し，基礎科学系研究重視傾向の大学の研究者とそれ以外の研究機関の研究者の社会的な位置づけを確認する。ひとつめの指標は，大衆からの職業威信評価として，SSM 調査の職業威信スコアを用い，ふたつめの指標は学会での役員配置を用いて，学界の構図を検討する。

3.2.1　SSM データの職業威信スコアからの比較

SSM 調査は 1955 年から行われており，その調査票には職業威信を問う項

目がある。SSM 調査は一般の人々に対して行われる調査であり，いわば大衆からの職業評価である。ここではそこから算出される医師，大学教員，自然科学研究者，技術者の専門職と事務職，製造職の非専門職の職業威信スコアの動態を分析する。図 5.3 に示すように職業威信は 1955 年から大きな変化をみせる職業はなく，人々の職業に対する評価は半世紀経った現在でも同様の傾向をみせている。また自然科学者，技術者の位置づけは，製造職，事務職より高く，大学教員より低い威信である。図 5.3 には高い職業威信を有する専門職の中にも，さらに威信のヒエラルヒーが存在することが示されている[12]。通信系企業研究所から大学への転職は，企業内研究所での研究者のキャリアパスのひとつであるが，転職動機として職業威信も少なからず影響を及ぼしているといえよう。

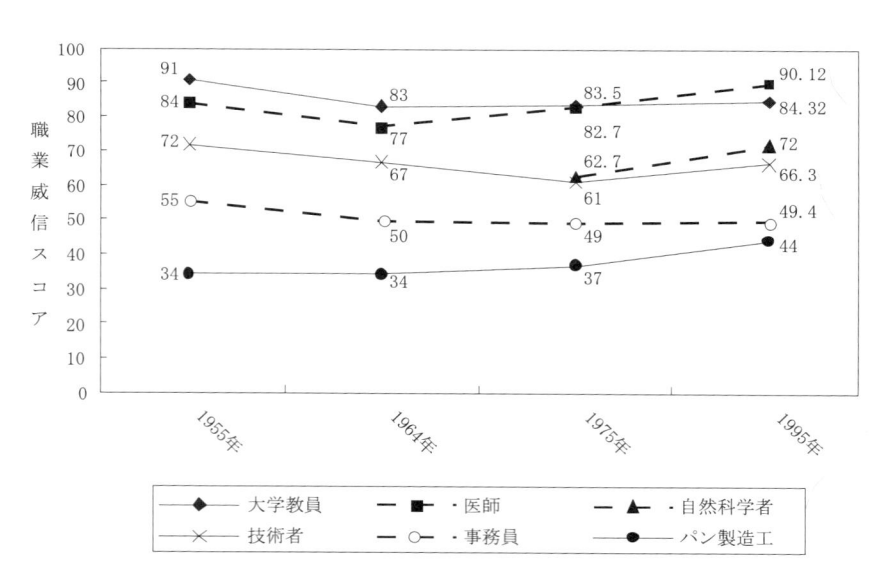

図 5.3　1955 年－1995 年 SSM 調査による職業威信スコアの変化

3.2.2 学会の役員配置からの比較

ここでは学会を構成する人々の地位構造を役員の配置から分析する。SSM 調査の職業威信スコアが大衆の地位評価とするならば，学会の役員構成は学界における地位評価とみなすことができる。物理学，化学，数学などの理学系と工学，電気などの工学系の学会長人事をみると理学系の学会の会長職は学界から選出されている（表 5.2）。たとえば，日本数学会では歴代理事長のほとんどが東京大学から選出されており，民間の理事長は 1 人もいない（表 5.3）。基礎科学系研究分野の研究者が，学会運営に強く関わっていることがわかる。それとは対照的に工学系の学会の会長職は企業，政府系研究機関，学界というさまざまな組織から選出されており，必ずしも学界から選出されるとは限らない。工学系の学会では理事などの役員に多くの企業所属者が名を連ねており，応用科学と企業の関連の強さを示している。たとえば電気学会では産業界から会長職や副会長職も多く選出されており，産業と工学の強い結びつきが窺える（表 5.4）。この他，多くの工学系の学会は電気学会のような傾向を示し，産・官・学のどの分野から会長職が選出されるかは一定していない。しかし，このような学会においても，重電系や通信系の基礎科学系研究を行っている企業から学会役員に選出されていることが多い。基礎科学系研究者の所属する研究機関における学会の役員構成は，会長職だけでなく，理事などにも国立大学系の役員の多さがみてとれる。この

表 5.2　2000 年　学会長の産・官・学の構成

学会	学会長の所属組織
日本物理学会	東京理科大学
日本化学学会	大阪大学
日本数学会	東京大学
日本工学会	工学院大学
応用物理学会	東京工業大学
電気学会	富士電機（株）
土木学会	道路環境研究所（政府系）

注：日本数学会は学会長という呼称ではなく理事長。

表 5.3　日本数学会の歴代理事長の所属組織

就任期間	理事長の所属組織
昭和 21 年 ～ 53 年度（33 年間）	**東京大学**
昭和 54 年 ～ 55 年度	学習院大学（京都大学名誉教授）
昭和 56 年 ～ 61 年度（6 年間）	**東京大学**
昭和 62 年 ～ 平成元年度	**東京大学**（名誉教授）
平成元年 ～ 平成 2 年度	**東京大学**
平成 3 年 ～ 平成 4 年度	東京工業大学（東京大学在職経験有）
平成 5 年 ～ 平成 6 年度	学習院大学（東京大学在職経験有）
平成 7 年 ～ 平成 8 年度	**東京大学**
平成 9 年 ～ 平成 10 年度	名古屋大学
平成 11 年 ～ 平成 14 年度	**東京大学**
平成 15 年 ～ 平成 16 年度	東北大学

表 5.4　2000 年度　電気学会の役員構成

職位	所属組織
会長	富士電気(株)
会長代理	東京都立科学技術大学
副会長　総務	富士電気(株)
副会長　会計	関西電力(株)
副会長　編修	横浜国立大学
副会長　調査	(株)東芝
専務理事	(社)電気学会
総務理事	(株)日立製作所
会計理事	中部電力(株)
編修理事	(財)電力中央研究所
調査理事	東京工業大学

ように基礎科学系研究を行っている研究機関に所属する研究者ほど，学会において高い地位に位置しており，その構図は明確である．

3.3　専門職の移動可能性

　これまで「国立（官）・基礎科学・学術的」と「民間・応用科学・経済的」

を比較したいくつかのデータにより，アカデミック・ヒエラルヒーの中で「国立（官）・基礎科学・学術的」が優位であることを示してきた。私立大学や家電系研究所でも基礎科学系研究を行うこともあるが，通信系，重電系の方が転職や学界での地位が優位にあるとすれば，分野によっては，研究内容が「学術目的」であるよりも「国立（官）」への近さがアカデミック・ヒエラルヒーでの地位と密接に関係しているといえるかもしれない。アカデミック・ヒエラルヒーでの地位は研究者の移動可能性にも関係していることから，ここではアカデミック・ヒエラルヒーでの地位と研究者市場での優位さの関係について検討を行う。

　専門職といえば，能力や資格を認められて組織と契約し，さらによい条件があれば，別の組織への移動を厭わないアメリカ型の専門職を想像することが多いだろう。しかし，日本の専門職はどうであろうか。医師は大学の講座制のコントロール下で病院を移動し，弁護士は弁護士事務所に組織内専門職として雇用される者が多い。確立された専門職であっても組織に帰属して就業の場を得ることが多く，転職も少ない。また企業内の科学／技術系研究者に至っては，転職経験のある人は少ない。これは専門職であっても終身雇用制に慣れた企業が，2回以上の転職を行う流動的な人材を嫌う場合が多いためかもしれない。そうなると自由に雇用条件のよい所を求めて動ける専門職は少なくなり，人々の組織への存続願望は高くなるのと予測される。

　日本の企業内の専門職は，学位や資格が社会的に承認されたものであっても一度勤めた企業をあまり辞めない傾向にある。ことに自然科学系の研究者は研究環境が重要であり，自己の研究を行うための実験設備を用意できる研究機関から動くことは少ない。現在，第二期科学技術基本計画でも人材の流動性を高めるための制度的な工夫が望まれている。流動性が低い中で，比較的転職チャネルが多いと考えられる研究機関のひとつに，第Ⅰ部のデータとして登場した政府系研究機関（C研究所）がある。政府系研究機関の研究者の移動先の選択肢は，①移動しない　②大学　③他の国公立研究所（現，独立行政法人研究機関も含む）　④ベンチャー企業　⑤企業研究所　⑥公的試験所などが主なものである[13]。しかし，これは基礎科学系研究分野の政府

系研究機関という，研究機関として高峰にある所に所属する研究者に開かれた多様な転職機会である（本調査におけるＣ研究所の研究者は，外部組織への移動モデルを63％が認知している。また，民間の企業研究所でも基礎科学系研究分野の研究者には，大学などの移動先が開かれている。典型は通信系企業）。国内外の大学，研究機関などは基礎科学系研究分野の研究者に開かれた移動先であり，応用科学系分野の研究者の転職機会は極めて少ない。このことは重電系，通信系などの基礎科学系研究機関出身者の工学部教員への着任の多さが物語っている。

　応用科学系分野の研究者は学位，専門知識，多くの特許を取得していて，その専門知識の発揮を業務としていても，実際にはコスモポリタン的に自由な移動を行うことは困難である。応用科学系研究分野の研究者にとってメリットのある移動は，格上の同業種の企業研究所への転職である。しかし，これもあまり数は多くない（本研究の調査におけるＢ社の研究者が認知している外部組織への移動モデルは25％足らずで，政府系研究機関の半分以下である）。したがって，応用科学系研究の企業に雇用される研究者の研究職としての転出は，非常に少ない傾向にある。ところが，この「潜在的な移動可能性」への予測をもつことが，彼らの態度をコスモポリタン的にさせるのである。太田は伝統的ではない専門職に対して潜在的な移動可能性を専門職特性を見る指標のひとつにしている。彼は組織外部で評価される基準（資格，学位，研究業績など）に則った能力を有していることが重要であり，その職業における移動率の高低は問題ではないとしている（太田, 1993:21）。潜在的な移動可能性とは，移動することが可能であると予測できることであって，現実的に転職行動を起こすこととは別である。組織での人間関係や職場の条件が悪くなった場合，努力をすれば同格，もしくは多少のコストで現在の環境と似た条件が手に入れられるという個人的な目算があれば，組織に依存的にならなくてもよい。資格，学位，専門知識などに裏づけられた，いわば社会で承認された身分保証の保険のような資源を保有していることが，一般の社員より研究者をコスモポリタン的にさせるのである。実際に移動はしなくとも，いざとなれば移動できる，あるいは移動することが自己に

とって向上であり，目標であるという目算の有無は，専門職の組織に対する態度に大きく影響を与えるのである．

4 要約

　ヨーロッパでは，「考えること」の価値が高く，「観察したり，ものを創ること」は価値の低いものと位置づけられてきた．確立された学問はその地位を脅かされることを恐れ，自立しようとする新規の学問を下位に置いてきた．神学は哲学に，哲学は科学に，科学（基礎科学）は工学（応用科学）に対し，自己の相対的地位を高めるために下方比較を行うという法則を連鎖させ続けてきたのである．科学がその地位を確立してからは，その「唯一性，普遍性」を誇示し，応用科学と厳しく峻別を行った．さらに，科学が制度化されるようになると，科学共同体で共有されているパラダイムに沿って，そこで認められたものだけが妥当であるという，極めて社会的要素の強い科学的知識を構築するようになった．科学のエートス（Merton, 1957=1961）の中の「普遍性」に対する承認は，「基礎科学系研究＝上位，応用科学系研究＝下位」という学界での価値意識を窺わせるものであり，応用科学系研究がアカデミック・ヒエラルヒーの中で下位に置かれがちなエートスである．さらに，エコール・ポリテクニクが導入した「科学を基礎とする工学教育」が一般化したこともその要因となった．しかし，アメリカにおける応用科学の数々の成果により，科学は巨大化して科学者が専門職化した．アメリカの産・官・学の研究機関間の流動性の高さは，研究者の質を高めることに効果を発揮した．こうして，ヨーロッパの学理重視主義，基礎科学系研究重視主義に対して，アメリカは応用科学系研究を承認していったのである．

　世界が科学と技術の融合に苦労している時期に，日本は明治期に工部大学校で実践とアカデミズムの融合を図ろうとしたが，工部省の廃省に伴い帝国大学に統合され，学理重視のヨーロッパ型価値意識の工学教育により，実践と体系化された知識の両輪での教育制度は消失してしまった．明治期は富国強兵，殖産工業のための工学，戦中は軍需のための工学，戦後は復興のため

の工学として，国民を支え続けた工学であったが，その地位は依然として下位に置かれた。中央研究所ブームにより民間も研究機関を有するようになり，大学は基礎科学系研究，企業は応用科学系研究，開発研究に重点を置き，それぞれ，学術目的，経済目的で研究を進める形となった。日本は明治期にヨーロッパから先端の科学を輸入し，その後もアメリカの研究に追従していった。しかし，世界と肩を並べるに至るまでのプロセスで，基礎科学系研究と応用科学系研究の価値意識にも影響を強く受けることになった。

　また，帝国大学での学理重視の教育体制による「基礎科学系研究＝上位，応用科学系研究＝下位」という価値意識は，政策的に国家の方針として取られた官尊民卑の価値意識と重なる部分が多くあった。このことは国家政策と科学に対するイデオロギーの関係性を物語るものであり，その関係性は産・官・学の構図に表れていた。さらに「研究の性質別支出」（図5.2），「SSM職業威信」（図5.3），「学会長にみる学界の構図」（表5.2，表5.3，表5.4）などからも，国立機関（現，独立行政法人も含め）・政府系研究機関の基礎科学系研究を行っている研究者の権威の高さが見てとれる。

　しかし，応用科学系研究が依って立つのが基礎科学系の理論的研究となりがちであるため，この主従関係からは脱出できないのかもしれない。また，研究者が「何かの役に立つ」という人々の評価，つまり社会的報酬を受け取れることに「働きがい」を感じ（基礎科学系研究という，ごく一部の専門家からの評価ではなく），一般大衆という多くの人々からの評価を受けるような応用科学系研究を志向するとすれば，その風潮は日本から基礎科学系研究者が減少する傾向を加速させているかもしれない。基礎科学系研究者には「直接何かの役に立た」なくても，学問的価値を認め，それに対する社会的報酬がなければ，モチベーションが下がり，やがて誰も従事しなくなるかもしれない。基礎科学系研究に限らず工学の分野でも，一時期，研究者の待遇や評価があまりにも向上しないため，工学部の学生が証券会社などの経済系の数学研究へ流出したことがあった。彼らはエンジニアとして活躍することが，その専門性に見合った経済的報酬，社会的報酬を得られないとして，専門家以外の社会的報酬を求めたのである。研究に対する社会的評価が研究者

を動機づけることは間違いなく，その意味では，基礎科学系研究に対する敬意は必要かつ重要なものなのかもしれない。Coser は，基礎科学系研究重視政策がとられる前のアメリカでの傾向として，研究費，社会的報酬の高い応用科学系研究に流れがちな若手研究者の行動を嘆いていた（Coser, 1965=1970）。近年の日本は基礎科学系研究の優位性というヨーロッパの価値意識を輸入しながら，アメリカ型のような産業化重視主義で科学に即効性の研究成果を求めているように見える。長期間をかけなければ研究成果を出すことができない分野に対する寛容さが不足しているのではないだろうか。表層的な科学／技術の輸入により追従型で発展を図ってきた日本の政策へのツケは，科学／技術に対するパトロネージュ（パトロンのように科学／技術を育成する文化）の未発達というところにもありそうだ。

「電子立国日本」「科学技術創造立国日本」とスローガンが掲げられるが，これまで日本の発展は，工夫するエンジニアの「技」に支えられてきた部分も多い。日本は半導体で世界に躍り出たが，多くの基礎科学系研究を外国から輸入して，工夫による繁栄を続けている。そのため基礎科学系研究へのパトロネージュが成熟しなければ，海外の先端的研究への追従型研究スタイルから抜け出せる研究者は少数かもしれない。少資源国家としての宿命をもつ日本における科学／技術観は，未だヨーロッパとアメリカの借り物であるように見える。

本章では，ヨーロッパの科学／技術に対する学問の系譜からの「基礎科学系研究＝上位，応用科学系研究＝下位」の価値意識，科学のエートスが普遍性に付与する正当性からの「基礎科学系研究＝上位，応用科学系研究＝下位」の価値意識，日本の国家政策の中で位置づけられた「国立（官）・基礎科学・学術的」と「民間・応用科学・経済的」の関係からくる「基礎科学系研究＝上位，応用科学系研究＝下位」の価値意識という，いくつもの「基礎科学系研究＝上位，応用科学系研究＝下位」の価値意識を検討してきた。「基礎科学的な研究の方が，普遍的で価値が高くて望ましい」というエートスは，アカデミック・ヒエラルヒーの高位に位置する研究者が作り上げているだけかもしれない。しかし，専門職集団に準拠することは，アカデミッ

ク・ヒエラルヒーを受け入れることであり，応用科学系研究者にとって望ましい序列意識ではなくとも，「仕方がない」と受け入れてしまうであろう。学界で共有されているエートスの中には，このような価値意識が厳然として存在している。さらに，それは研究者の労働市場にも影響を及ぼし，移動可能性をも規定している。

　このように概観すると，人は科学と技術，そして専門職も確立されるまで「新参者」を懐疑的な眼でみつめ，社会的勢力の流れで優位に立つものだけを「正しい」「価値がある」と認めていることがわかる。第4章にも述べたが弁護士制度のように国が権威を生み出した専門職がある。「新参者」への権威は確立されにくいが，国が政策的に関わった新分野，新職業は権威が確立されやすい。権威が確立されなかった産業界は，学界での地位も低位に置かれがちという構図もみえる。日本の場合，国と学界の権威が大きく重なっている。第3章では移動可能性への予測についても検討したが，第5章の議論を通してみると，学問的序列意識と社会構造上の地位のズレという背景には，移動可能性と「官－民」の関係性の存在が横たわっていることがわかる。欧米では科学／技術の地位形成に宗教的な背景が影響を及ぼしていたが，日本では科学／技術の輸入後，キリスト教の精神ではなく，政府が関わるか否かで地位が形成されてきたといえよう。

　ここまで，科学／技術の歴史的経緯を検討してきたが，あくまでも「普遍性」「客観性」というものは社会の中で相対的なものであることが見えてくる。そして，これが「生き残るものが真実」という科学の淘汰システムなのかもしれない。「基礎科学系研究＝上位，応用科学系研究＝下位」という価値意識は，ある科学共同体での「正当性」であり，イデオロギーにすぎないのであるが，その共同体の成員である研究者の意識に大きく影響を及ぼしている。少資源国家であり，科学／技術に頼って発展してきた日本こそ，他国以上に科学／技術のイデオロギーに対する議論を真摯に行うべきではないだろうか。

注
1　清教主義（ピューリタニズム）は，プロテスタントの一宗派として分類される清教徒（ピュー

リタン）によるもので，イギリス国教会に反旗を翻した分派の思想である．
2　科学のエートスとは，科学者を拘束していると思われるいろいろな規則，きまり，道徳的慣習，信念，価値，前提よりなる，情緒的色彩を帯びた複合体である．この複合体のあらゆる局面は科学の方法という点からみて望ましいかもしれないが，規則の遵守を必至ならしめるものは単に方法論上の配慮だけではない．このエートスはあらゆる社会的綱領と同じく，これが適用される人々の感情によって支えられている．(Merton, 1957=1961:495)
3　Kuhn, Habermas, 村上は科学的知識が，社会の恣意性に左右される面を批判している (Kuhn, 1970=1971; Habermas, 1968=1990, 村上;1981)．Ziman は牧歌的なキュードスなど存在しないとしてプレイス（PLACE）が科学のエートスであるとしている (Ziman, 1994=1995)．プレイスは，Proprietary（所有的），Local（局所的），Authoritative（権威主義的），Commissioned（請け負い的），Expert（専門家的）であり，Merton のキュードスの完全否定を行っている．
4　Weber の『プロテスタンティズムと資本主義の精神』では，プロテスタントを突き動かす教義が理念として働き，そのエートスが彼らを資本主義的行動に向かわせたとしている (Weber, 1920=1997)．
5　この教育法は Dyer が9年後に帰国した際に，イギリスでも取り入れられ，イギリスの工業教育に大きな影響を与えた．これは世界的科学雑誌『ネーチャー』に数回に渡り取り上げられ (1873, 1877, 1878, 1918)，高く評価された．
6　1957年に，ソ連（当時）が人工衛生においてアメリカを凌駕し，それと同時にアメリカの工学教育の遅れが露呈した出来事である．
7　本項で分析に用いたインタビュー・データは，日本官僚制研究会によって 2000 年に行われた上級官僚調査（代表，奈良女子大学　中道　實教授）から得られたものである．データの利用に際しては，日本官僚制研究会データ管理責任者の許可を得ており，感謝する次第である（インタビュー:11）．
8　機械工業振興臨時措置法（第一次　昭和 26-35 年，第二次　昭和 36-40 年，三次　昭和 41-45 年）のことである．
9　電子工業振興臨時措置法（第一次　昭和 32-38 年，第二次　昭和 39-45 年）のことである．
10　特定の分野を政策で保護し，育成することである．
11　注7の 2000 年上級官僚調査での，運輸省土木局のOB官僚インタビューより（インタビュー:12）．
12　1964 年のサンプルは東京都のみである．1985 年調査では職業威信スコアの調査は行っていない．したがって，全国調査で職業威信スコアが測定されているのは，1955 年，1975 年，1995 年の3つのデータだけである．
13　2000 年，藤本による政府系基礎科学系研究所（C研究所）所員に対するインタビューより（インタビュー:13）．

第 6 章
産業界での価値意識

　企業内の研究者が行っている研究は，石村のいう「人々の利益や役に立つクリエイティヴなプラスのプロフェッション」の仕事であり（石村,1969），世界中で彼らの研究が生かされた製品が利用されている。社会的な手応えを感受する彼らは，果たして日常的に「基礎科学系研究＝上位，応用科学系研究＝下位」の価値意識の下で，基礎科学系研究にコンプレックスを抱き続けているのだろうか。本章では産業界で研究に従事する研究者たちの価値意識を明らかにするために，彼らを取り巻く社会的環境として企業内の研究者に対する役割期待，先端的基礎科学系研究に関する知識取得の現状，「ものづくり」の場でのエンジニアの志向を分析する。

1　企業内の研究者の志向

1.1　組織の特性と研究者の志向

　多くの研究者は大学，政府系研究機関，企業研究所に所属して研究に従事している。第5章で述べたように二度の中央研究所ブームにより企業研究所が定着して40年という浅い歴史ではあるが，企業での研究職は日本の技術力向上になくてはならない存在である。本項では大学，企業研究所の組織の目的と，研究者に期待される役割について概観する。

　研究機関を学界と産業界の目的ごとに見ると次の2つに分類することができる。1つめは「研究志向型専門職組織[1]」であり，大学や政府系研究機関などがそれに当たる。基本的に基礎科学系研究を行うことが多く，研究者の目的と組織の目的の一致度は高い。学術的な研究を志向する組織であり，第

5章での言葉を用いるならば,「純正の学術」を目的とする傾向が強い(ただし,2001年-2004年に行われた政府系研究機関,国立大学の独立行政法人化は,組織の目的を大きく揺るがすものとなったため,現在は移行期として組織と個人の目的とがコンフリクトを起こしているところもある)。

　2つめは,「事業化目的型非専門職組織」であり,企業研究所はこれに当たる。基本的には,基礎科学系研究／応用科学系研究にかかわらず,事業化に向けて発展することが目的となる。これらは非専門職組織内の部署,あるいは強く関連をもつグループ企業として配置される。企業理念に基づき,その企業の発展のために存在することから,当該企業が世界的な競争に勝ち抜くことができるような技術力を有し,その経済的地位を優位にすることへ貢献する研究が期待される。これらは,「技術的にできなかったことをできるようにする」という限界への挑戦,それに対する創意工夫が最優先課題となる。そのため「科学のための科学」「何の役に立つかわからない」研究への志向は低く,そのような研究は「将来的にパラダイムシフト(研究者に共有されているパラダイムが革命的に変化すること)を起こすような研究への結実を期待」された,限られた人々にしか許されない。多くの企業内の研究者は研究者であると同時に,組織の命を受けたエンジニアとしての役割も期待される。研究者たちのキャリアパスを見ると,最後まで研究職を継続できる者は少なく,その多くは開発部門への知識の提供を期待され,研究所から事業所への配属替えを経験する(藤本,2004a)。研究者たちは現場を知らずしてよい研究ができるかという現場志向,目的志向の環境の中で研究を行うのである(星野,1966)。この環境の中で基礎科学系研究志向が強い者は,組織と個人の目的の一致度の低さにコンフリクトを起こし,大学などへの転出者となる。企業研究所の場合,事業所へ異動する際,「みやこ落ち」と嘆く者もいるが,新たに気持ちを切り替えて事業所での働きがいを見出す者が多いという。

1.2　企業研究所の研究者のキャリアパスと評価

　企業内で高い評価を受けるのは,当然のことながら事業への貢献度が高い

ものである。そのため，ヒット商品の開発・研究部署のメンバーには高い評価と威信が付与される。たとえば，企業の業績への貢献に対する報酬は，報奨金などの直接的な経済的報酬もあろうが，その企業の代表的な主流商品に関わる部署のメンバーには，他の成員から尊敬を受けるというような社会的報酬もある[2]（インタビュー:14）。同様に，将来の社運を担うことを期待されているような主力研究を行っていることが，研究所内で高く評価される。大学へ転出できるような研究を行っている者が最も高く評価されるとは限らず，研究所内で学術的にも事業化貢献的にも優れた研究業績をもつ者が，研究所の中核に入り，研究所長，幹部コースに残る。その次の人々が大学への転出を考える。分野によっては大学よりも企業内研究所の方が高レベルの施設を保有していることもある。また，大学教員のように教育義務を負うよりも研究だけに専念できるとして，威信よりも実質的な研究環境を選択する者もいる。

　では，企業内の研究者は組織の目的と個人の目的をどのように調整して研究活動を行っているのだろうか。そこで，本項では2001年に行った弱電系の大手企業研究所調査の結果から，研究者のキャリアパスを概観する。多くの日本の企業では，研究職で就職しても現場を経験させるために製造工程や事業所，場合によっては販売店での研修を経験させる。2週間から半年と研修期間に差があるが，最終的な研究の出口を研究者に現場で理解させている。若手研究者は研究業務に没頭する時期と，事業所との共同研究を行う時期を経験しながら次なるステップに進む。以下に示すのは中央研究所を保有する企業での基礎科学系研究者のキャリアパスである。大きく分けて6パターンあり，① 研究所内で，より高次の研究を行いつつ，研究所を統括する立場になる者，② 自己の研究を活かした分野で子会社の社長や役員に就任する者，③ 大学などへ転出して外部の機関で研究を継続する者，④ 応用科学系研究所へ異動する者，⑤ 自社での重点分野から外されるが他社から要請があり，外部に転出する者，⑥ 事業所へ異動する者といった移動がなされる。彼らは自分の研究，事業に対する志向とキャリアパスを見極めつつ，30歳代後半から徐々にそのための準備に入る。①のパターンの研究所

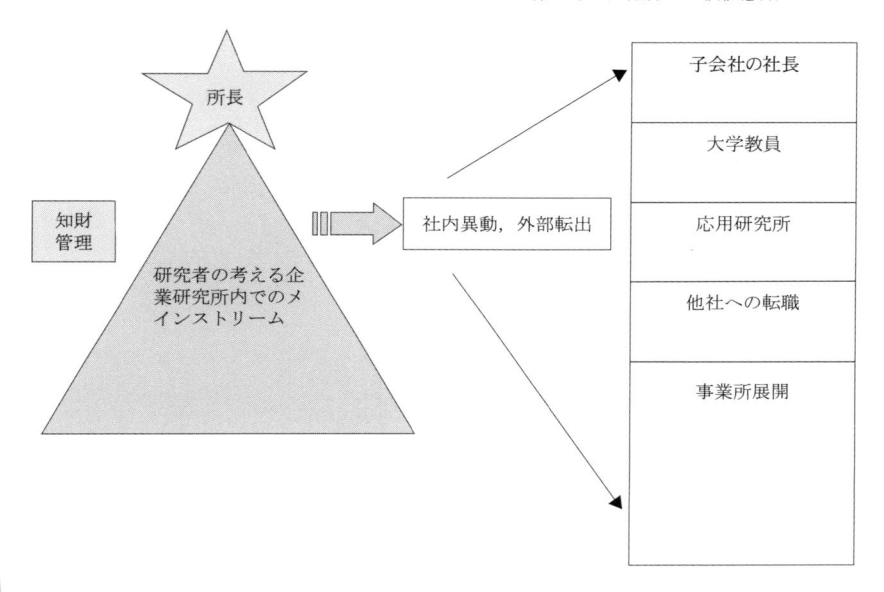

第 6 章　産業界での価値意識　157

図 6.1　企業内研究者のキャリアパス
出所：藤本昌代, 2004a,「第 2 章　研究者・技術者のキャリアパス」『日本型 MOT』図 3。

　所長および副所長などの研究機関統括役職には，研究所の成員の誰もが認める研究業績をもった研究者でなければ，研究員の統括は難しい。Etzioni も示しているように，専門職は専門性の高い者しかリーダーとして認めない傾向にある（Etzioni, A., 1964=1967）。研究業績の高さと同時にリーダーシップに長け，事業への貢献度の高い者が企業研究所内研究者の最高峰に立つという。②のパターンは，所長候補の次に業績が認められ，さらに事業としても成功することが予測されるような研究と経営能力が認められた研究者が，子会社の社長に抜擢される。③のパターンは，研究所では 40 歳前辺りから，幹部候補以外で研究能力が認められる研究者に大学などの外部研究機関への転出を勧める。この場合，企業内の事業に関わる研究より学界で評価される論文の執筆に重きが置かれる。④のパターンは基礎科学系研究所から応用科学系研究所への異動で，より事業に近い研究を行う。⑤のパターンは研究能力，指導力が認められる研究者であるが，自社内では重点化され

ない分野の研究者である場合，ライセンスと共にクロスライセンシング的に，他社への転籍を行うこともある[3]。⑥は研究所の研究者の半分以上が当てはまるパターンで，開発部へ科学的知識の提供が期待される。以上の6つが代表的なキャリアパスである。そして最後に主な流れではなくかなり少ないケースであるが，現在，非常に重要であることが気づかれ始め，一気に新たな職業として注目を集め出した「知的財産管理」部署への異動パターンがある。これまでは研究に没頭するあまり，事業所で多くの部下を統括するようなリーダーシップに関する能力を高めて来なかった研究者が，自己の専門知識を活かして特許の整理などを行ってきた業務であった。それが，近年アメリカ企業の特許網に代表されるように，世界的な事業展開は非常に高度な情報合戦となっている。そのため知的財産管理部門には，研究部署と事業所とのインターフェース，特許の取り扱い，計画的な特許申請のノウハウ，さらには，次の研究への戦略や方向性を示し，ロードマップを描けるような広範で専門的な情報・知識を知る人材の配置が必要となり，経験に富み高度な情報収集能力をもつ研究者の存在が重要となっている。

　研究者は30歳代半ばくらいから進路を考えて，研究の継続を望み幹部もしくは大学などの外部転出を目指す場合には論文志向になる。上記の6つめのキャリアパスである事業所を意識している場合は，事業所との共同研究や自らが事業所で統括する職位に就いた場合を想定し，事業所とのネットワークも形成して社内ネットワーク志向になる。基礎科学系研究の中央研究所内では基礎科学系研究者の方が研究の価値を高く見られがちであるが，事業所への異動が始まる頃になると，研究志向だけの研究者は事業所からリーダーシップの欠如を理由に配置を拒まれて研究所に残らざるを得なくなる。あらかじめ事業所への展開を想定していた研究者たちは事業所からの信頼も厚く，自己の研究を発展させた形で開発業務に取り組む。研究所での最も成功といえるパターンは，所長や幹部になることだと成員から認識されている（インタビュー:15）が，研究志向であり続けて事業所での共同研究志向への適応が遅れると，基礎科学系研究者と応用科学系研究者の社内での立場は逆転する。そして事業への貢献度が高い人と低い人という評価になってしまう

のである。企業内の研究者にとって外部転出を想定しない場合には，個人の目的と組織の目的への合致度が評価に直結し，個人にとって社内の評価は重要になるのである（藤本, 2004a）。

2 産業界の価値意識

2.1 産業界と学界の価値意識

　研究者とエンジニアの2つの役割を期待される企業内の研究者は，日常の中でアカデミック・ヒエラルヒーの地位に縛られて，その低地位にあえいでいるのだろうか。彼らの日常での価値意識は，国際間での競争に勝つための研究力，技術力にあり，その達成を目的としている。彼らは学界での価値意識を共有しているが，別次元で産業界の価値意識ももっている。学界での価値意識を誰が重視しているかと推測すれば，学界での地位が高い人ほど，学界で共有されている価値意識に準拠する程度が高いと予想される。学界での地位が低いほどその価値意識から離れ，学界の価値意識から自由になり，他の価値意識が台頭し，個人の中での価値意識は多様化するだろう。いいかえれば，学界の価値から離れるほど個人に対する学界の影響力は弱まり，その価値意識の重要性が低下すると考えられるのである。事例　6.1　にも示す

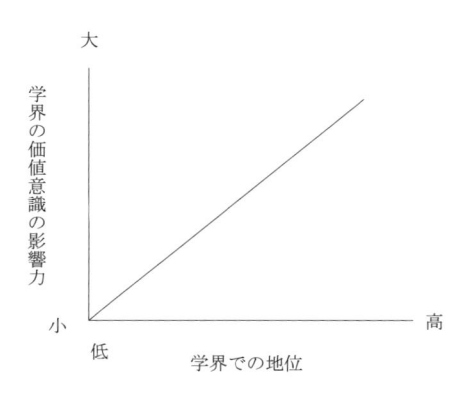

図 6.2　学界での地位とその影響力

> 事例 6.1　2002 年　元 A 社　中央研究所　研究員（定年退職者）
> 　　　　60 歳代男性
> 　大学や政府系研究機関で基礎（科学系）研究をしている研究者たちは，論文を書いた後，そこから事業化までどれだけ大変な工程があるのかわかっていない。何かを発見したって，それは単に始まりに過ぎず，そこまでが 10 ステップだとすると，事業化までは 1,000 ステップもあります。そこまで試行錯誤で苦労する作業があるし，各段階でさまざまな限界をクリアしながら，いろんな知恵を出し合って，製品化までこぎつけるんです。

ように，企業内の研究者は学界での低地位に劣等感をもち続けているわけではない。「ものづくりへのこだわり」「創意工夫」「役に立つという手応え」など職業の「職」の語義にあるような働きがい，自己実現という現場での価値意識をもっている。アカデミズムから解放されると，科学（基礎的研究）は技術の道具となり，技術を可能とするために使用可能な道具として利用されるのである。技術が科学の下位にあるというのは学界からの視点であるが，エンジニアの目には新しい創意工夫に向けたひとつの道具として科学が映っている。

　また，企業内の研究者は科学的理論を開発技術に橋渡しをするインターフェースの役割を果たしている。先端的な基礎科学系研究も理論のままでは事業化に結びつかない。さらに，体系化された形式知（表出された知識）だけでは製品は作れない。「ものづくり」には形式知化されていない知識や技能が必要であり，常に「ない」ところから新しいものを生み出してきたエンジニアは，その暗黙知[4]（言葉で表わすことができないが，認知できる知識）ないしは，身体知（身体が覚えている知識）を発揮して，ものづくりを行ってきた。科学的法則を見出した後，ものを作るまでの間に不足している多くの知識に基礎科学系研究者が気づかぬ間に，企業内の研究者，エンジニア，熟練工たちは創意工夫のエートスに動機づけられ，ものの形として具現化す

るのである。単純化した例で表現すると，たとえば 30cm のブロックを使って 3m の塀を作る場合，エンジニアたちは 10 個用意するだけでは，正確な 3m の塀ができるとは限らないことを知っている。理論上では 10 個で作成できても，実際は表面の起伏の精密さ，接着素材，温度，湿度などの環境など，他にも予期せぬ条件が降りかかり，まさしく「プロジェクトＸ」[5]の世界が多くの現場で行われているのである。事業の成功は企業内の研究者たちだけでなく，中堅技術者，熟練工の技能抜きでは語れない。企業内の研究者は，それらのチーム・ワークで作り上げた製品に自信と誇りを感じているのである。

近代日本のシビル・エンジニアは，市民の要求に応える，役立つエンジニアたちであった。戦争中は基礎科学系研究の砦のような理学部でさえ，軍需の要求に応える研究を行っていた。戦後，彼らは意気消沈していた国民を支え，民需に応えて大量生産の科学パラダイムにより，「できなかったことをできる」ように実現していき，世界に二流品扱いされた製品の数々を世界でトップクラスの良質の製品に押し上げた。現代の科学の中心地[6]を自負してきたアメリカに脅威を与えるまでに成長したのは，彼らの「ものづくりへのこだわり」の賜物であった。彼らはいう，「学者にものが作れるか！」と[7]。

「電子立国」「科学技術創造立国」を掲げてきた日本では，多くの企業内の研究者・開発者たちが技術発展，技術革新を支えてきた。研究職である彼らに求められた研究以外のもうひとつの役割は，開発に活かすために基礎科学系研究の理論を道具として用いることができるようにするインターフェースになることである。「ものづくりへのこだわり」「創意工夫」「限界への挑戦」これが彼らを動機づけるエートスである。日常の価値意識の中ではアカデミック・ヒエラルヒーでの地位は潜在し，彼らが感受する「技術的限界への挑戦」という手応えが，学界，産業界の多様な価値を知る者として，彼らに自負心をもたせるのである。

2.2　エンジニアの志向と「ものづくり」

企業における「ものづくり」は，エンジニア 1 人でできることではなく，

研究者・技術者などの設計担当者，中堅技術者などの技術補助担当者，職工などの現場の製造担当者の知識・技術・技能が一体となってなされる（星野，1966；内田，1983；服部，1989）。先にも述べたように，企業研究所の研究者はエンジニアとしての役割も要求され，「何ら成果の上がらない道楽息子のような研究」（星野編，1969：502）では許されない。彼らには，最終的に企業の製品につながるような，科学と技術の橋渡しのようなインターフェース機能を要求されるのである。

　ここで研究者に求められるインターフェース機能，企業におけるエンジニアの志向と熟練工の志向の関係を服部の「物を作る方法」モデルを用いて述べる（服部，1989）。図 6.3 に示すとおり，技術は相対的に科学性・理論性・普遍性の強い部分と定義されている（あくまでも，その性質をもっているのであって科学と技術は区別されている）。そして，技能は相対的に身体性・経験性・個別性の強い部分と定義されている。研究者は，より科学性・理論性・普遍性を志向しつつ，「ものづくり」をしようとしていて，熟練工は，より身体性・経験性・個別性を志向しつつ「ものづくり」をしようとする。そうした場合に，科学的に解明された法則だけでは「ものづくり」に不明な知識が多すぎ，現場でなければ解決できないことが往々にしてある。研究者・技術者と熟練工の互いのプライドをかけた「ものづくり」へのこだわりは企業内での地位差を越えて，「創意工夫」や「限界への挑戦」に向けて，時には対立し，時には協力するという関係で協働作業が行われる。日本の

「物を作る方法」

技術　　　　　技能

←　科学性・理論性・普遍性
　　身体性・経験性・個別性　→

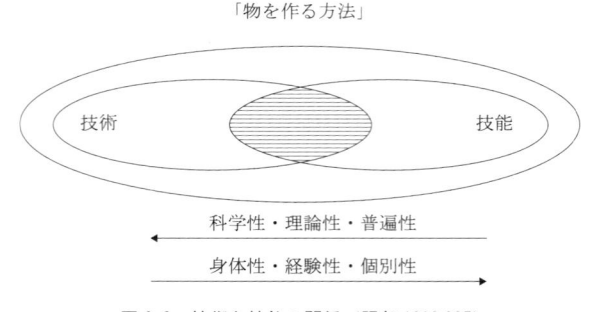

図 6.3　技術と技能の関係（服部,1989:225）

第6章 産業界での価値意識　163

「ものづくり」は研究者・技術者と熟練工が全く別の世界に存在するのではなく，研究者が現場へ出かけて熟練工の意見を取り入れることもある（服部, 1989）。さらに近年では，半導体工場での問題を離れた研究所で解決するのでなく，工場に研究部署を併設する企業がある。そこでは，期待された役割において最善を尽くすことが最も重要であり，開発を成功に導くことが最も価値のあることなのである。このように現場との連携を通して導入した科学的知識は，企業内の研究者をインターフェースとして，熟練工などの暗黙的知識と融合して「ものづくり」へと導かれるのである。企業内の研究者は，まさしく Dyer が育成したかった「体系化された知識をもたない職人でもなく，学理偏重の「役に立たない」学徒でもない，「学問ある専門職」としてのエンジニア」である。工部大学校の帝国大学統合化で消失した Dyer の目指した研究者像は，企業内の研究所から事業所へ展開された研究者たちに見ることができる。

さらに，一見，現場でしか通用しないような，この「ものづくり」の作業の中には，企業内の研究者の強みが存在する。その強みとは対象物が経験によってでなければ発見されにくい問題を教えてくれることである。企業内の研究者には現場の問題を自己の研究テーマに生かし，帰納的に一般化するチャンスが与えられるのである（星野編, 1969）。もちろん，毎回，前人未踏の発見的な研究ができるわけではないが，「外国文献で流行のテーマを追うような」（星野編, 1969:501）派生的な研究を行っている基礎科学系研究者より，新しいテーマに出会える可能性をもっているのである。研究テーマの自由度が低いかわりに，研究テーマの枯渇に苦しむこともないわけである。企業内の研究者にとって，「技術開発は（中略）技術者がそれを通じて自己の創造的能力を拡大し，更には，それを通じて人間生活を豊かにする手段」（星野, 1969:110）なのである。この現場での創造的協働作業の中にある「ものづくり」に対する創意工夫の意欲，そして「作ることができる」という成果に対する自負心こそ「道楽息子のような研究」にはない，彼らを動機づけるエートスなのである。

2.3 働きがいと動機づけ要因
2.3.1 金銭的インセンティブの効果

では,彼らには働きがいさえあれば,金銭的インセンティブは不要なのだろうか。一時期,一世を風靡した成果主義での評価制度は,働く意欲に対するインセンティブになるのだろうか。研究者のエートスに関する実証的研究は少ないが,労働者のインセンティブに関する研究はいくつかデータで紹介されている。たとえば,『平成12年度 労働白書』(労働省,2000年)では,能力重視の賃金制度が働く意欲におよぼす影響についての調査結果がまとめられている。それによると,能力重視の賃金制度が導入された場合の人々の回答は,自分自身の意欲が「変わらない」が約50%,「向上した」が約40%,「低下した」が約10%であった。しかし,時間の経過と共に,「変わらない」が5ポイント(以下Pと表示)増加,「向上した」が10P減少,「低下した」が5P増加という傾向になった。この調査では能力評価に対する金銭的インセンティブの効果の持続性の低さが報告されている。日本の組織の中では能力給といえども大きな差がつけにくく,わずかな能力給の差はインセンティブになりえないということなのかもしれない。ただし,Druckerは企業に雇用された研究者には「大きな貢献をするように企業から金銭的なインセンティブが与えられなければならない」と述べ(Drucker, 1952),Pelzらの研究でも,組織内の地位上昇を望まない研究志向の基礎科学系研究者でも金銭的な報酬を望むことが実証されている(Pelz and Andrews, 1966)。研究者の場合,経済的報酬のなさや研究環境の自由度の低さなどは,モラールの低下,あるいは,転出を動機づけるかもしれない。

2.3.2 働きがいと満足基準の関係

移動可能性への予測,能力給への不満,働きがいの欠如など,転出の契機になる要素はいくつかある。そこで,仕事への動機づけをA社のデータを用いて検討すると,1997年当時のA社の研究者は,給与や福利厚生に対してほぼ満足する傾向にあった(彼らは他の社員との差が小さいことに不満を感じていなかった。不満であると答えているのは30%程度)。太田は,Simon

の「満足基準」「最適基準」という情報処理過程の概念を用いて専門職の態度を説明しており，専門職は給与や福利厚生などに対しては「満足基準（ある一定水準が満たされることが重要であって，必ずしも最適化されていなくてもよい）」で，専門分野に対しては「最適基準（最適化を欲求する）」を目指す態度であるとしている（太田，1993）。このことから，電産型賃金により他の職種と大きく変わらない賃金を支給される企業内の専門職にとって，専門性の発揮は働きがいを感じる重要な要素であるといえよう。所属組織が能力発揮の機会を与える限りは，彼らにとってその企業は重要な存在なのである。そして，満足基準が働く給与などの外的な要因に関しては，満足できる基準が確保されていることが前提であるが，全ての人が必ずしも獲得賃金を最適化できる条件を選択するために組織を移動し続けるとはいえず，専門性の発揮を志向した行動をとることも十分考えられるのである。

また，研究者の場合，大がかりな実験装置などの施設に付随して勤務地が確定する分野の研究も多々ある。たとえば，真空状態を確保するための高速落下装置や深海での実験条件の確保，あるいは，高額で人工的な環境設定が必要な研究など，それらを保有する研究機関に所属しなければ，研究そのものが成立しない（インタビュー:16,17）。組織間移動に伴う研究環境の整備は，非常に大きな労力が必要であり，たとえば，生物系などは環境が変わるだけで全ての実験用生物を失いかねないし，研究設備の整備だけでなく，補助スタッフの確保まで考えなければならない。このような移動に伴うコストやリスクは，研究者にとって給与などのインセンティブよりもはるかに大きな意味をもち，給与などが満足基準で与えられ，所属組織で自らの研究が価値あるものと承認されるならば，個人の転出は抑制されるだろう。

2.4 企業と大学の研究環境から見る研究者の意識

日本の科学／技術の発展は，多くの科学史／技術史にまとめられている。そこには，明治に始まる工業の黎明期から現在までの発展，挫折，科学／技術が生み出した光と影の歴史が綴られている。その発展に関わり，貢献をした人物像や達成されるまでのエピソードなども多くまとめられている。そこ

で取り上げられる社会的背景として,植民地化の回避,富国強兵,殖産工業,戦争による軍需,敗戦からの復興へ向けた民需などが描かれている(星野編,1969;広重,1973;三好,1979;中山他,1994)。しかし,科学史／技術史には,科学,技術そのものや偉人の功績についての著述は多く存在するが,そこで活動していたアクターの価値意識,役割,エートス,社会的位置づけに関する記述は極めて少ない[8]。その中では昭和のエンジニアに対する社会学的研究が星野や内田によってなされている。本項では,これらの研究を通してエンジニアの意識を読みとっていく(星野,1966,1969;内田,1983)。

　内田によれば,明治期と大正・昭和期のエンジニアの意識を比較し,明治期のエンジニアは独自の社会階層として職業意識をもっていたが,大正・昭和期のエンジニアは,会社員として企業への忠誠心が先に立つ傾向があった。企業が世界の技術を高速に吸収していく段階で技術者に求められたものは,会社の発展に寄与するという使命感であったという。ここにサラリーマン・エンジニアが誕生したのである。昭和初期のエンジニアに求められた役割は多岐にわたり,第一の仕事は製法の選択,原料の使用,機械の改選など新技術の開発にかかわる新工場・新事業の創設である。第二の仕事は職工に対し作業方法の指導,作業員の出勤,物品の出納,製品,半製品の検査,在庫調査および製造原価作成などの,作業工程全ての管理である。第一次大戦後の時代におけるエンジニアは,工業経営の中心的存在であった。アメリカでは1960年代にMOT(技術経営)[9]が発達し始めるが,これに先駆けて,昭和初期の日本にも(MOTとして確立はなされていなかったものの)日本版MOTの先駆けのようなことがエンジニアに求められていたのである。当時のエンジニアは要求される高度な能力,役割に対して高い職業威信は与えられておらず,同程度の学歴の事務職より低地位にあった。作業の質から類推すると,大工の棟梁も制作方法の選択,材料の吟味,手配,後進の育成,熟練者の手配,複数のプロジェクトの並行管理などをこなすことから,職人的な位置づけであったのだろう。彼らは能力の高さに対して,その社会的地位の低さには不満をもっていたかもしれないが[10],仕事に対する手応え,働きがい,使命感で満たされていたのではないだろうか。

また，星野によれば高度経済成長期の企業内の研究員[11]およびエンジニアは，企業の財力と経営方針により，アメリカの最先端の科学を取得，吸収する機会を与えられていた。そのため，彼らは自らの行う応用科学系研究に用いる科学的知識として，日本の大学の基礎科学系研究に頼る必要性を感じていなかったのである。当時から日本の基礎科学系研究は主に大学で行われていたが，企業の研究費と大学の研究費の違いから企業内の研究者が，大学の研究者よりもいち早く最先端の基礎科学系研究の知識を得ることも少なくなかった（事例6.2）。企業の目的は創造的基礎科学系研究で論文を提出することではなく，自社研究，あるいは世界の最新の研究を吸収し，技術力の強

事例 6.2　2001年　通信系研究所　人事担当研究者　40歳代男性

　日本の大学や政府系研究機関は，研究したらそれで満足してしまって，それ以上アイデアがないんですが，アメリカの大学は，「こちらにはこういう研究があるが，あなたの研究所とこのような展開をすれば，事業につながるのではないですか」といった具体的なアイデアとセットで売り込んでくる。こちらとしても，それなら一緒にやってみようかという気にもなるわけです。それにアメリカだけでなく，ヨーロッパ，たとえば，ドイツのマックスプランク研究所のように基礎科学系研究で高名な研究所などにもうちからの研究者が大勢，留学しますし，向こうの研究者との共同研究のネットワークも作ってきます。ですので最先端の研究の知識取得，共同研究には困りませんし，大学の先生より先に知っていることもありますよ。ただ，日本の大学にもいい研究をしている先生もいるのです。その先生の研究と組んでもいいなと思うものもありますが，日本の場合，大学での研究成果の取り扱いがややこしくて，まるで時価のお寿司みたいに，やってみるまで最終的な権利，値段がわからない。制度的に日本の研究はやっかいで使いづらいところがあるんです。それで，アメリカのように積極的に売り込んでくるところとの共同研究が進むわけです。

化を図り，他社の持ち得ない技術を確立してメーカーとして優位に立つことである。そのため，アメリカからの先端の基礎科学系研究の導入を惜しまなかったのである。このようにして，企業内の研究者は自らは基礎科学系研究に従事していないが，先端の基礎科学系研究を知ることで研究者として満足を得られ，さらに，その基礎科学系研究の生みの親であるアメリカの研究者も思いつくことができないような応用科学系研究を行い，日本の工業を牽引していったのである（星野, 1966）。研究者として基礎科学系研究を行っていないことに対し，企業内の研究者は大学の研究者にコンプレックスを感じていたかもしれないが，先端の基礎科学系研究を知っているということでは何ら負い目を感じる要素がなかった。星野は当時の研究費の配分から，企業が大学への研究助成をわずかしか行っていなかったことを明らかにし，企業の研究が大学を頼っていなかったことを示した。1957年当時の産業側から大学への委託研究費は，産業側の全研究支出の3.7％にすぎなかった（星野, 1966）。約40年後のデータで星野と同様の比較を行ってみると，1995年の産業側の全研究支出（9兆6,692億円）の中で，大学への委託研究費は0.59％（570億円）しか支出されておらず，1957年の3.7％に比べて，さらに企業が日本の大学の基礎科学系研究を頼らない傾向であることがわかる[12]（科学技術庁　科学技術政策研究所, 1997）。近年の産学連携ブームでは，2002年の産業側の全研究支出（11兆67億円）の中で，企業から大学への委託研究費は0.94％（1,100億円）に逓増している（文部科学省, 2003）。しかしながら，やはり企業が大学の研究成果に関わりなく研究開発事業を進めていることがわかる。

　このように，産業側から日本の大学に対する委託研究費の少なさを見ると，企業は先端的基礎科学系研究の知識取得において，日本の大学に依存していないことがわかる。また，多くのハイテク産業の企業がアメリカに研究者を派遣していたが，近年，基礎科学系研究重視のヨーロッパでも，応用科学系研究への関心が高まり，微細加工，ナノテクなどの日本の技術とヨーロッパの科学の融合を図ろうとする動きが盛んである。企業研究所5社へ調査を行った2001年当時，ケンブリッジ大学やオックスフォード大学が日本

の企業と提携するのも先駆的であったが，ドイツのようにあくまでも基礎科学系研究志向の強かった国でも，日本の企業との提携に踏み出していた（朝日新聞，2001年1月13日版　経済欄「欧州の大学　日本企業と提携」）。日本の企業は自社の研究者を海外の大学・研究機関に送りこみ，研修，共同研究という形で最先端の知識の取得，創造的開発，ネットワークの構築を行っている。そして，そこでは基礎科学系研究だけでは創造することのできない「ものづくり」のための試行が繰り返されるのである。企業内の研究者のエートスは，「ものづくり」への創意工夫という価値意識と，「創造できる」という自負心によって支えられ，アカデミズムとは異なる次元の価値で支えられているのである。創造するために研究するという「ものづくり」の場では，基礎科学系研究は道具的位置づけとなり，学界での価値意識は身を潜めるのである。

3　潜在的移動可能性と専門性への関与

3.1　「専門・技術者」の中途採用者の状況と移動可能性

　人材の流動性を抑制している要因のひとつとして，年金制度などの社会保障に関するポータビリティの悪さ（退職金制度や企業年金制度が勤続年数と連動しているため，転職により損失を受けること）が挙げられている。移動に伴う年金などの制度的なデメリットは，企業内の研究者にも影響しているといわれている。移動に伴うデメリットがある中で自らの移動可能性の有無を知ることは，組織成員の組織に対する自立性／依存性に影響を及ぼすだろう。彼らにはエンジニア向けの転職雑誌やエンジニアに特化した転職サイトなど，中途採用者を受け入れる企業の存在が顕在的に示されており，これらの情報が彼らの潜在的な移動可能性となる。「3年前と比べたホワイトカラー正社員の職種別中途採用者の変化」に関する調査において（労働省，2000），中途採用者の数は，「専門・技術職」の場合31ポイント（以下，Pと表示）の増加を示し，他の管理職（24P増）や事務職（18P増）を大きく上回っている。「専門・技術職」の採用理由は表6.1，表6.2に示す通りであ

表 6.1 ホワイトカラー正社員の職種別中途採用実施理由

理由	管理職	事務職	専門・技術職	営業・販売職
既存事業の拡大	17.1%	7.7%	17.3%	24.7%
新規分野への進出	22.3%	6.0%	**25.2%**	12.3%
即戦力となる人材の確保	59.4%	48.3%	**74.8%**	63.0%
組織の活性化	10.3%	3.8%	4.9%	6.4%
欠員の補充	9.7%	56.8%	**20.4%**	31.5%
親会社・関連会社からの要請	14.3%	3.0%	2.7%	1.7%
年齢構成の歪みの是正	2.9%	3.4%	4.0%	3.0%
新卒採用が困難	0.6%	0.9%	2.2%	0.4%
新卒採用の能力が低い	0.6%	0.4%	1.3%	0.4%
その他	2.3%	2.6%	1.3%	2.6%

管理職 n=175，事務職 n=234，専門・技術職 n=226，営業・販売職 n=235
複数回答2つまで
出所：労働省，2000，『労働白書』419頁，(株)ニッセイ基礎科学系研究所「企業の採用戦略の多様化に関する調査」より。

表 6.2 職種別中途採用実施理由（労働省調査）

理由	管理職	事務職	専門・技術職	現業職
退職者・転職者の補充	26.3%	71.3%	**41.8%**	73.5%
新規学卒の採用不足の補充	0.4%	3.8%	8.0%	7.7%
専門的知識を持った人材の確保	47.0%	13.5%	**54.0%**	10.4%
多様な人材の確保による組織の活性化	26.7%	9.1%	14.3%	10.0%
事業拡大のため	20.6%	13.3%	**23.9%**	23.3%
その他	5.5%	3.8%	3.6%	4.5%

複数回答
出所：労働省，1998，「雇用管理調査」『労働白書』420頁。

る。「電子立国」「情報化社会」「IT革命」「科学技術創造立国」とメディアや政策で取り上げられ続け，科学／技術系の専門職への需要は高まる一方である。特にコンピュータ産業は恒常的に人材不足であり，専門知識をもっていて即戦力となる人材を求める企業が多い。また，「専門・技術職」の中途採用理由に「欠員の補充」の項目が挙がっていることから，専門・技術職の移動可能性の高さが窺われる。このような「専門・技術職」における中途採用公募の情報量，実際に転職する同僚などは，移動モデルとして彼らの目に

映っているのである。社会保障制度による物理的な移動抑制効果は実際には大きいものかもしれないが、彼らには潜在的な移動可能性が内在しているといえよう。

3.2 専門分野への関与

社会保障制度に関する議論は法制度が人の行動を抑制するというものであるが、エンジニアのエートスは、必ずしも制度に抑制されるばかりではない。2000年に行った部品メーカーへの調査[13]でのエンジニアの態度は、「この会社でなくても自分のやりたい仕事はできる」という項目に対し、60％以上が「そう思う、ややそう思う」と回答しており、非常に組織から自立的な態度であった。この数値から何らかの制度的抑制要素を越えてでも転出したいような事態が発生した場合には、転出できるという潜在的な移動可能性を彼らが内在しているといえよう。他社のエンジニアへのインタビュー調査[14]でも、「多少、生活レベルが上がり、面白いプロジェクトから誘われたら行くかもしれない」というコスモポリタン的態度を示す者がいた（インタビュー:18）。トータルの生涯獲得賃金よりも現時点での生活レベルの向上が確保され、能力を評価された移籍要請があることは、社会的報酬として大きなインセンティブになるという。これらのことを含めて制度的な問題との関係性を考えるならば、退職金制度などの雇用制度が彼らの行動を抑制することは否めないが、彼らの専門分野への関与は所属組織に対する依存性を低下させ、潜在的な移動可能性を内在させると予想できるのである。彼らが実際に移動するかどうかが問題なのではなく、所属組織以外でも自分の専門的技術や知識を生かして職を得られる目算が立つという、潜在的な移動可能性をもっているか否かが彼らの態度に影響を与えるのである。専門分野に関与する企業内の研究者の所属組織に対する態度は、雇用制度だけでは規定できないのである。

第6章では、研究者の志向とキャリアパス、所属組織内での価値意識を検討してきた。潜在的移動可能性への予測は、研究者・技術者をコスモポリタン的にさせる要因のひとつとして内在し、また、ものづくりへの自負心は彼

らに働きがいを与え，働く場所を選択する上で大きな動機づけとなるといえよう。

4　要　約

　本章では，企業内の研究者の「ものづくりへのこだわり」「創意工夫」「限界への挑戦」などへの価値意識から，彼らの自負心を描いてきた。企業内の研究職は研究者とエンジニアの二重の役割期待があり，研究者としては事業化に展開できるような目的志向的な研究成果を期待され，エンジニアとしては科学的な基礎知識を技術に活かせる形で橋渡しをするインターフェースとして期待されている。彼らは科学的な理論からは導き出せない「ものづくり」の過程に存在する暗黙知，身体知を創意工夫で生み出し，熟練工の身体的技能に支えられた「ものづくり」と関わりながら製品開発へとつなぐ。そこでは，およそアカデミック・ヒエラルヒーでの地位など無関係な「ものづくり」へ向けられたエートスが彼らを突き動かしているのである。戦後，日本の高度経済成長を支え，「科学技術創造立国」を掲げるまでに成長した日本の工業は，「ものづくり」へ動機づけられた多くのエンジニアによって，担われた部分が大きい。応用科学系研究や技能に対する評価が学界で低く扱われようとも，彼らは直接的な社会的貢献という働きがいを手にしていた。

　今日の工学が生み出すさまざまな産業では多くの技術が創り出され，専門分野の細分化がますます進み，サービスへ向けての作業の合理化が図られる。しかし，専門分化の数だけ分野と分野の間に溝ができていく。その中で職工から研究者まで，「ものづくりへのこだわり」「創意工夫」「限界への挑戦」に動機づけられた人々は，その溝を埋める役割を果たしてきた。この溝を埋める技術を生み出してきたのは，これまで形式知化されてなかった知識を技能という身体知でこなしてきた熟練工から，現場での問題・課題を研究テーマとして一般化に努める研究者であり，彼らの働きはまさしく専門分化した今日の産業におけるインターフェースである。Polanyiは体系化された科学的知識においても，自然から法則性を読み取り形式知化できる以上のこ

とを人間が認知できると述べている（Polanyi, 1966=1980）。人間は形式知で表現でき得る科学と科学の隙間を，「技」で埋めてきたのである。技術は形式知につながる新たな知識を生み出し，まさしく帰納と演繹の関係が基礎科学系研究と応用科学系研究の関係にある。科学と技術は決して，上位，下位の関係ではなく，相互補完的な関係なのである。そして「ものづくり」の場では，アカデミック・ヒエラルヒーとは別次元の価値意識が強く働く。彼らを「ものづくり」へ突き動かすこの価値意識こそが，企業組織のエンジニアに共有されるエートスなのである。

注
1 Etzioni の分類によれば，専門職組織とは主に専門職で構成された組織を指し，病院や大学などがその代表的な組織である。非専門職組織とは組織が非専門職，専門職に限定されず構成されている組織を指し，代表的な組織として軍隊や企業などがある（Etzioni, 1964）。
2 藤本のインタビューでも聞かれた言葉であるが，エンジニアのドキュメンタリーなどでも「売れ筋商品開発者が肩で風を切って歩いている…」などという表現がなされる。
3 過去には技術漏洩を厳しく管理し，紳士協定で同業他社への転職を禁じている企業が多かったが，現在ではライセンスごと担当者をトレードする場合がある。
4 Polanyi は人は言葉で表わせること以上に知ることが出来ると，認知的な知識を暗黙知（tacit knowledge）として表わした（Polanyi, 1966）。Kuhn のパラダイム・シフトは Polanyi の暗黙知をモデルにしているといわれる。
5 NHK の科学／技術の現場を主な舞台としたエンジニアの創意工夫物語のドキュメント番組である。
6 湯浅の研究によるもので湯浅現象と呼ばれる。彼は Merton の研究手法を発展させ，科学技術の中心地を丹念に追った研究を行い，ヨーロッパからアメリカへのシフトが数量的にみることができる（Yuasa, 1962）。
7 1999 年に藤本が企業に勤務する電気工学研究者に行った（インタビュー:19）。
8 ドキュメンタリー・タッチで書かれたものは存在するが，社会学的研究として発表されたものは非常に少ない。
9 エンジニアに経営的な志向，技術予測力，プロジェクト統括力などを身につけさせるための学問分野および教育コース。最近では，MBA（Master of Business Administration 経営学修士）のようにトレーニング修了の学位も指す。
10 官僚においても「法科万能」という言葉が存在し，事務官は全体を見渡せるが技術官は専門分野しか見えぬという差別的扱いを受けていた。今でも，中央官庁では文官，技官のキャリアパスが異なる。
11 第一次中央研究所ブーム（1957）に，多くの大企業が中央研究所を相次いで設立した。
12 日本の大学の研究レベルだけでなく，大学での研究成果の利用手続きの煩雑さ，最終的な使用可能段階までの手続きの不明確さが，企業を大学から遠ざけたといわれる（インタビュー:20）。
13 2000 年に世界にも多くの市場をもつ日本で有数の部品メーカーに，今回のA社と同様の質問項目で調査を行っている（本書の比較データには用いていない）。
14 インタビュー:21 より。

第7章
研究者の流動性と組織

　第1章から第6章まで，「ローカル・マキシマム現象」の検証とその要因となる社会的背景について述べてきた。本章では現代社会がローカル・マキシマム現象を強化するような社会構造であるのか，あるいは垂直的な文化構造を平準化する方向性にあるのかについて，1）社会保障制度と流動性の阻害要因，2）大学教員への転入者傾向に見る産学連携の構図，3）人材流動性向上政策による逆機能，4）流動性のインターフェース，5）組織特性と流動性の関係から検討する。

1　ローカル・マキシマム現象と垂直的文化構造

　この現象は社会構造（産業界）上の地位と文化構造（学問的序列意識）上の地位が非一貫的な状態にある個人の合理的選択の結果，起こったものである。この背景には産業分野での活躍，大衆への貢献に対する評価の低さという垂直方向の価値意識が存在している。A社の研究者がローカルと感じなければならず，また応用科学系研究分野の研究者の水平方向の移動可能性が制限されるような科学／技術，国／民という垂直的文化構造は解消されるべく平準化に近づいているのであろうか。本章では5つのトピックスを取り上げ，現代社会の構造が，ローカル・マキシマム現象を強化するのか，あるいは平準化するのかという議論を行う。
　1つめは人々の流動性の阻害要因といわれる退職金などの社会保障制度について検討を加える。現在の退職金制度や企業年金制度は勤続20年未満の転職者に非常に不利な制度となっている。ここでは人々の転職が抑制される

外的要因について社会保障制度の視点から述べる。2つめは研究者が流動しにくい中、どのような人々が組織間移動しているのかということについて議論する。ここでは国立大学（現 独立行政法人）への転入者の傾向から「流動化の構図」を検討しており、人々の流動性が「公」系機関内に閉じられたものであり、組織移動が円環をなしていることを指摘する。3つめは研究者の流動化政策による問題について検討する。現在、第2期科学技術基本計画にも「研究者の流動性」が挙げられているように、科学者・技術者の組織間の流動性向上が望まれている。研究者の流動性政策として若手研究者の任期つき非正規雇用という方針が採られたが、日本の企業研究所が求める研究者と大量に輩出される高度専門教育を受けた若手研究者たちとの齟齬について述べ、高学歴就職浪人が発生しつつあることを示す。4つめは学界と産業界の仲介という仲介機関・職業の誕生について述べる。他者理解という点で、たとえば私たちは家族という小さな社会でも異なる集団であると文化が異なり他者理解に努力が必要になる。産業界と学界というような大規模で「文化が異なる成員」同士での共同作業は、他者理解に大きな努力が必要である。現在、「産学連携」ブームであり、異分野同士、あるいは産業界と学界の交流機会や共同研究プロジェクトなど、異なる組織文化をもつ人同士の理解を深める努力がなされている。これまでにも「産学協同」という名のもとに共同プロジェクトが組まれたが、その関係性は個人の資質に頼った交流にとどまっていた。そのため、近年は科学／技術の研究成果を産業に活かすために、異文化の人々を仲介するインターフェース機関や職業が制度化されつつある。ここでは制度が生んだ新しい職業や組織について述べる。そして最後に流動性と組織特性の関係について述べる。科学／技術政策強化の中、イノベーションを起こすためには研究者の流動による知的刺激が重要であるという風潮が強いが、果たして全ての研究機関に高い流動性が必要なのであろうか。科学／技術の現場は研究成果を世に問う華やかな瞬間以外、地味で根気の必要な世界である。その中には個人的業績よりも育成型の共同作業によって成される研究分野もある。研究者の採用は組織特性に適合的な形態がとられるべきであり、全ての研究機関でコスモポリタン的に流動する研究者が必

要なわけではない。しかし，イノベーションを期待する組織・集団では同質的な集団より，複数の組織文化をもった研究者のもたらす知的刺激に大きな期待を寄せる。流動する人々を受容しない閉じた組織からは創造的活動は生まれにくい。ここでは流動性を中心に研究者の境界人的態度と組織特性ついて述べる。

　これまで日本は科学／技術に対する寛容で幅広い文化が育つ土壌がなく，個人の努力によって開拓されてきた側面がある。最後に科学／技術の現場に対する多様性を認め，「ものづくり」国としての科学／技術に対する独自の文化を築くことへの重要性とローカル・マキシマム現象の解消に対する展望について述べ，本書を締めくくる。

2　日本型雇用慣行と専門職

　日本の専門職は従来型の移動可能性が高い専門職像とは異なり，決して活発に転職をしていない。その理由としてよく取り上げられるのが，転職に伴う社会保障制度の損失，「はえぬき志向」による中途採用者の冷遇などである。本節では流動性の阻害要因として，賃金制度から見る転職に伴うデメリットについて述べる。

　第Ⅱ部第6章では，企業内の研究者が「ものづくり」のエートスに支えられ，かつ専門分野，当該分野に関する周辺知識など，その分野の専門家として他の組織でも通用するという自立性をもつ彼らの移動可能性の内在について述べてきた。しかし，専門職の移動可能性には彼らの能力，意気込みだけでは解決されない制度的な問題が潜んでいる。産業界における賃金体系は，彼らを専門知識や技能によって差別化するシステムを有しておらず，戦後の経済的窮乏の中で，「最下級労働者の生活保障を強く押し出した」（河西, 1999：315）システムとして，今もなお影響を残している。本書で述べてきた文化構造と社会構造のズレによる移動可能性の低減が，組織間移動の内的阻害要因であるのに対し，日本の賃金システムは，組織間移動の外的阻害要因として捉えることができる。本節では，「電産型賃金体系」と「退職金制度」

を検討し，日本の産業組織における組織間移動の阻害要因について述べる。

2.1 電産型賃金体系

年俸制が定着する企業も多い中，現在でも公務員，マスコミ産業，交通・運輸産業，私立学校などで「電産型賃金体系」が使用されている。日本の多くの雇用労働者が「電産型賃金体系」の下で賃金を受けとっている。戦後に確立された，この「電産型賃金体系」とは，「賃金体系を基準労働賃金と基準外労働賃金とに分類し，基準労働賃金の主たる部分を占める『基準賃金』の部分を『生活保障給』『能力給』『勤続給』の3つによって単純に構成している。〈中略〉『基準賃金』〈中略〉の構成要素のうち，『生活保障給』の部分によって賃金全体（基準労働賃金：筆者挿入）の約80％が得られるようにされている」（河西,1999：5）という賃金体系である。

この賃金体系は戦後民主主義の精神たる＜平等主義＞に立脚しており，経済的困窮に直面していた復興期の日本には適合的なシステムとして受け入れられた。しかし，高度経済成長期以降，経営側の査定権や高職位，高学歴，高技能，長勤続の社員から能力給のウエイトを高める要求が強く，能力給が徐々に拡大する動きになり，形を変えて職階，職務給という名で導入された。現在でも労使交渉の基軸ともいえる生活賃金と能力賃金のバランスをめぐる綱引きが行われている。賃金の中で大きなウエイトを占める「生活保障給」は，年齢と家族数で規定されており，とりわけ年齢のウエイトが大きく，電産型賃金は「年齢制」といえるシステムである。同じ年齢，家族数の人には，研究職であっても製造職であっても基準労働賃金の80％を占める「生活保障給」が同じ額だけ支払われる。つまり電産型賃金は能力に関する査定のウエイトが低く，年齢，家族数で決定する「生活保障給」が最も大きなウエイトを占めるため，企業内研究職と製造職の給与の差は大きくなりにくいのである。

A社の事務職にインタビューした際，「職位が上がっても数千円しか給料が上がらない。責任ばかり増えて見返りがない。」といった類の話が多かっ

た（インタビュー:22）。A社はそれに対して，肘掛付きの椅子を与えるなどのシンボルで職位の上昇を示す工夫をしていた。電産型賃金は「給与の平準化」システムであるため（河西，1999），専門職や管理職のモラールを高めるためには，金銭的な報酬以外の要素が必要になり，経営側は金銭的報酬が少ない場合，威信という社会的報酬を社員に与えている。日本で多く利用されている電産型賃金体系は，専門職に金銭的インセンティブを与えない雇用システムなのである。このことは，彼らに「どこにいてもだいたい同じくらいだろう」という予測をさせることになり，移動可能性への予測も低減させるのである。

2.2 退職金制度

　日本の退職金制度は退職一時金，退職年金の単独および組み合わせで支給するタイプが主流を占める。退職年金制度は受給資格を設けているところが多く，退職一時金は勤続1年の者にも計算式により支給されるが，退職年金は勤続20年以上から支給されることが多く，勤続年数，年齢が大きく影響を及ぼしている。また会社都合の退職者に比べて自己都合の退職者は，退職金を1割以上低くされるルールがある。そして，中途採用者を受け入れる側の企業には，中途採用者の就業経験を考慮した退職金制度を有しているところが少なく，同じ就業経験でも中途採用者は勤続年数の長い人よりも不利益を被るシステムになっている。退職金はその組織への貢献度に対する報酬という位置づけであることから，退職金制度そのものがなくなるか，退職金制度の外部化，つまり，組織に関わりなく行える就業積立金のような制度に移行しなければ，在籍経験と就業経験は重複した方が有利なシステム設計になっている。この退職金制度は組織で育成された知識・技能の流出を抑止し，組織内で知識を構築することを促進するシステムである。そのため流動性を高めることは，一方で外部からの知的刺激を高めるが，他方で凝集性の低い組織にとって，知識・技能の流出に歯止めがきかないシステムなのである。近年，退職金の支給額は勤続年数格差がやや縮小する傾向にある[1]が，勤続30年までは勤続年数とともに上昇傾向にある。このような勤続年数優

位システム，中途採用者への無配慮，自己都合退職の不利益などが，組織外への移動を抑制しているのである（労務行政研究所，1998，山崎，1983）。勤続年数20年未満で他社へ移動することは，退職年金受給資格を失うことになり，組織間移動への心理的コストだけでなく，経済的コストも発生することになる。これは製造職，事務職のみならず，研究職を含む全ての雇用労働者に共通のことである。このように日本の雇用制度は非専門職のみならず，体系化された専門知識をもつ専門職の移動をも抑制するシステムなのである。

これまで企業内に雇用される研究者の多くは，非専門職と同様に終身型で雇用されてきた。従来型の移動可能性が高いコスモポリタンな専門職像は，終身雇用制度下にある日本の専門職には適合的とはいえない。日本の場合，研究者であっても勤続年数と年齢の相関は非常に高く，今回の対象者であるA社の研究者は$r = .961$，B社の研究者は$r = .965$，C研究所の研究者は$r = .937$といずれも相関係数が.900以上であった。加齢と共に勤続年数が増える人々が多い組織は，中途採用者が少ないということである（中途採用者が多い場合，年齢と勤続年数の相関が低くなる）。中途採用者について開放的であったのは，2001年に行った企業研究所調査での通信系のトップ企業であった。他は新規プロジェクトでも内部労働市場で調達し，新規に即戦力を採用することはなかった。近年は中途採用率が高まっている企業もある[2]が，急増というより逓増している程度である（藤本，2004a）。

2.3 評価と年功制度

「成果主義」は2000年頃から一世を風靡し，科学／技術系組織での成員の業績評価に取り入れられた。これは能力給の部分を拡大した業績評価制度であるが，有能な成員にインセンティブを与えることに重点が置かれたものである。有能な成員が成果に見合う報酬が得られない場合，業績が低い成員との報酬差がないことに不公平感をもち，モラールが下がるとして導入された制度である。しかし，その後，成果主義評価制度では評価システムが未熟な組織に取り入れると，成員が短期的な（たとえば，1～2年以内に結果が示

せるような）目標を提示し，その達成度の評価を受けるという行動が多発した。また，組織全体への貢献や業績として測定されにくい業務への関与を回避する成員もあり，成果主義評価制度は組織力の低下につながる諸刃の剣であることが気づかれ始めた。これに対して年功制度・勤続年数評価制度は，経験が成員の知識・技能を高めるという可能性の上に成立した評価制度であり，年齢が低くても有能な成員，年齢が高くても能力の低い成員が存在する確率を低いものとした評価制度といえる。個々の成員の能力を正確に測定する評価システムの構築にコストをかけて，有能な成員を高く評価できる成果主義にするのか，評価のコストを最低限に抑え，加齢とともに能力が上がらない，あるいは低年齢でも能力が高い人を外れ値として年功制度・勤続年数評価制度を導入するかは，その組織の評価制度の成熟度によるだろう。

　これまで日本は電産型賃金の中に年功制度・勤続年数評価制度による実質的能力給も含めており，能力給と称される成員個別の能力評価は非常に低く抑えられてきた。つまり，評価にかかる時間，人員などの評価コストも，全て生産的業務に振り分けてきたことで組織の生産性を高めてきたのである。このように考えると売上業績を直接向上させるための時間を大量に削減して，組織内の成員の評価システム構築のために注力することを得策と考えない企業は，今後も年功制度・勤続年数評価制度の原形を残したままの評価システムであることが予測される。しかし，現在，組織の第3者評価，組織内での評価の透明性が当該組織の社会的責任として問われるようになりつつあることから，評価制度は今後，大きく洗練されるかもしれない。また，組織での個人の評価は組織内での相対的評価であるが，専門職が転職する際，自己の業績が外部の組織に評価される絶対的評価に耐えうるものである場合，転職の見通しも立てやすい。組織内部の評価軸と外部での評価軸の重複度が高い職種ほど流動的になると予測される。今後も就業者の流動性には評価制度の成熟が大きく関わってくるだろう。

2.4 社会保障制度の損失を受けない人々

　転職に伴う社会保障制度における損失は，異なる社会保障制度下にある組織間を移動する人々に起こることに限られている。たとえば，国立研究機関の研究者が国立大学へ移動しても，これは「異動」であり転職にはならない。つまり公務員同士の転職は同じ社会保障制度下における組織間移動であり，退職金などには何ら影響を受けないのである。現在，多くの国立研究機関が独立行政法人化しているが，非公務員型の研究機関も社会保障制度は公務員型に準ずるルールを維持している。第3節に示した2001年度の大学への転入者データのうち国立大学，公立大学，政府系研究機関の多くが公務員である[3]。このような人々にとって社会保障制度は流動性の抑制要因にはならない。現在，人々が転職する場合，異なる社会保障制度への切り替えが起こり，損失を受けることになるが転職に伴い社会保障制度が切り替わらない人々の流動性はいかなるものであろうか。

3　流動性における産・官・学の関係

　第2節では研究者の流動性を抑制する要因について述べた。第3節では流動している研究者について，大学への転入者（教員として）を前職組織の属性（産・官・学）から分析し，流動性の構造を検討する。

3.1　産業界と学界の文化的乖離

　近年ブームになっている「産学連携」とは，これまでにも「産学共同」という表現がなされ，大学と産業界との協力体制による諸活動を指す。大学での研究成果が事業化に展開されるには，その間に長い道のりがあり，インターフェースの必要性が求められてきた。これまで，過去の科学技術白書などにも有機的な連携が望まれるといった表現が長年なされてきたが（藤本, 2003），学術目的の研究には営利目的の研究と一線を画すような規範意識が共有され（星野, 1969），事業化につながる研究を嫌う基礎科学系研究志向の若手研究者が産業界から大学に戻るケースもあった（中山, 1994）。活発化し

にくかった学術研究の事業化には技術的限界があるのではなく，社会的要因が大きく影響していると考えられる。なぜなら基礎科学系研究機関をもつ企業では段階的に事業化につながる部署をもち，実際に事業化に成功しているからである。企業というひとつの組織で可能なことが，異なる文化をもつ組織，人々同士の間では成立しにくいのであれば，それはやはり社会的要因，人と人との関係性の中から起こることであろう。異なる目的をもった組織間，個人の共同作業の過程で起こる諸現象は，外的な動機づけとなる経済的報酬，社会的報酬だけでなく，その組織文化の違い，それぞれの世界で共有されている文化構造なども視野に入れて解明しなければ，産学連携は永遠の課題になるだろう。

3.2 大学への社会的要請

学界での研究への取り組み方，志向の変化を強く求める動きのひとつに「大学改革」論がある（青木編, 2001）。2004年4月に国立大学の独立行政法人化が実施され，産業界と学界との関係，大学の運営のあり方など，変化への外圧が与えられた。産業界から研究機関に対する要望は，大別して大手企業と中小企業からのふたつのレベルに分かれる。大手企業からは大学に知識の教授を望むというより，企業が負うにはハイリスクな研究（成功するかどうかわからない研究），あるいは長い年月を必要とするような基礎科学系研究を学界に期待しているという（インタビュー:23）。中央研究所をもつような企業は研究から開発までのプロセスの膨大さを承知しており，そこにかけてきた時間，構築された知識には大学と大きな差があるため，大学にそのノウハウを一から積み上げるようなことは期待していない。また，研究所を持たない中小企業には研究力がなく開発力のみであることから，応用科学系研究者の関与は大手企業との規模，質の差を埋める心強い存在であるようだ（広域多摩地域で産学連携が発達しているTAMA協会や東大阪市の工業地域では，中小企業と中堅大学の共同研究が活発である）。そのため，国立大学や政府系研究機関の研究者へは，先端的な基礎科学系研究成果の提供が望まれ，公設試験研究所や中堅大学の研究者へは，応用科学系研究での事業化

に直結するような関与が望まれている。研究機関と企業の研究との開発段階が接合しやすい場合には，活発な活動が行われているようだ。

3.3 研究者の組織移動の構図

　産業界と大学の連携は共同研究ばかりではなく，研究者そのものが組織を移動することで，異なる組織文化をつなぐインターフェースとなりうる。企業出身者の研究室は出身企業への院生の紹介や企業との共同研究を行っている例が多い[4]。そこで，産業界から大学への研究者の流れを産学連携の程度[5]とし，教員数の動態調査から抜粋したデータをもとに図7.1を作成した。1980年の企業から国立大学への転入者は，公立大学，私立大学よりも多い傾向であったが，1983年に私立大学よりも少なくなっており，それ以来，私立大学よりも国立大学の受け入れ人数は少ない。時代と共に転入者数は変化しているが，団塊の世代が企業内研究職の転職適齢期（前述）を迎え，ま

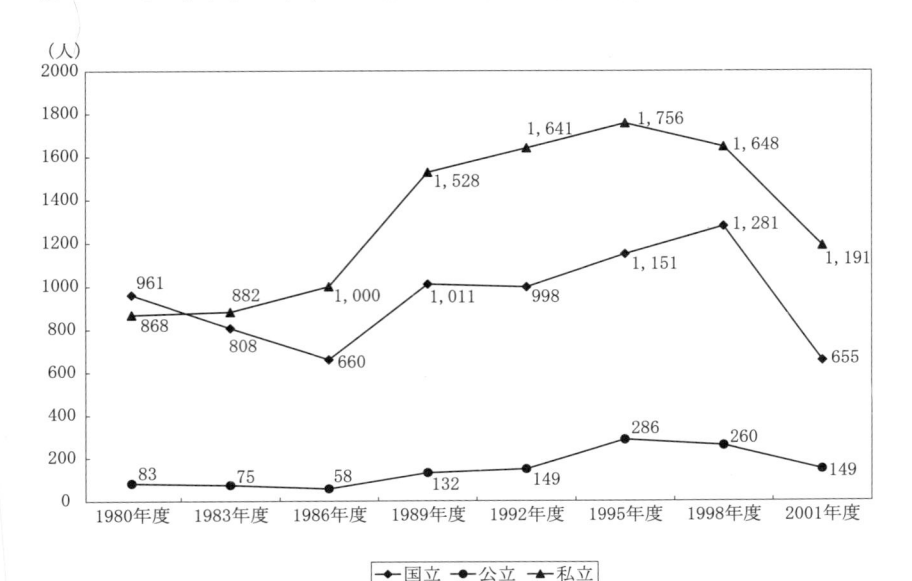

年度	国立	公立	私立
1980年度	961	83	868
1983年度	808	75	882
1986年度	660	58	1,000
1989年度	1,011	132	1,528
1992年度	998	149	1,641
1995年度	1,151	286	1,756
1998年度	1,281	260	1,648
2001年度	655	149	1,191

図7.1　民間企業からの教員採用数

出所：文部科学省，『学校教員統計調査報告書』昭和52年－平成13年版より抜粋。

た団塊世代ジュニアが大学生になり，学生数が増加して教員への需要が発生したためか，大学の数や大学教員への転入者数は1986年から1989年にどの大学でも大きく増加している。この時期の国立大学，私立大学の数と企業からの転入者数を比較すると，1校当たりで見たときに国立大学は6.95名から10.53名（36校，660名から39校，1,011名）に増え，私立大学は2.99名から4.20名（334校，1,000名から364校，1,528名）に増えており，両者の3年間の増加比率は1.4～1.5倍と同程度である。しかし，1980年から2001年までの全期間を通して国立大学は私立大学の2倍～4倍の企業転入者を吸収しており，その転入者の多さは歴然としている。図7.2に示すようにバブル崩壊後，私立大学への企業からの転入者が伸び悩んでいるのに対して，国立大学，公立大学は多くの企業転入者を受け入れている。図7.1では私立大学が大幅に企業出身者を吸収しているように見えたが，これは私立大学の学校数の増加によるものであり，図7.2を見ると企業出身者と国立大学の繋が

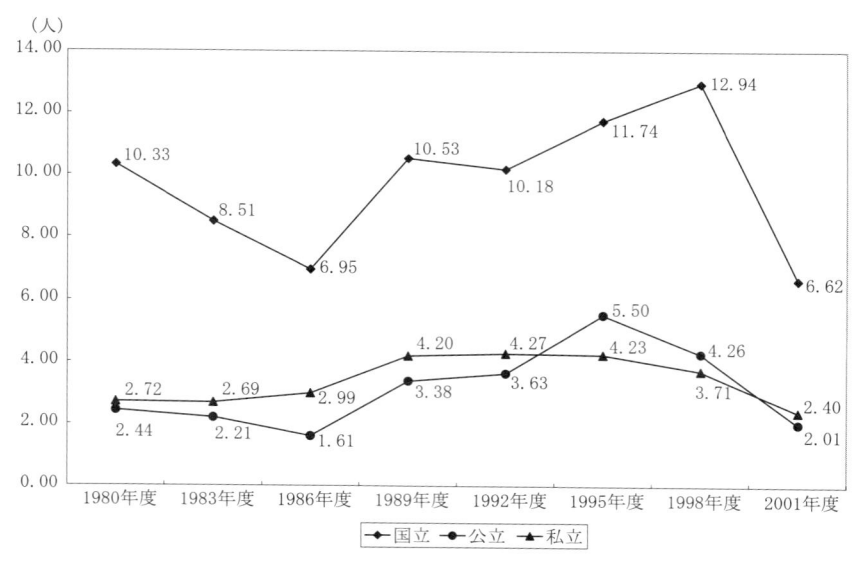

図7.2　大学別1校当たりの民間企業からの教員採用数
出所：文部科学省,『学校教員統計調査報告書』昭和52年－平成13年版　および
　　　平成16年度版「日本の長期統計系列」第25章　教育より抜粋し，筆者が作成。

りが継続的で密接な関係にあることがわかる。基礎科学系研究者の移動可能性を考えるならば、これらの企業からの転入者は国に関係の深い企業、「公」の仕事を受注している企業の基礎科学系研究出身者の可能性が高い。

では、大学別の教員の転入者の構成はどのようになっているのだろうか。国立大学、公立大学、私立大学全体への転入者構成を出身組織（官公庁、国立大学、公立大学、私立大学、企業）別にZ得点化[6]したものが図7.3である。国立大学は官公庁[7]からの転入者が最も多く、次いで国立大学、企業となっている。公立大学、私立大学からの転入者は非常に少ないことが示されている。公立大学も国立大学と同様の傾向がある。これに対して私立大学は企業からの転入者が最も多く、次いで私立大学、国立大学となっている。官公庁、公立大学からの転入は非常に少ない。これらの構図を2001年度のデータをもとに、実数で大学別の1校当たりの出身組織別転入者数（国立大学、公立大学、私立大学への各出身組織別転入者数を1校当たりで算出）の

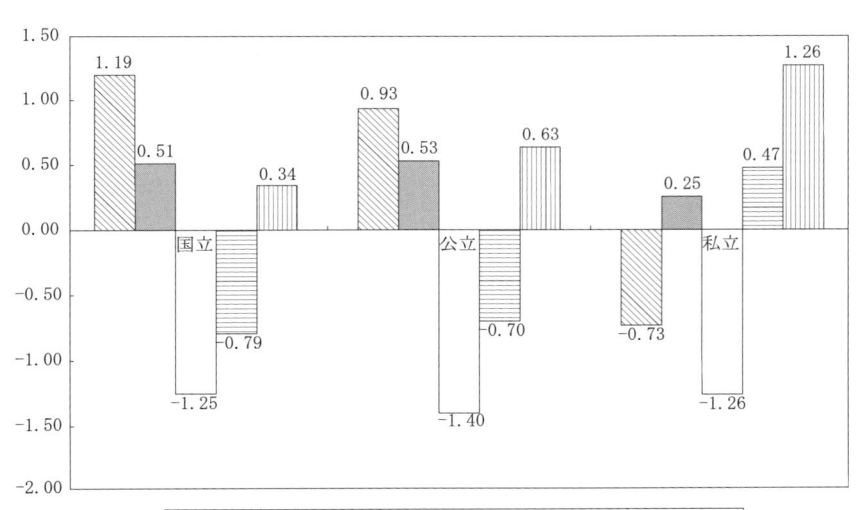

[国立] 官公庁から 1.19／国立から 0.51／公立から -1.25／私立から -0.79／企業から 0.34

[公立] 官公庁から 0.93／国立から 0.53／公立から -1.40／私立から -0.70／企業から 0.63

[私立] 官公庁から -0.73／国立から 0.25／公立から -1.26／私立から 0.47／企業から 1.26

図7.3　大学別転入者出身組織のZ得点比較

出所：文部省、『学校教員統計調査報告書』平成13年度版　および　平成16年度版「日本の長期統計系列」第25章　教育より抜粋し、平成13（2001）年度のデータを用いて筆者が作成。

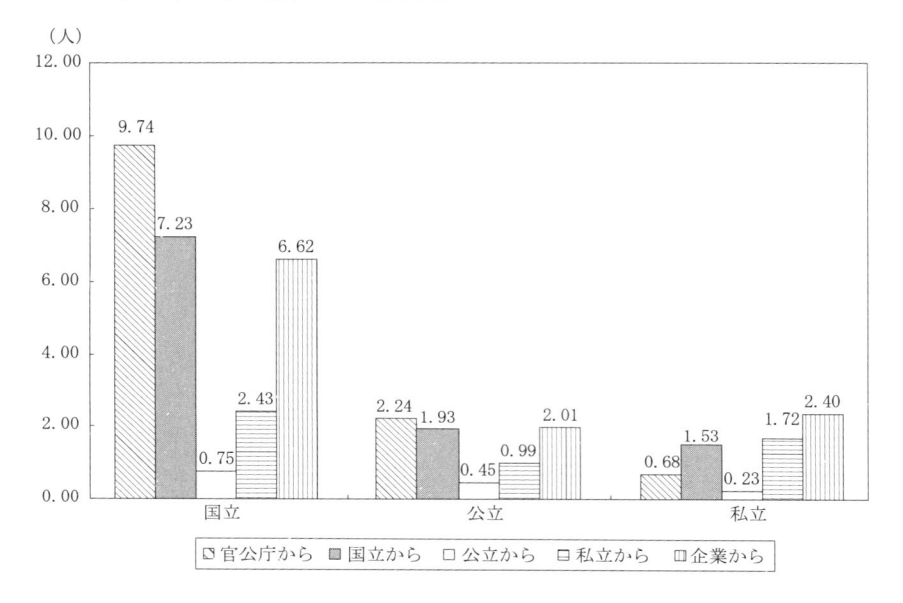

図中データ:
- 国立: 官公庁から 9.74、国立から 7.23、公立から 0.75、私立から 2.43、企業から 6.62
- 公立: 官公庁から 2.24、国立から 1.93、公立から 0.45、私立から 0.99、企業から 2.01
- 私立: 官公庁から 0.68、国立から 1.53、公立から 0.23、私立から 1.72、企業から 2.40

図7.4　大学別1校当たりの出身組織別転入者数

出所：文部省，『学校教員統計調査報告書』平成13年版　および　平成16年度版「日本の長期統計系列」第25章　教育より抜粋し，平成13（2001）年度のデータを用いて筆者が作成。

構成を示したものが図7.4である。出身機関別の1校当たりの実数を分析すると，全ての機関からの転入者が，国立大学に集中しており（全体の65.4％），公立大学（18.6％），私立大学（16.0％）よりも多いことがわかる。その中でも特に官公庁からの転入者が多く，官公庁から「大学（国立・公立・私立全て）」への転入者数の約77％が国立大学に流れている。次いで，国立大学から「大学」への転入者数の約68％，企業から「大学」への転入者数の約60％，私立大学から「大学」への転入者数の約47％が国立大学に入っている。図7.1にも示したように国立大学への1校当たりの転入者比率は公立大学の約3.5倍，私立大学の約4.1倍となっている。国立大学への転入者出身機関の構成は官公庁が突出して多く，官学連携の強固な状態が窺える。公立大学への転入者の構成は国立大学と類似傾向にあり，1校当たりの転入者規模は私立大学よりやや多い程度である。私立大学への転入者数で最も多

い前職組織は企業であり，次いで私立大学，国立大学となっており，転入者の構成が国立大学と大きく異なる。

　文部科学省の提示する資料には大学とそれ以外の組織という括りになっているが，これらの傾向からは国立大学と公立大学が類似傾向を示すというだけでなく，「公」と「民間」という構図が見えてくる。国立大学への転入者の構成を見ると，「公」系機関（官公庁，国立大学，公立大学）の多さ（66％）が目立つ。それに対して私立大学への転入者の構成は，国立・官公庁関係の機関からの転入者（官公庁・国立大学・公立大学）が37.5％，私立大学からの転入者が26.2％，企業からの転入者が36.6％となっており，私立大学出身者がやや少ないものの，外部からの転入者はほぼ3分の1ずつで構成されている。大学教員のみの転入者比率を比較すると国立大学へは38.9％，私立大学は53％であり，私立大学の方が大学人比率は高い。これらの比率から国立大学は官界と産業界との連携を担う機関であるように見える。現在は独立行政法人であるが，運営費の全てが主務官庁から出資されていることから，政府系研究機関としての位置づけは変わらない。そして大学比率に差はあるものの国立大学と私立大学では転入者の絶対数に大きな開きが残存したままである。産学連携は産業界と学界の協力関係を築くことを目的とした政策であるが，国立大学には「公」系機関出身者が集中していることから，産業界への理解を高めるためには，その構成比の変化が必要である[8]。

3.4　バブル崩壊後の潜在的順機能

　現在，産学連携で活躍している研究者の多くが，企業と大学，政府系研究機関などの複数の組織を経験している。バブル崩壊という経済的な危機は研究者を転籍，職種転換に追いやったことだろう。しかし，その人々は10年後の産学連携を支える主要な人物として新たな檜舞台に立っている。バブル崩壊は当時の研究者にとっても研究環境の悪化，プロジェクトの廃止，強制的な職種変更など，顕在的逆機能であったかもしれないが，現在の産業界，学界をつなぐインターフェース的な役割を創造するという潜在的順機能も生み出したといえるだろう。リエゾンオフィス（産学連携の総合窓口となる仲

介機関）や TLO（研究成果の技術移転促進機関）が手続き的なインターフェースとすれば，彼らは学界と産業界の異なる価値意識をつなぐ心理的，文化的インターフェースとして重要な役割を果たしている。組織が多様な人々を拒否すれば，手続き上のインターフェースが構築されても流動性は高まらない。先の大学への転入者の内訳のうち産業界・学界・官界の比率をみると，国立大学は国関係の機関間での移動が約 70％を占めている。「公」系機関のメリットは，経済的動向の影響を受けずに定常的で「基準」となる機関としての意味がある。しかし，このことはバブル崩壊の影響を受けて転入者が減少した私立大学に比べ，転入者が増加し続けた「公」系機関の組織成員の構成比が変動しないことも意味する。現在，「公」系の先端的科学／技術研究機関にはイノベーション（技術革新）への社会的期待が向けられているが，異質な転入者による知的刺激を求めるには，あまりにも「公」系機関間の異動という組織成員の同質性比率の高さが目立つ。

4　科学／技術系若手研究者の不安

　第 2 節では流動性の外的阻害要因について検討し，第 3 節では「公」系機関の流動性における円環構造を見出した。このような状況の中で若手研究者に向けられる人材の流動化政策による社会問題について触れてみたい。人材の流動化促進政策は研究者の流動性向上を目指し，最近の若手研究者には任期つきの非正規雇用という採用形態が増えている。終身雇用（正職員）の資格を得られない若手研究者は，近年，社会問題になりつつある高学歴就職浪人になる恐れがあるため，外部の研究機関で受け入れられる研究を行うように動機づけられる。若手研究者の流動化政策は，彼らに研究者としての経験を積ませて成長促進を図ることを目的としており，欧米でもそのスタイルが定着している。しかし，日本には科学／技術に関する多様で段階的な職業制度が発達しておらず，研究職を目指した若者が研究機関に職を得られない場合，科学的知識を活かしつつ，その他の職業に就くことが困難である。アメリカのように科学／技術の現場で活躍する科学的知識をもったコーディネー

ターや組織を仲介するオフィサーなど，インターフェースとなる機関，職業の発達がなければ，非正規雇用という採用形態だけの模倣では，いたずらに高学歴就職浪人を量産し，社会問題を生み出すことになる。

4.1　日本の博士の急増

　欧米では博士号を持つ若者が教員やシンクタンクの研究員に限らず，ビジネス界でも活躍している。アメリカは研究者数が多く，111.4万人の研究者が就労している。日本の研究者数はアメリカ，EUに続く第3位の72.8万人である。「科学技術創造立国」を掲げる日本は科学／技術研究の担い手を増やすべく，近年，毎年1.4万人の博士を誕生させている。しかし，研究者数を労働力人口1万人に対する割合で見ると，日本は107.9人と第1位であり，第2位のアメリカは80.8人であることから日本の研究者の多さが窺える。少資源国家・日本にとって知的労働による付加価値が重要だとされている今日，研究者の労働人口比の高さは心強い数値である。ところが，この研究者には雇用されていない博士後期課程の大学院生，博士学位取得後，就職先がない若手研究者も多く含まれている。現在，将来の方向性が見えない若手研究者への新たなキャリアパスの提示が求められている（文部科学省，2004，日本経済新聞，2004年10月18日付「文系博士　量産時代に」，読売新聞，2004年3月18日付「[とれんど]博士にはなったけど…」）。

4.2　ポスドク1万人計画と若手研究者の行動選択

　ポスドク（ポストドクトラル）とは，大学院で博士号取得後の若手研究者が就く2，3年の任期付きの非正規雇用ポストで，ポスドクの任期が終了しても次の就職先がないオーバーポスドクは「就職浪人」の状態にある。自然科学系では30歳前後の人々は，ヤル気や新しい発想に充ち，研究を深める時期といわれる。アメリカでは1950年代に国立衛生研究所（NIH）がポスドクを支援する制度を導入し，生命医学における研究開発の中心地となるなど，研究開発部門の強化に生かされてきた。日本では1995年の第1期科学技術基本計画で，若手研究者層拡大のために「ポストドクトラル等1万人支援計画」が策定され，博士学位取得後の研究者に対する新しいキャリアパ

スが制度化された。私が2002年に行った調査で，全国にネットワークをもつ大学院生のグループにアシスタントを依頼した際，組織研究の調査であるにもかかわらず，何人もの自然科学系の大学院生たちが名乗りを上げてくれた。彼らは将来の自分の進路を指導教授に依存するタイプの院生ではなく，現役の研究者たちの補助をしながら，実際の研究現場を知るという研究室の外にある多様な情報に関心をもつ，自立的な印象を受ける大学院生たちだった。彼らになぜ社会科学系の研究アシスタントを希望したのかを尋ねると，旧帝国大学大学院博士前期（修士）課程の人気分野を専攻する大学院生からは以下のような回答が返ってきた。「私は自分の将来がどのようになるのか不安で博士後期課程に進む方がよいのか，企業研究所に就職して明日の身分を心配せずに研究に専念できる環境に進む方がよいのか大変迷っています。博士後期課程に進めばポスドクとなり，30歳代半ばまで明日の身分がわからない生活が続きます。企業研究所に進めば，就業しながら博士の学位を取得することが可能であるし，次の雇用先の心配をしながらの研究ではなく，長期的な展望に立って研究することができると思います。それに30歳代半ばで定職にありつけるかどうかわからず，高学歴就職浪人になるかもしれないリスクは結婚の機会までも奪うかもしれません。何故，私がこの調査を手伝おうと思ったかといえば，研究機関に勤務している人々の処遇に関する生の意見，自分の将来に対する予想のための情報を得るためです。私は研究をしつつ，人並みに所帯も持ちたいですから。」1958年の科学技術白書には就職先がなくなることを予想して大学院（修士）への進学を控える動きがあり，科学／技術の発展を担う次世代の人材不足を憂いている記述があった（科学技術庁, 1958）。研究職としての将来像は研究者の卵として歩み始めている大学院生にも見えにくく，研究職を選択することに躊躇している様子が窺える。

　多くの価値観や方法論に触れることは人を大きく成長させるであろうし，ひとつの組織にぶら下がり続けるのは，たとえ事務職であっても成長機会を奪われるだろう。また，研究者がひとつのコミュニティの一元的な考え方に染まることは知的刺激を受ける機会が低減する恐れがあり，多くの場を経験

することでプラス効果が望めるだろう．しかし，組織間移動を自発的に行うには，移動に対する予測を行うための情報が必要であり，それが実現可能であるか，あるいはどのようなキャリアパスが開かれているかというロードマップが見えない状態では誰しも動きにくい．オーバーポスドク現象は学歴信仰を根底から覆し，大学院進学を控える若者を増やすかもしれない．科学技術基本計画で企図された明日を担う若手研究者の育成政策は，進路を考える若者の行動選択にも影響を与えているのである．

4.3　企業内研究者のキャリアパス

　科学技術基本計画には，ポスドクというキャリアが若手研究者の登竜門になるように期待され，企業への就職も想定されている．若手研究者の流動性を考えるには，現在，若手研究者の主な受け入れ先である大学・政府系研究機関だけでなく，企業の採用者受け入れ体制も検討する必要がある．私が2001年に行った5社の弱電系企業の中央研究所への調査では，中途採用に対するいくつかの方針の違いが見られた．「常時流動型」であった通信系企業では所員が常に流動的で，プロジェクトベースに人々が凝集しているという意識を持っており，多様な雇用形態の人々が集まっていた．成員は「いつも人が流動しているので，所員が何人かと尋ねられると即答が難しいですね．誰が入ってきて誰が出て行ったのか，プロジェクトが並行に動いているので，把握しきっていません．新しいプロジェクトに知らない人が入ってくるのも当たり前になっていて，みんなそれに慣れています．」と述べていた．「即戦力採用型」であったのはコンピュータ系企業であり，これまで中途採用者はあまりなかったが，重点化するプロジェクトには外部の同業他社から正式に人事部を通してトレードを行うという．これまで同業他社からの転職は紳士協定で行われていなかったが，分野によっては流動性があるようだ．この企業では新卒者4に対し，中途採用者1の割合で採用していた．しかし，これは就業経験者が欲しいのであってオーバーポスドクを求めたものではなかった．残りの3社では，毎年，大学院からの新卒修士を採用しており，外部から中堅の研究者を採用することはほとんどなかった．多くの企業

研究所では，新しいプロジェクトを立ち上げる場合でも内部の研究者で対処しており，専門職であっても事務職等と同じく「内部労働市場型」であった。企業研究所ではおおむね中堅の研究者は40歳～45歳くらいに次の進路（研究所幹部，大学への転出，事業所への異動）を決定するシステムになっている。日本では研究者の「年齢限界規範」が欧米より強く，自然科学系研究者のピークは35歳前後と考えられており，そのあとは徐々に研究マネジメントに移行していくことが期待されている。オーバーポスドクが35歳前後だとすると，企業が欲している研究者のレベル，年齢はオーバーポスドクを対象にしていないことがわかる（藤本, 2004a）。

4.4 専門特化された研究者の就職難

企業研究所の採用は内部育成が可能な博士前期（修士）課程修了者が圧倒的に多い。現在では博士後期課程修了者も2割ほど採用されるようになり，高学歴者の採用枠が増えつつある。企業研究所のように事業化に伴い多様なプロジェクトに柔軟に対応する姿勢を求められる所では，かつては博士後期課程修了者は専門分野が限定され，自己の専門分野以外の研究に取り組みたがらない人材として敬遠されていた（研究所の人事担当者によれば，最近は博士後期課程修了者でも使いにくくないそうだ）。この流れで考えるとポスドクが，かつての博士後期課程修了者と同じ状態であることは想像に難くない。専門分野が限定され，より一人前の研究者に近いポスドクは，流動する人材としてプロジェクトに参加する臨時メンバーとしては非常に重宝されるが，内部労働市場型の日本の企業研究所が正規雇用したい研究者とは合致していないように見える。企業研究所では新しいプロジェクトに柔軟な姿勢で取り組める研究者を必要としており，自己の専門分野を追求するオーバーポスドクよりも博士前期（修士）課程修了者に経験を積ませた方がよいと考えられている（インタビュー：24）。企業研究所の人事担当者の話からは正社員としてのオーバーポスドクを必要としている様子が窺えない。このような現状の中でオーバーポスドクの就職先として，政府系の基礎科学系研究機関，大学に対する期待は非常に大きくなる。しかし，独立行政法人化された

政府系研究機関，大学は独立採算制を求められるようになったことから，ポスドクには寛容でも正規雇用者採用には慎重だ。また政府系研究機関，大学だけでは，量産したポスドクを大量に引き受けることにも限界がある。大学院生は人事枠が増えずに滞留するオーバーポスドクの姿を見て，高学歴就職浪人になるおそれを感じるのである。インターネット上にはポスドク，大学院生の叫びのようなサイトがいくつもある。ポスドク任期終了者に開かれた社会システムが確立されなければ，ポスドク制度は若手研究者に非常に残酷なものとなってしまう。

そもそもポスドク1万人計画は，毎年量産されるポスドクを受け入れる労働市場を計算されて行われたことなのだろうか。現状を見るならば，企業研究所に専門特化されたポスドク任期終了者を大量に引き受けてもらえると楽観視したものと受け取れる。ポスドク任期終了者を受け入れるシステムが構築されなければ，ポスドク1万人計画はいたずらに供給だけを増やしてしまった不完全な政策といえよう。ポスドクは元来，若手研究者が最も研究に集中できるポストとして用意されたものだが，多くのポスドクの現状を知るベテラン研究者は，若手研究者の雑務の多さに「彼らは論文を書くどころか，ボロぞうきんのように使い捨てられる。いつも彼らはヘトヘトになって，海外に挑戦しようという気力さえ奪われている」と語った。高額の研究費獲得，時限付きプロジェクトの背後には，疲弊した将来の予想が立たない若手研究者がいる。そんなポスドク初期世代の苦しみを見る後輩たちが，研究者としての進路を躊躇するのも無理はない。

研究者が研究機関を流動できるシステムは，若手研究者に自由な研究環境を与えることを企図して考案された。現在，研究機関評価としてポスドクの育成が挙げられている。このポスドク制度が若手研究者に多くの研究機会や知的刺激を与えることは間違いないが，ポスドクの量産システムを拡大するだけでなく，科学／技術に関わる職業体系（研究職に限らず，科学的な知識を必要とする多様な職業）の整備に注力しなければ，次の世代は受け皿なく専門職を量産するシステムを不安気に見ている。

4.5 将来予測と情報行動

　任期つき雇用が増える中,多くの研究者は終身雇用制度下にいる。研究者を正規雇用する組織は,大学院生や中途採用者の目に「安心して研究を行える環境」という凝集性をもつ組織として映っているようだ。加藤秀俊はタマス＆ズナニエツキの例を挙げ,農業新聞から得られる情報に思いを馳せる「心的流動性」から,受け取った情報をもとに,ついには多くの人々が行動を起こしてしまうことを「社会的流動性」と呼んだ（加藤, 1972）。高学歴神話が揺らぎ始めた現在,若者は就職の必須条件ではない大学院での専門職教育への進路に悩んでいる。先に述べた1958年の就職難を危惧し,大学院進学を控える大学生と同じように,現代社会でも同様のことが繰り返されているのかもしれない。

　若手研究者にリアリティを描かせる「確からしい」情報が,彼らの就職行動を規定していると考えるならば,若手研究者に研究機会を与えるだけではなく,将来に向けての予想を行えるような情報の提供が必要であろう。これは若手研究者に限らず,中堅,ベテラン研究者たちが,それぞれ新しい活躍の場を求めて移動を望んだ場合,将来予測情報の多少によって転職行動に影響を受けると考えられる。転出先の情報がブラックボックスのままでは,将来予測が立たず,流動性は高まりにくい。転入しようとする組織に知り合いがいる,あるいはその組織に関する詳しい情報を持ちうる人がいる場合に転職行動が起こりやすいのもそのためである。

　研究体制の制度改革には,硬直した制度を刷新するという大きな期待が寄せられるが,変革後のシミュレーション,ロードマップに関する情報を意思決定に関わる人々の共有情報に留めるのではなく,末端の人々にも伝える努力が重要である。伝えるコストに無関心でいると,見えない情報に不安を感じ,優秀な人材が研究の世界から散逸してしまう可能性がある。将来の不安を抱えることに耐えながら禁欲的に研究することが重要だという「学問道」のような価値観をもつ人々に出会うことがあるが,その陰に高学歴就職浪人がいるのも事実である。研究者を目指す人々に将来像としての研究者の多様なキャリアパスが示せなければ,リスクを感じて研究者に挑戦する大学院生

が減少するのも無理はない。科学／技術による付加価値で少資源国家としての不利な条件を克服しようとする日本は，あらゆるメディアを使って子供たちに科学／技術のすばらしさを伝え，科学／技術分野での就業者を増やそうと努力している。しかし，長い高等教育期間を経て社会に貢献することを夢見て成長した果てに待っているのが高学歴就職浪人では，若い世代にとって決して魅力的な分野とはいえない。科学／技術関連の研究者を含めた幅広い職業体系の整備がなされなければ，戦後復興期，高度経済成長期を支えたような科学者・技術者による厚い層を形成するのは困難である。

　企業では基礎研究所に配属された後，才能が認められた研究者は研究所長などの幹部に，その他には応用研究所に，より専門特化した研究をする者は大学に転出し，事業所で自らの研究を展開する者，開発部との協働体制に移行する者など，研究者のレベルごとに職種の選択肢が段階的にある。しかし，政府系研究機関等で従事したポスドクには段階的キャリアパスがないため，任期切れの後は他の研究機関のポストが空くまで待ち続けるという状態が起こる。若手研究者の自立性を養うのは重要であるが，まだ自立性が育たぬ彼らに将来を予期させる情報を提示することも重要である。人は情報量が多いものを準拠集団にしがちだという研究があるが，若手研究者が，将来予測に対する情報量が多いところに進路を決定するという情報行動をとるとすれば，ロードマップを示せた研究機関が彼らを獲得できるだろう（藤本，2004b）。

5　インターフェース機関とインターフェース職業

5.1　インターフェース機関，職業の黎明期

　科学技術基本計画で重点化された事項のひとつに，このインターフェース機関の形成が挙げられる。「産学共同」が定着しなかった理由の背後には，第5章で示した科学／技術の価値意識の影響が考えられるが，現在，ブームとなっている「産学連携」の成功は，それぞれの組織文化・目的の異なる集団を仲介するインターフェース機関，および，そこでの就業を専門とする職

業（TLOやリエゾンオフィスでの業務を行う職業）の確立，インターフェース的職業の就業人口の増加，学界への産業分野経験者の参入などが定着するかどうかによるだろう。学界と産業界の仲介機関，仲介的職業は，欧米諸国には多くの先例があるが，日本の場合，21世紀初頭がインターフェース機関，インターフェース専門職の黎明期といえるだろう。産学連携を推進するインターフェース的業務を果たす人々が直面している困難は，産業界と学界の目的の違いによる連携の難しさである。大学に事業化を求める政策と明治以来の大学の研究／教育という使命は役割コンフリクトを起こしている。1980年代半ばを「基礎シフト」と呼ぶならば，ここ数年の研究成果による事業化に寄せる期待は「応用シフト」と呼ぶことができよう。企業から大学に転職する研究者は，基礎科学系研究機関出身者が多い。研究者の移動は循環的にはならず，一方通行であることが多く，権威のある組織や立場からの水平移動が目立つ。第2期科学技術基本計画以降，応用科学系研究重視傾向の産学連携政策であるが，近年の性格別研究費比率を見ると科学基本計画の第1期も第2期もほとんど変わっていない（基礎研究約15％，応用研究約25％，開発研究約60％）。戦後の復興期のように産業に直結する研究が望まれた時代でも，基礎研究重視の思潮が消えなかったことを示す資料が散見されることから，基礎科学系研究，応用科学系研究の序列意識の払拭は難しい。

　産学連携には人が交流するだけでなく，研究者が組織横断的に活動できる雇用形態の創出，長期勤続への規範の転換，転職障壁の除外など，制度的な改善が必要であろう。しかし，「公」系機関での流動性の向上は文化的階層性を解消するどころか，従来の水平移動できる人々をより有利にして格差を広げるかもしれない。産官学での組織文化の違いは，表面上接合されても，内面的には乖離が大きくなるのではないだろうか。

5.2　インターフェース人材

　1960年代にアメリカで発達したMOT（技術経営）は，研究以外には興味を示さないというタイプの研究者では先端的な研究を見極められないとし

て,「Ph.D(博士) & MBA(経営学修士)(& Low(法律の知識))」という研究能力,管理能力,特許法などの法律にも精通しているような総合的な能力をもった人々の育成を目指されたものであった。MOTの捉えられ方は徐々に変化しつつあり,個人の管理能力から組織ぐるみの管理能力まで定義も多様である。日本でも2000年頃からMOT教育に関心が寄せられ,文部科学省,経済産業省の政策的支援もあり,2003年頃から大学院でMOT教育コースが設置され始めた。しかし,山田が示したような「政府研究所,企業研究所,大学研究所の3者の間を自由意思によって,よりよい研究機関を求めて移動することができる」環境は(山田,1980),日本では整っておらず,一方通行の移動に限られることが多い。現代のMOT教育や産学連携への熱い期待は,基礎科学系研究に偏重する大学の傾向に対して,社会が大学へ価値意識の転換を迫ったブームといえるだろう。これまで科学技術政策により,国から基礎科学系研究重視を期待され,学界で「純正の学術」と評価される研究への邁進は研究者たちに「正当性」を与えてきたが,社会が応用科学系研究での発展を切望し,国の科学技術政策も大きく「応用シフト」(応用科学系研究重視)している現在では,現時点の「正当性」は応用科学系研究にも与えられ,追い風となっている。第1期科学技術基本計画では,世界のトップランナーたる位置を確保するために基礎科学系研究重視の姿勢が窺われた。しかし,第2期科学技術基本計画では,産業界との関係性を重視した方針に力点が置かれている。志向の違いによる学界と産業界の交流の少なさを埋めるために,インターフェース機関の設置,産学の両分野に精通する専門的知識をもった専従者の育成などが推進され,科学／技術関係の機関,職業体系に新たな種類が生み出されている。

　現在,TLO,リエゾンなどインターフェース機関が定着期を迎えつつあり,かつて研究職であった人々が知的財産管理やマーケットと研究現場の橋渡しをする,まさしくインターフェースとなる職業に就いている。これらの機関は政策支援が終了する時期に自立することができるかどうかの岐路に立たされている。産業界と学界が協力関係になるためには,今後も両組織を仲介するインターフェース機関,それに関連した職業の充実が必要であり,科

学的知識をもった人々の進出が望まれる。

5.3　科学／技術の現場における段階的職業

　科学／技術による新産業創出という看板やビジネス界での若手研究者の活躍という言葉を何度となく耳にした。近年の自然科学系ノーベル賞の連続受賞も大いに人々に希望と期待を与えた。自然科学系の博士後期課程に進めば，みな，研究職として就業でき，誰しもパラダイムシフトを起こすような研究を行う金の卵のような大きな期待が寄せられる。しかし，科学／技術研究はそんな華やかな場面より地道な作業が非常に多い。ベンチャーを起こし，研究もできるようなスーパースターは一握りの人々である。その一握りの人々を増やすために，多くの博士，ポスドクを増やすならば，科学／技術関連の職業の底辺をもっと広くしなければ，リスクが高すぎて大発見をするかもしれない若者は他の分野での活躍を望むかもしれない。研究費，研究機会，試行する猶予を与えるパトロネージュも科学／技術に期待を寄せる以上は必要だ。そして，それ以上に科学／技術を支える多くの人々から成る職業体系の整備が必要である。企業内では研究職で入社した人々にも，研究職以外に知的財産管理業務や開発部での技術職，自己の研究を生かした事業部の管理職などいろいろなキャリアパスがある。不完全な制度の犠牲になるのは研究者以外に選択肢が少なく，高学歴就職浪人にされる若手研究者たちなのである。また，私たちは研究職に就けなかった若者に，新たな活躍の場への価値意識の転換の重要性も伝えなければならない。これまでにも欧米の制度を表層的に輸入した政策により，予期せぬ結果を招くことが幾度となくあった。そして，いつの時代も社会は科学／技術の発展に期待を寄せるが，その恩恵を享受する私たちは，結果だけを求めるのではなく，科学／技術の現場を支える若者に職業人として自立できる制度を整えて応える必要がある。

6　イノベーションと境界人

　本書では研究者の流動性というテーマについて扱ってきたが，最後にあらゆる研究機関で流動性向上が必要であるかについて考えてみたい。科学／技術研究機関では常にイノベーション（技術革新）を求め，それを実現するためには組織内の流動性を高めることが重要とされている。組織特性に着目した場合，流動性向上が全ての組織に順機能に働くとは限らないことが見えてくる。現在，バイオなどの基礎とも応用ともプロセスを区別し難い分野やIT関連の若手研究者でも第一人者になれるような分野では，従来の積み上げ型の研究スタイルに変化が目立ち始めている。しかし，スポットライトが当たる分野以外は，たとえば物質から材料になるまで地道な努力が必要であり，段階的な発達をする研究が多々あることも忘れてはならない。他にも「国」として国内外に日本の標準，基準を提示し，「相対的なゼロ」になる役割を担う機関がある。ここでの研究は究極まで精度を高め続けることを目的とした成果が求められる。彼らには国民，世界の人々が用いることができるような研究成果の提出という社会貢献が期待される。このような分野は流行に左右されず，しかも先端の研究をもって「基準で在り続けること」が高い優先度として求められる。あるいは平常時以上に災害時や自然的，社会的異変に重要な役割が期待される日本の国土の状況の最新情報を常に構築し続ける研究分野もある。これらは当然のことながら民間では維持し続けられない活動であり，大学でもほとんど担われていない。このような基本的かつ重要な研究には派手さはなく，若手研究者を育成するために相当な時間と労力がかかるという。任期つきの非正規雇用の若手研究者は就職浪人にならないために人気分野に集中しがちであるし，たとえ地道な分野に来ても外部に評価されにくい仕事ばかりでは，任期が終了した時に採用される機関がなくなる。これらは民間では事業にならない業務であるため，企業では行われない基本的な研究分野であり，大学では資金的に厳しく，施設等の問題も含め，政府系研究機関にしか研究者としての労働市場が存在しない分野でもある。

地質調査や計測標準などの「国」でなければ行えないような研究分野のベテラン研究者は，チームワーク作業で業績に直結しない仕事や長期間で習得される研究上の知識体系を若手研究者に伝えていかねばならない。そのため，任期つき非正規雇用の制度が組織の業績に逆機能にならないか不安を感じている（インタビュー：25）。

　先端的な研究には，パラダイムシフトを起こすような純粋無垢な疑問をもつ若手研究者の発想が必要であるため，複数組織を経験して多角的に物事を捉える感性をもった研究者が必要であろう。また，社会から基準とされる「相対的ゼロ」の役割をする人々には育成，継続という地道さが必要であろう。社会からの科学／技術への期待，要請は多様であり，イノベーションを生むシステムだけではその要請に対応しきれない。日本では科学／技術の現場でも，雇用制度などの影響から同質的な集団の中で研究を行いがちであったが，複数集団の価値観の上に立脚する境界人がもたらす効果を期待して，近年，流動性向上を重視する方針をとってきた。境界人（marginal man）とは「異質な文化をもつ複数の集団（社会）に同時に属している人間，あるいはいずれの集団（社会）にも十分には属することができず，いわば各集団の境界に位置する人間」のことである。また，ネガティブな特性とポジティブな特性を見ると，「このような人間は異質な複数文化の併存のため，統一的な価値体系や一貫した志向・行動様式を確立し得ないことが多い。〈中略〉しかしながら，自ら文化的マージナリティを生かし，現実に主体的に対応していく場合には，特定の文化に完全に同化している人間にはなしえない創造性，革新性が示されることもある」（濱嶋他編, 1993）と定義されている。外部からの文化の導入は既存集団に刺激を与える効果があり，異分子を排除するような組織ではパラダイムシフトも望めない。反対に共同作業で知識を構築していくような研究分野の組織では，研究者の志向，レベルの異質性は研究成果創出を阻害すると考えられる。

　組織の目的，特性の違いによって，つまり，イノベーションを目的とした組織とそうでない組織では，同じ境界人的態度であっても順機能になる場合と逆機能になる場合がある。精度や地質情報など人々から「相対的ゼロ」の

基準となる役割を期待される組織が，境界人的な志向の人々が流動する構造では，期待された「在り続ける」役割には応えられないだろう。また，終身雇用制度に慣れた組織では，複数組織を経験して当該組織に新しい刺激を与えるポジティブな境界人は歓迎されず，「はえぬき」を好む体質であれば，イノベーションは起こりにくい。イノベーションを起こすことを目的とした組織には，ポジティブな境界人を受け入れるような文化が重要である。組織の目的がどこにあるか，その組織を取り巻く環境がどのようなものであるのかによって，組織に必要な人々は異なるのである。

7 要約およびローカル・マキシマム現象に対する展望

7.1 要約

本章では，ローカル・マキシマム現象の背後にある価値意識，社会構造の観点から研究者の流動性について議論してきた。まず始めに社会保障制度を概観し，人々の流動性の阻害要因について検討した。日本の場合，専門職であっても非専門職と同様に日本型雇用慣行の下で雇用されており，年金制度，退職金制度が勤続20年未満の成員に不利になることから，転職は生涯獲得賃金の大きな減額となる。また，転出側の制度だけでなく，転入側の制度も就業経験への考慮は少なく，中途採用者は転入側の組織でも退職金制度，年金制度で損失を被る。したがって，経済的報酬を超えるような社会的報酬，知的刺激を受ける機会や損失を覚悟してでも転出したい理由が強く働かなければ，流動性は社会制度によって抑制される傾向にある。

では，社会保障制度の影響を受けない組織間移動があるだろうか。同じ社会保障制度下にある組織間移動であれば転籍しても損失を受けない。そこで流動している研究者の傾向を見るために，産業界・官界・学界からの大学への転入者について分析した。国公立大学は，1校当たりの転入者が私立大学の2倍～4倍もあり，官公庁系，国立大学系，公立大学系からの転入が圧倒的に多い。私立大学は企業からの転入者が最も多く，次いで私立大学からの転入者が多い。これらの傾向は「公」系機関対民間の機関という構図として

も見ることができ，国立大学には「公」系機関からの転入者の約70%を占める人々が流れている。大学への教員の転入は多様な機関出身者が集まるというより，高比率で「公」系機関間で異動している傾向が浮上した。人の移動は情報，文化，ネットワークなど強い関係性が生まれるが，「産学連携」は，「国国（公）連携」の構図が見える。「産学連携」は中小企業と中堅大学の連携も例が見られるが，結局，大きな流れとしては，政府系研究機関，国公立大学，「公」に関わる企業間の連携促進がなされている。石村が述べた「官尊民卑の構図」（石村, 1969）は，科学技術政策によって，より強化されている方向といえよう。

次に流動性促進政策によって起こる社会問題として，高学歴就職浪人について検討した。欧米を模倣して導入されたポスドク制度は若手研究者に自由度を与え，複数組織を経験させ，研究者として育成することを目的とした制度であった。しかし，その後のキャリアパスの設計が不十分であったために，研究機関とポスドクの数の需要と供給のバランスが大きく崩れ，高学歴就職浪人が発生することになった。若手研究者に適用された流動性政策であるが，科学／技術の現場では研究職以外に関連する職業の開拓が必要であり，学界と産業界のインターフェース機関，職業の育成が重要である。大量のノーベル賞学者創出を掲げた遠山プラン[9]であったが，科学技術創造立国を望むならば，科学／技術分野の職業の裾野を広げなければ，研究者か就職浪人かというようなハイリスクな分野への挑戦者の増加は見込めない。

また，何十年間もの間，科学技術白書には産業界と学界の連携が望まれているが，産業界と学界の価値意識の違いは異なる文化についての理解は深まりにくかった。近年，科学／技術分野でのインターフェース的機関，職業の需要が高まり，制度が職業や機関を生んだ。今後，TLOやリエゾンオフィスなどのインターフェース機関の自立化，定着化が期待される。

最後に，推進される流動化政策であるが，研究機関の全てで流動性を高める必要があるかを検討した。イノベーションが期待される組織では，多様な組織の価値観をもつ境界人の自由な発想が順機能を果たすと予想される。ところが後継者の育成に長期間が必要な研究，チームワークを高めて協力体制

下で，個人的業績よりも機関業績を創出するような研究分野などでは，集団の価値意識に沿いにくい境界人は逆機能になる。コスモポリタン的な成員では目的が達成しにくい研究機関もある。私たちは科学／技術に強い期待を寄せるあまり，科学／技術の研究機関に対して，一律にイノベーションを起こす多様な人々の配置，評価，流動性などの新しい流行の方式をもち込みがちであるが，組織の特性に適合的な配置，評価が重要である。

7.2 ローカル・マキシマム現象に対する展望

　以上，研究者の流動性について，今日的トピックスから概観してきた。本章では社会保障制度の問題以外にも人々のキャリアパスに影響を及ぼす要因として，「公」系機関の円環構造が確認された。明治期以降，少資源国家として産業技術に頼り続けてきた日本であるが，現在の科学技術政策や社会制度は，科学者・技術者の移動障壁を解消する方向に向かわせるより民間の研究者が取り残されるような構図が見られた。ローカル・マキシマムな地位に在り，研究者が自尊感情を守らなければならないような文化的階層性が平準化する道はないのだろうか。

　私たちは組織や地域が異なるだけで他者理解が困難になる傾向があり，内集団と外集団を生んでしまいがちである。研究者の流動性というのは必ずしも人が転籍することを目的としたことではなく，人々の情報が共有され，知的刺激を与え合い，それぞれの組織文化を理解することに目的があるといえよう。情報共有の機会は外集団の成員には開放されにくく，単なるコミュニケーション・ツールの整備だけでは情報共有には不十分である。人々の価値意識によって形成された内集団／外集団であれば，なおさらのこと物理的なコミュニケーション・ツールだけでは他者理解は困難である。本書の事例にも挙げたように，正式な成員の数が把握できないとした流動型組織のように長期在籍する人（終身型），転出する人，臨時で参加する人など多様な人々が常に入れ替わっているような組織では，転入出者に対して寛容である。在籍し続けることを望む人も転出することを望む人も自己選択によって組織移動ができるような社会構造，文化構造が実現すれば，ローカル・マキシマム

現象は解消され，A社の研究者たちもローカル・マキシマムではなく，水平移動可能性をもつ人々になるだろう。閉鎖的な社会構造は内集団にとっては移動しやすい構造かもしれないが，閉じられた社会の外に置かれた人々は移動を抑制されるのである。閉じた社会の中での移動は流動化政策の本質をなしているとはいえない。個人のある地位が不当に扱われたために起こるローカル・マキシマム現象は，開放された社会によって解消されるかもしれない。

また，ローカル・マキシマム現象の解消には社会構造や文化構造の変化とともに，個人が自尊感情を維持するために「価値のあること」を代替させるのではなく，個人の中にある多様な地位を自己選択できるように成熟していくことが望まれる。たとえば，基礎科学系研究と応用科学系研究という区分に，全く別次元の地域の要素が入ると個人の中で優先度は変わるだろう。どの地位を優先するかということは，ある特定の価値軸に自己拘束的にならなければ，私たちは自由な選択権をもっている。自己の地位は社会的相対性の中にあるが，どの地位を重視するかは自己が価値主体となり，意思決定することができるのである。私たちは多様な自己内の地位を垂直方向ではなく，自己の地位を多元的に位置づけられれば，自ら優先する地位を選択できるようになるだろう。

注
1 A社では退職金制度に選択権を与えており，退職時に退職金を受け取るコースと退職金を計算して現在の給与に付加して受け取るコースがある。
2 技術レベルが高いことで有名な京都の計測機器メーカーでは，これまで非常に少ない中途採用者枠であったが，近年，採用者（新規，中途）の半数にまで拡大して，即戦力を求めている。
3 2001年度に独立行政法人化された政府系研究機関は非公務員型と公務員型があるが，社会保障制度は公務員型に準じていた。
4 本調査の通信系企業を始めとする多くの企業出身者の大学の研究室に見られる傾向である。
5 大学と他組織の連携可能性を見る指標として，大学への企業出身者の転入数を分析している。
6 これは各組織から大学への転入者数の平均からの偏差を標準化して比較したものである。国立大学　Mean 530 名　SD 364.02, 公立大学　Mean 112.8 名　SD 57.02, 私立大学　Mean 651.2 名　SD 427.82
7 「官公庁の転入者」とは官公庁の職員であった者を指し，研究官，行政官（文官，技官）の区別は不明である。2001年4月に多くの国立試験研究所が独立行政法人化に移行した事から，例年より多くの研究官が大学に転出している。しかし，研究官ばかりではなく，多くの行政官も大学教員へ転職していることから，本データは研究者だけの移籍を指すのではない。

8 研究分野別の転入者の動向は,大学教員間の移動しか『学校教員統計調査報告書』(平成13年版)には掲載されていないため,自然科学系だけを抽出して,官公庁,企業からの転入者比率を出すことはできない。
9 2001年に出された文部科学省の科学技術政策のこと。

終　章

　終章ではこれまで述べてきた内容の整理，および，それについての議論と今後の課題について述べる。

1 「第Ⅰ部　移動可能性と準拠集団選択メカニズム」の整理

1.1　動かぬ日本の専門職

　第Ⅰ部では，移動可能性への予測と組織準拠性について実証的に検討した。現代社会では，ほとんどの就業者が組織で働いており，移動可能性の高さが個人を組織から自立的にさせると考えられがちである。専門職は組織に根ざさない専門知識を保有していることから事務職，製造職などに比べて組織間移動が行いやすく，所属組織に対して忠誠心が低いといわれてきた。しかし，実際には専門職であっても流動性は低く，1995年のSSM調査データによれば，専門職・高職位者の組織間移動は少なかった（藤本, 2003）。これまで前提とされてきた専門職の移動可能性の高さは，組織間移動が行いやすい社会構造や環境があってのことと限定されるべきなのである。本書の事例で取り上げてきた科学／技術系の研究者を取り巻く環境では，ある条件下の人々にのみ異分野への水平移動可能性があり，多くは同分野，同業種内の垂直移動可能性という移動上の制約があった。そこで本書では移動可能性，社会構造，多元的な所属組織での地位の非一貫性というアプローチから，専門職の転職構造の分析を行ったのである。分析に使用したデータは，研究機関（企業内研究機関も含む）に所属する研究者を対象としたものであり，この調査では研究者の潜在的な移動可能性の認知と組織への意識（関与や組織評価など）を測定した。

1.2 「組織に夢をもつ専門職」現象

　本研究の契機は日本でトップクラスの大手家電メーカーであり，世界でも有数の企業であるA社の研究者が，従来のプロフェッション論でいわれるコスモポリタン的な態度ではなく，情緒的に組織に関与していたことにあった。この現象が家族主義的なA社の企業理念の浸透による組織社会化であるのか，また，終身雇用制度下で1社に雇用され続けることを想定した日本型雇用慣行による専門職のコスモポリタン性の低減であるのかという2つの仮説が考えられた。そこで，まずこの現象をより厳密に把握するために，A社全体の企業理念の内面化の程度について，A社の他職と比較したところ，組織に忠誠心をもつ組織人といわれる事務職や製造職よりも，研究職の方が組織に夢をもち，愛着も高かった。したがって，1つめの仮説である企業理念の浸透による組織社会化された専門職の現象ではないことが確認された。次に終身雇用制度下にある企業内研究職の特徴であるのかを確認するために，同業他社のB社の研究職と比較をしたところ，B社の研究職は従来の専門職像に近い意識をもっており，組織への情緒的コミットメントが事務職よりも低かった。したがって，2つめの仮説である終身雇用制度下での移動を意識しない専門職のコスモポリタン性の低減ではないことが確認された。

1.3　移動可能性から見たA社の研究者の現象

　近年，組織人性と職業人性の両方をもつ企業内専門職の報告がいくつか見られ，日本の企業内研究職の組織人的一面は，組織社会化によるものとして捉えられがちである。さらに，専門職の志向に対する研究には，彼らの組織間移動に関わる社会構造や社会環境についての関心が低かった。これまでの研究であればA社の研究者の意識は，ある意味「ありがち」な傾向かもしれない。しかし，私は所属組織の理念の浸透ではなく，また，日本型雇用慣行下にある企業内研究職特有の現象でもない，A社の研究者の志向を特別な現象と考えたのである。そこで，この問題を探求するためにその社会的背景について考察し，3つめの仮説を検証することにした。私が着眼した点は，A社の研究者の置かれた地位と移動可能性という2要因の存在である。A社の

研究者の社会的位置づけは，所属組織が家電業界という社会構造上の地位でトップにありながら，自らが行っている応用科学系研究が，学界の価値体系の中では，基礎科学系研究より下位に置かれており，2つの地位は一貫性をもたない状態にあった。また，組織間移動については基礎科学系研究者には水平移動の道が開けており，応用科学系研究者は垂直移動（同一業界で上昇移動）の道しか残されていないことが多い。これまで専門職がコスモポリタン的であるのは移動可能性の高さが前提となっていたが，A社の研究者のように自らがヒエラルヒーのトップにいる場合，垂直移動は下方しか残されていないため，実質的な相対的移動可能性はゼロとなる。このような場合，情緒的な関与を高める顕在的な要因として，移動可能性の低減が考えられる。しかしそれだけでは移動可能性が低い製造職や事務職との差が説明できない。そこで，私は彼らが所属組織に愛着をもった潜在的な要因として，学界と産業界という2つの所属集団での地位の非一貫性が影響していると考えたのである。専門職にとって専門知識を用いて仕事をする限り，専門職集団への準拠は避けられないが，その中で自らが低位に置かれることは，産業界で活躍する彼らに認知的不協和を起こさせ，結果として所属組織を重視するようになるのである。これまでにも準拠集団論では，外集団での不当な対応が内集団への準拠集団化を強化するという研究がなされてきたが，研究者にとって重要な集団（学会）での不当な評価は，これまで個人が重視していなかった所属組織を準拠集団化させるのである。

また，彼らは自己の研究が産業界で高く評価されていることを認知しており，A社の研究職であることに誇りや働きがいを感じていた。そして移動という問題を考えても，基礎科学系研究者は組織間移動の選択肢を有しているが（たとえば大学の教員への移動など），応用科学系研究者の移動可能性はあまり開かれていない。さらに日本の産業組織における賃金制度も長期勤務者に有利なシステムとなっており，企業内の応用科学系研究者にとって，組織間移動は決して有利な状況ではない。組織より専門分野への関与や学界の価値意識に準拠する研究者の志向，あるいは研究環境を求めて移動するというコスモポリタン的態度は，移動にメリットがある専門職においては有効な

議論である。しかし，移動にメリットがない，あるいは移動可能性が低い専門職においては，コスモポリタン的な専門職の態度というのは有効な議論とはいえないのである。

1.4 ローカル・マキシマム概念におけるデータ検証

　A社の研究者の組織に対する情緒的コミットメント（組織への愛着を示す要素）は，組織への忠誠心や愛着を示すものであり，組織の価値を内面化しているとみなすことができる。私はA社の研究者の現象を数学的概念である多峰性関数のローカル・マキシマムを用いて説明を試みた。専門職が軽視しているはずの所属組織を準拠集団化していたことは，このローカル・マキシマム概念での説明を確信させるものであった。学界での価値意識から構成される序列でのA社の研究者の位置づけは，研究分野としてローカル（応用科学系研究は，学界では高く評価されにくい）である。しかし家電業界ではマキシマム（トップクラスの企業）の地位にある。これは，多峰性関数における最大値ではなく，ある限られた範囲での最大値（ローカル・マキシマム）という状態であるといえる。A社の所属する家電業界というヒエラルヒーの他にも多くのヒエラルヒーが存在し（通信系や家電系など），そのヒエラルヒー群が工学分野という学界での序列に属しているのである。A社の研究者をローカル・マキシマムとして設定し，上昇という垂直移動可能性をもったB社（同じ家電業界で，A社より業績が低い企業）の研究者をローカル・ミドルに，C研究所（政府系基礎研究所で，大学，企業研究所，ベンチャー企業など移動チャネルを多くもつ研究所）をグローバル・マキシマムに配置して，学界と業界でのヒエラルヒーの地位差による，所属組織に対する意識の比較検討を行った。

　その結果，3組織の研究者に共通したことは，非専門職と比較して達成動機（仕事をやり遂げる意欲の要素），職業志向性（職業に複雑性や自律性などを求める要素）が高く，所属組織に対して能力発揮の機会が与えられなければ，転職する姿勢を見せるコスモポリタン的職業人であったことである。その中で，A社の研究者は非専門職以上の情緒的コミットメントを示したの

である。研究者同士で比較すると，A社の研究者の所属組織に対する情緒的な関与は3組織中で最も高かった（A＞B＞C）。これは学界での地位認知（A≒B＜C）と同様の傾向であった職業志向性とは異なる傾向であり，存続的コミットメント（組織への依存姿勢の要素）と対称的（A≒B＞C）でもなかった。さらに，産業分野での地位通り（B＜A）の結果でもなかった。そして，所属組織に対する社会的地位評価（B＜A＜C）は，学界と産業界の地位が混在した認知がもたれており，ローカル分野という評価であるという結果（A≒B＜C）とも一致しなかった。この所属組織の社会的地位評価の結果は，研究者が所属組織を学界の地位だけではなく，産業界の地位においても評価していることが示されている。そして，移動可能性への予測と所属組織への情緒的コミットメントは，A社が最も移動可能性が低く，B社が2番目，C研究所が最も高いという状態であり（A＜B＜C），ほぼ，情緒的コミットメント（A＞B＞C）と対称的な傾向が見られたのであった。

　B社の研究者は組織に対してA社よりコスモポリタン的であり，情緒的な関与はしていなかった。C研究所はA社，B社と比較して全ての点において自立的で，所属組織に対して能力発揮目的の関与をしていた。このことはC研究所がグローバルとマキシマム，B社がローカルとミドルという地位の一貫性を保っていることに対して，A社はローカルとマキシマムの地位の非一貫性に認知的不協和を起こしている状態にあると促えることができる。このことは彼らにマキシマムである方の自己に誇りをもたせ，自尊感情を脅かされることから解消される方向へ向かわせたと解釈できるのである。彼らは非専門職より職業人性が高いにもかかわらず，非専門職より「会社に忠誠心をもつことは重要である」や「会社のために人一倍努力する」といった，組織の価値の内面化と見られる項目群を支持したのである。しかし，A社の研究者は組織依存的ではなく，また他職同様に企業理念の浸透により組織人化したのでもなく，職業人としての特性を維持しつつ，所属組織に情緒的に関与していたのである。これらの傾向から，彼らが専門職集団を準拠集団としつつ，所属組織も準拠集団化したと捉えることができるのである。

2 「第Ⅱ部　組織内専門職を取り巻く環境」の整理

　第Ⅱ部では応用科学系研究者がローカルと感じさせられる価値意識の源泉と学界での価値意識とは別に，彼らがマキシマムと自負心をもつに至る産業界の価値意識を検討した。まず，1つめに従来型の専門職に対する議論をプロフェッション論から紐解き，専門職がコスモポリタン的態度をもつに至る「組織に依らない知識の保有」と移動可能性の関係や専門分野への専心を是とするエートスの存在を確認した。従来のプロフェッション論が「マイナスのプロフェッション（人々の人生や社会の消極面の治癒，回復を目的とした専門職）」を中心に展開されていたのに対して，ここでは「プラスのプロフェッション（人々の利益や役に立つ創造的な専門職）」についての議論が必要であるとした石村の著述を紹介している（石村, 1969）。

　2つめに基礎科学系研究と応用科学系研究の学問的序列の形成経緯と現状について確認し，現在の科学／技術に対する価値意識の源泉を探った。日本は鎖国政策を解除するに当たり，諸外国からの植民地化対抗策として，科学／技術の輸入を図った。その際にヨーロッパの科学／技術に関する価値観に影響され，基礎科学系研究が上位にあり，応用科学系研究が下位にあるという序列意識が日本の学界でも共有されるに至った。さらに日本は戦後のアメリカの応用科学系研究促進政策による経済的優位性に倣い，科学／技術研究成果の産業界への応用を急ぎ，追従型研究開発を長期間進めた。現在，科学／技術のフロントランナーとして，追従型ではなく独自性をもった研究姿勢が望まれているが，日本には科学／技術に対する文化的蓄積が少なく，萌芽的研究，長期間をかけなければ成しえない研究へのパトロネージュ（寛容な育成姿勢）が成熟せぬまま，現在に至っている。

　3つめに示したのは，産業界に身を置く研究者が学界の価値に自己拘束的になるのではなく，世界的シェアを占める製品への寄与，先端的研究を行っている海外の研究者との共同研究，現場での摺り合わせによる「ものづくり」の魅力など，学界での地位に依らずに自負心をもって日常の研究を行っ

ていることである。ここでは外部の専門職集団に準拠するといわれた専門職像からは見えてこなかった所属組織での仕事に働きがいをもち，活躍する人々の存在を明らかにした。

そして最後に，現代社会がローカル・マキシマム現象を強化する方向であるのか，平準化する方向性にあるのかという観点から，専門職の流動性に関する今日的トピックスを取り上げている。「日本型雇用慣行と専門職」では，社会制度による転職阻害要因について述べており，「科学／技術系若手研究者の不安」では，大量のポスドク生成政策により高学歴就職浪人が発生している問題について述べた。「流動性における産・官・学の関係」では，大学教員への転入者から見る産官学の構図を示し，ここから人々の流動が「公」系機関内で閉じていることが明らかになった。「インターフェース機関とインターフェース職業」では，これまで産業界と学界にあった価値意識や組織目的の違いを仲介する機関や職業について述べ，制度が職業を生んだ現象について触れている。「イノベーションと境界人」では，組織特性と流動性の関係から，研究機関の全てに流動性が求められているような風潮があるが，流動性が順機能になる組織と逆機能になる組織について述べた。そして最後にローカル・マキシマム現象に対する展望を述べた。

3　組織と個人の社会的相対性と移動可能性

従来型専門職とは異なり，ほとんど移動しない日本の専門職の状態から，本書を通じて議論してきたのは，社会構造と文化構造からの移動可能性への予測というアプローチによる現象の説明である。日本の企業内専門職は年金制度や退職金制度に拘束され，流動性を妨げられているといわれており，現在ではそれらの改正についての議論がなされている。しかし，これまでにも転職が生涯獲得賃金の減額になるにもかかわらず移動する専門職は少数ながら存在し，（負の意味の移動以外にも）組織の社会的威信，大都市圏の地域的な優位性，研究環境（人的，物理的，経済的）のよさなどに惹かれて転職する人もいる。その中には，（退職金が減額しようとも）その時点での年収

の上昇という経済的報酬，社会的地位の上昇などの社会的報酬を転職で得る人もいる。実際には移動可能性があっても，家族の問題や地域の問題で動くに動けない専門職も多く，移動阻害要因は法制度の問題だけではない。

　家族，地域，法制度などの顕在的な移動阻害要因がない人々でも組織移動を行わない人々があるとすれば，本書で取り扱った議論が有効であろう。準拠集団概念は，私たちが社会的な相対性の中で生きていることを実感するものである。多元的な組織・集団に所属する私たちは，社会構造，文化構造の中での位置づけという多元的な社会的相対性の中におり，そこでの移動可能性もやはり，社会的相対性の影響を受けるのである。データを検討し，最後の議論に立ち戻ったところで，社会的相対性の中に個人の準拠点・準拠集団があるだけでなく，移動可能性も社会的相対性の中で規定されるという極めて社会学的な結論に辿り着いた。

　「自立的」といわれる専門職であっても実際には社会の影響を受けており，「職業的自立」も，また社会的相対性の中にある。第2期科学技術基本計画では研究者の流動性促進が望まれているが，私たちが社会的相対性の中で生きる人間であることを考えるならば，私たちがどのような価値意識，社会構造の中で自己選択を行っているのか，あるいは，自己拘束的になっているのかについて議論がなされる必要があろう。

　本書で取り上げてきた専門職の移動可能性と組織への愛着の関係は，社会構造上の地位に規定される移動可能性と，専門職集団が共有する価値体系という文化構造と社会構造上での地位の非一貫性との関係により起こった現象であると説明してきた。準拠集団論では，自己の評価に対する基準を他者に合わせることで自己が不当に評価されていると感じることを，相対的不満という概念で説明している。今回のA社の研究者の現象はヒエラルヒーのトップであることは個人にとっては誇らしいことであるが，それは移動可能性を低減させることにもなり，また，その誇らしい地位が自己内の地位セットでの別のヒエラルヒーにおいて低位に置かれるというジレンマをローカル・マキシマムという概念で表現したのである。本研究により社会構造上の地位が，個人の移動可能性を規定し，また，文化構造上の地位も個人の移動可能

性を規定することが示された。そして，社会構造上での地位と文化構造上の地位の差が，個人の所属組織への態度に影響を与えることが示されたのである。

4　今後の課題

　今回，ローカル・マキシマム現象の解明に至ったが，この現象が起こる社会構造や平準化への道筋については踏み込めなかった。Ａ社の研究者が水平移動可能性を抑制されるような社会構造とはどのようなものであろうか。筆を置く段階になり，また新たな疑問が生じてきた。今回は「国国（公）連携」の円環構造と個人の中の多元的地位の関係性に気づいたが，この研究の入り口に立ったばかりのような気がしている。個人がもつ多元的な地位は私たちの中で垂直方向の地位差を作るばかりではない。水平方向の多元性についても考察し，今後，ローカル・マキシマム現象の強化，平準化のメカニズムについて解明していきたい。

　また，ローカル・マキシマムの対概念として暫定的にグローバル・マキシマムに位置づけたＣ研究所もまた，世界を視野に入れた場合，ローカル・マキシマムという相対的な位置になることから，社会構造，文化構造の連関の中での個人と組織の関係をさらに検討したい。日本のトップクラスの企業研究所の移動状況を調査した際，基礎科学系研究者は，応用科学系研究者よりも多様な移動チャネルをもちながらも，絶対的な移動数は多くなかった。政府系研究機関であり，Ａ社よりも相対的な移動可能性が高いＣ研究所では，独立行政法人化で例年より多くの人々が潜在的移動可能性に留まらず転職行動を起こしたが，ほとんどの人々は組織移動を行わず，絶対的な移動数は多くなかった。これらの現象を観察し，私はこれまでほとんど手がつけられてこなかった専門職の社会移動に関する研究を今後も蓄積していきたいと考えている。

　本書は私の研究の起点となるものであり，専門職や科学／技術分野の社会で起こる諸事象を通して，他職にも一般化できるような現象の解明，解釈に

挑戦したいと考えている。私はローカル・マキシマム概念を工学系研究者のみならず，他の組織内専門職にも応用しうる概念であると考えており，また，重視する外部の集団を他のものに置き換えれば，専門職に限らず，自らを相対的に位置づける人々全てへの展開型準拠集団概念として一般化できるのではないかと考えている。今後，この概念の拡張と検証に努めたい。また，専門職を取り巻く環境として，家族，地域など人々を取り囲む社会的な問題も忘れてはならない。専門職として好条件で招聘を受けながら，家族，地域の問題から移動しない，できない人々が多々あるという（インタビュー:26）。また，地域のもつ凝集性，地域ごとの価値体系（地域ごとで重要な価値が異なる）なども人々の移動には大きな要素である。今後の専門職の移動についての研究には，今回は取り上げなかった諸要素を含めた社会的環境について分析を行っていきたい。

また，今回の研究はA社のデータが契機であったため，B社，C研究所には仮説を盛り込んだ項目を入れて調査を行うことができたが，A社の研究者の「基礎－応用」比較にはB社データやインタビューで代替したところが多い。そのため，3組織の研究者の移動可能性に関する分析では，多変量解析をするには条件が揃いきらない部分があり，関係性を述べるに留まった。今後，さらに概念と指標の関係を検討し，明確な関係性を示せるものに仕上げていきたい。

個人が関係をもつ就業先の組織体はひとつとは限らず，組織で働く時期ばかりとも限らないが，40年前後の長い職業人生活を続ける上で思い通りにいかないことは多々ある。しかし，一元的な価値観に依拠し続けることは，その価値軸の上位にある人にとっては重要であるかもしれないが，下位に置かれる人にとっては不幸である。いくつかの事例にもあるが，新しい価値観は思いが届かなかった価値軸からの決別により生まれることが多い。多様な価値観への広がりが個人に新しい可能性を開くことがある。ベンチャー企業の成功例では，高い技術力をもちながらも会社が倒産してしまった人々の起死回生策であったりする。また，事業所に回されて研究者として継続を断念

せざるをえなかったが，自分の研究から世界的シェアを占める製品に展開し，多くの人々から社会的評価を受けることになるなど，本来自分が想定していた価値軸で展開できなかった人々の成功話は枚挙に暇がない。人は思いが叶わぬ価値観の中で自己拘束的になるより，新しい価値軸をもつことにより新たな可能性が開拓され，古い価値観から解放されるのではないだろうか。

参考文献

序　章

藤本昌代，2003，「第 6 章　産学官連携―工業技術院と産業技術総合研究所の比較―」原山優子編著『産学連携』（独）経済産業研究所，東洋経済社，179-216 頁。

――，2004a，「研究者・技術者のキャリアパスと志向」日置弘一郎・川北眞史編著『日本型 MOT』中央経済社，37-59 頁。

Gouldner,A.L., 1957, "Cosmopolitan-Locals : A Factor Analysis of the Construct", *Administrative Science Quarterly*, 2, pp.223-235.

――., 1958, "Cosmopolitan-Locals : A Toward an Analysis of Latent Social Roles", *Administrative Science Quarterly*, 2, pp.444-480.

石村善助，1969，『現代のプロフェッション』至誠堂。

Merton,R.K., 1957, *Social Theory and Social Structure* (2nd ed.), N.Y:The Free Press. (=1961, 森　東吾・森　好夫・金沢　実・中島竜太郎訳，『社会理論と社会構造』みすず書房。)

Pelz, D. C. and Andrews, F.M., 1966, *Scientists in Organizations,* John Wiley and Sons Inc. (=1971, 兼子　宙監訳，『創造の行動科学　科学技術者の業績と組織』ダイヤモンド社。)

総務省統計局，2003，『平成 14 年　就業構造基本調査の解説』総務庁統計局。

山田正喜子，［1980］1981，『アメリカのプロフェッショナル』日本経済新聞社。

＜参考 URL＞

http://www.inose.gr.jp/mg/back/04-12-2.html （藤本昌代，2004b「科学／技術系若手研究者の不安」『日本国の研究―不安との訣別／再生のカルテ―』（猪瀬直樹編集メルマガ）第 322 号，猪瀬直樹事務所。)

第 1 章

Etzioni,A., 1964, *Modern Organizations.* Prentice-Hall. (=1967, 渡瀬　浩訳，『現代組織論』至誠堂。)

藤本昌代，1996，「ソフトウェア技術者におけるコミュニケーションによる知識の移転」同志社大学大学院文学研究科修士課程社会学専攻修士論文。

――，2000，「企業内プロフェッショナルにおけるコスモポリタンとローカルの併存性」『日本労務学会誌』Vol.3，13-24 頁。

後藤信夫，1999，『全国企業あれこれランキング 2000』帝国データバンク。

Gouldner, A. L., 1957, "Cosmopolitan-Locals : A Factor Analysis of the Construct", *Administrative Science Quarterly*, 2, pp.223-235.

――., 1958, "Cosmopolitan-Locals : A Toward an Analysis of Latent Social Roles", *Administrative Science Quarterly*, 2, pp.444-480.

堀野　緑，1987，「達成動機の構成因子の分析―達成動機の概念の再検討―」『教育心理学研究』35，148-154 頁。

石田英夫編著，2002，『研究開発人材のマネジメント』慶應義塾大学出版会。

科学技術庁　科学技術政策研究所編，1997，『科学技術指標　1997 年版』大蔵省印刷局。

Kornhauser, W., 1962, *Scientists in Industry: Conflict and Accommodation*, Berkeley: University of California Press.(=1964，三木信一訳，『産業における科学技術者』ダイヤモンド社。)

Meyer,J.P., & Allen,N,J., 1987, "Organizational Commitment:Toward a treecomponent model", *Research Bulletine* No.660, The University of Western Ontario, Department of Psychology.

Mowday,R.T., Steers,R.M., & Porter,L.W. 1979, "The measurement of organizational commitment", *Jounal of Vocational behavior*, 14, pp.224-247.

村上陽一郎編，1981，『知の革命史 7 技術思想の変遷』朝倉書店。

中山 茂・吉岡 斉編著，1994，『戦後科学技術の社会史』朝日新聞社。

Ornstein, S., Cron, W.L. and Slocum, J. W. Jr., 1989, "Life stage versus career stage: A Comparative test of the theories of Levinson and Super.", *Journal of Organizational Behavior*, 10, pp.117-133.

Coleman Samuel,1999, *Japaneese Science:From Inside*, Routledge, a member of the Taylor & Francis Group. (=2002，岩舘葉子訳，『検証・なぜ日本の科学者は報われないのか』文一総合出版。)

関本昌秀・花田光世，1985，「11 社 4539 名の調査分析に基づく企業帰属意識の研究（上）」『ハーバード・ビジネス』第 10 巻，第 6 号，ダイヤモンド社，84-247 頁。

――，1986，「11 社 4539 名の調査分析に基づく企業帰属意識の研究（下）」『ハーバード・ビジネス』第 11 巻，第 1 号，ダイヤモンド社，53-62 頁。

Sibutani, T., 1955, "Reference Group as Prespectives", *A.J.S.*, No.60, pp.562-569.

竹内 洋，1971，「専門職の社会学―専門職の概念―」『ソシオロジ』第 16 巻，第 3 号，社会学研究会，45-66 頁。

田尾雅夫編，1997，『「会社人間」の研究―組織コミットメントの理論と実際―』京都大学学術出版会。

都築一治編，1995，『1995 年 SSM 調査シリーズ　5 職業評価の構造と職業威信スコア』SSM 調査研究会。

若林 満・後藤宗理・鹿内啓子，1983，「職業レディネスと職業選択の構造」『名古屋大学教育学部紀要』30，63-68 頁。

第 2 章

蔡 仁錫，1997，「プロフェッショナルの研究成果の決定要因」『産業組織心理学研究』第 10 巻，第 2 号，産業組織心理学会，131-143 頁。

Eisenstadt,S.N., 1954b, "Reference Group Behavior and Social Integration", *A.S.R*, 19, pp.175-185.

Etzioni,A., 1964, *Modern Organizations*. Prentice-Hall.（=1967，渡瀬　浩訳，『現代組織論』至誠堂。)

Festinger,L., 1957, *A theory of Cognitive dissonance*. Row, Peterson.（=1965，末永俊郎監訳，『認知的不協和の理論』誠信書房。)

藤本昌代，1997，「ソフトウェア技術者における対人コミュニケーションによる知識取得」『労務研究』Vol.50，No.585，日本労務研究会，2-20 頁。

――，2000，「企業内プロフェッショナルにおけるコスモポリタンとローカルの併存性」『日本労務学会誌』，Vol.3，13-24 頁。

――，2001，「ローカル・マキシマムによる企業内プロフェッショナルの組織準拠性―多元的ヒエ

ラルヒーでの地位差からの考察―」『組織科学』Vol.35, 第1号, 96-107頁。
――, 2004a,「研究者・技術者のキャリアパスと志向」日置弘一郎・川北眞史編著『日本型MOT』中央経済社, 37-59頁。
藤田　誠, 1991,「組織風土・文化と組織コミットメント―専門職業家の場合―」『組織科学』, Vol. 25, 第1号, 78-92頁。
船津　衛, 1969,「準拠集団論の枠組」『研究論叢』第18巻, 第1部, 山口大学教育学部, 17-37頁。
――, 1976,『シンボリック相互作用論』恒星社厚生閣。
後藤信夫, 1999,『全国企業あれこれランキング2000』帝国データバンク。
Gouldner,A.L., 1957, "Cosmopolitan-Locals : A Factor Analysis of the Construct", Administrative Science Quarterly,2, pp.223-235.
――, 1958, "Cosmopolitan-Locals : A Toward an Analysis of Latent Social Roles", Administrative Science Quarterly,2, pp.444-480.
Holyoak,K.J. and Gordon,P.C.,1983, "Social Reference Point", Personality and Social Psychology, Vol.44, No.5, pp.881-887.
古畑和孝編, 1994,『社会心理学小辞典』有斐閣。
Hyman,H.H., 1942, The Psychology of status, Archives of Psychology,269,pp.1-94.
濱嶋朗・竹内郁郎・石川晃弘編, 1993,『社会学小辞典（増補版）』有斐閣。
今田高俊・原　純輔, 1979,「社会的地位の一貫性と非一貫性」富永健一編『日本の階層構造』東京大学出版会, 161-197頁。
Kelley,H., 1952, "Two Function of Reference Groups", in Swanson, G., et al.(eds), Readings in Social Psychology, N.Y.:Holt,pp.410-414.
金　明秀, 1996,「差別とエスニシティの潜在的因果構造―在日韓国人の青年を事例として―」『解放社会学研究』第10号, 11-31頁。
城戸康彰, 1981,「若年従業員の組織コミットメントの形成―組織社会化の解明に向けて―」『金沢経済大学論集』第15巻, 第2号, 95-119頁。
Lipset,S.M. and Bendix,R., 1959, Social Mobility in Industrial Society, University of California Press. (=1969, 鈴木　広訳,『産業社会の構造』サイマル出版社。)
Lenski, Gerhard, 1954, "Status Crystallization : A Non-Vertical Dimension of Social Status," ASR,19,pp.405-413.
Merton,R.K., 1957, Social Theory and Social Structure (2nd ed.), N.Y:The Free Press. (=1961, 森　東吾・森　好夫・金沢　実・中島竜太郎訳,『社会理論と社会構造』みすず書房。)
三隅一人, 1986,「地位の非一貫性と階層帰属意識―準拠集団概念からのパースペクティヴ―」『山口大学文学会志』第37巻, 139-154頁。
見田宗介, 1966,『価値意識の理論』弘文堂新社。
森岡清美・塩原　勉・本間康平編集代表,『新社会学辞典』有斐閣。
中山　茂・吉岡　斉編著, 1994,『戦後科学技術の社会史』朝日新聞社。
七森　勝, 1983,「準拠集団論の展望（Ⅲ）―T. M. ニューカムとM. シェリフをめぐって―」『明治学院論叢』62・63, 明治学院大学社会学会, 1-20頁。
太田　肇, 1993,『プロフェッショナルと組織』, 同文舘出版。
Pool,G.J.,Wood,W.,Leck,K.,1998, "The self-esteem motive in social influence: agreement with valued majorities and disagreement with derogated minorities", Journal of Personality and Social Psychology Vol.75,No.4, pp.967-975.
Rotheram-Borus,M.J.,1990, "Adolescents'r reference-group choices, self-esteem, and ad-

justment", *Journal of Personality and Social Psychology* Vol.59,No.5, pp.1075-1081.
作田啓一，1972，『価値の社会学』岩波書店。
Sibutani, T.,1955,"Reference Group as Prespectives", *A.J.S.*, No.60,pp.562-569.
高坂健次，2000，「現代日本における「中」意識の意味—中間の論争と政治のタイプー」『社会学部紀要第86号』関西学院大学社会学部，145-159頁。
富永健一，1958，「意思決定の社会学理論—行動過程の分析—」『社会学評論』31号，有斐閣，52-84頁。
辻　竜平・針原素子，2000，「既知の他者に対する自己卑下と一般的他者に対する自己卑下—自己卑下に関する公理論的アプローチ—」数理社会学会第30回大会配布資料。
渡辺裕子，1983，「準拠集団論の問題点」『社会学論考』vol.4，東京都立大学研究会，1-22頁。
――，1989，「社会化メカニズムの分析枠組—準拠集団理論と同一視理論の検討―」『駒沢社会学研究』No.21，駒沢大学文学部社会学科，127-151頁。
White,Jr,W.,H., 1956, *The Organization Man*, Sinmon and Schuster,Inc. (=1967, 岡部慶三・藤永　保共訳，『組織の中の人間　オーガニゼーション・マン上・下』創元新社。)
Wills, T.A., 1981, "Downward comparison principles in social psychology", *Psychological Bulletin,* 90,pp.245-271.
安田三郎，1971，『社会移動の研究』東京大学出版会。

第3章

Aranya,N.,1981, "An Examination of Professional Commitment in Public Accounting", *Accounting, Organizations and Society,* Vol.6, No.4, pp.271-280.
Merton,R.K., 1957, *Social Theory and Social Structure* (2nd ed.), N.Y:The Free Press. (=1961, 森　東吾・森　好夫・金沢　実・中島竜太郎訳，『社会理論と社会構造』みすず書房。)
Ornstein, S., Cron, W.L. and Slocum, J. W. Jr., 1989, "Life stage versus career stage: A Comparative test of the theories of Levinson and Super", *Journal of Organizational Behavior,* 10, pp.117-133.
蔡　仁錫，1996，「プロフェッショナル・コミットメントの尺度の信頼性と妥当性—大学の研究者と企業のR&D研究者を対象とした実証—」，『三田商学研究』39巻，2号181-196頁。
山下　京，1998，「産業場面における内発的動機づけの研究—有能性と自律性を中心として—」大阪大学博士学位論文。

第4章

Andrew, A., 1988, *The System of Professions,* Chicago: University of Chicago Press.
Carr-Saunders,A.M. and Wilson,P.A., 1933,*The Professions* Oxford University Press.
蔡　仁錫，1997，「プロフェッショナルの研究成果の決定要因」『産業組織心理学研究』第10巻，第2号，産業組織心理学会，131-143頁。
Davis, M., 1996, "Professional autonomy: a framework for empirical research" *Business Ethics Quarterly,* Vol.6, pp.441-460.
Donnelly, J., 1996, "Defining the industrial chemist in the United Kingdom", *Journal of Social History,* Vol.29, pp.779-796.
Drucker, P., 1952, "Management and the Professional Employee", *Harvard Business Review,* Vol.30,pp.84-90.
Elliott, P., 1972, *The Sociology of The Professions,* London : Macmillan.
Etzioni, A., 1964, Modern Organizations. Prentice-Hall. (=1967, 渡瀬浩訳，『現代組織論』至

誠堂。)
Fielder, J. H., 1992, "Organizational loyalty", *Business & Professional Ethics Journal*, Vol.11, pp.71-90.
Freidson, E., 1970, *Professional Dominance: The Social Structure of Medical Care*, Atherton Press, Inc. (=1992, 進藤雄三・宝月 誠,『医療と専門家支配』恒星社厚生閣。)
――, 1986, *Professional Powers: A Study of the Institutionalization of Formal Knowledge*, Chicago and London,The University of Chicago Press.
Goode, W.J., 1969, "The Semi-Professions and Their Organization", in Etzioni,A. ed., *The Theoretical Limits of Professionalization*, pp.297-304.
Greenwood, E., 1957, "Attributes of a Profession", *Social Work*, Vol2,No.3, pp.44-55.
Hall,R.H., 1975, *Occupations and the Social Structure*, Prentice-Hall.
Illich,I., 1977, *Disabling Professions*, Marion Boyars, Boston. (=1984, 尾崎浩訳,『専門家時代の幻想』新評論。)
石村善助, 1969,『現代のプロフェッション』至誠堂。
科学技術庁 科学技術政策研究所編, 1997,『科学技術指標 1997年版』大蔵省印刷局。
加護野忠男, 1984,「研究開発部門における因果モデルの共有と社会的相互作用」『国民経済雑誌』神戸大学, 149巻4号, 19-37頁。
北川隆吉監修, 1984,『現代社会学辞典』有信堂。
Kornhauser, W., 1962, *Scientists in Industry: Conflict and Accommodation*, Berkeley and Los Angeles, University of California Press.
Merton,R.K., 1957, *Social Theory and Social Structure* (2nd ed.), N.Y:The Free Press. (=1961, 森 東吾・森 好夫・金沢 実・中島竜太郎訳,『社会理論と社会構造』みすず書房。)
Millerson, G., 1964, *The Qualifying Associations*, London Routledge & K. Paul.
Mills, C.W., 1951, *White Color: The American Middle Class*, Oxford University Press, Inc. (=杉政孝訳, 1957,『ホワイトカラー――中流階級の生活探求―』創元社。)
長尾周也, 1995,『大阪府立大学経済研究叢書 第83冊 プロフェッショナルと組織』大阪府立大学経済学部。
中野秀一郎, 1981,『プロフェッション社会学』木鐸社。
尾高邦雄, 1970,『職業の倫理』中央公論社。
――, 1995,『尾高邦雄撰集 第1巻 職業社会学』夢窓庵。
太田 肇, 1993,『プロフェッショナルと組織』同文舘出版。
――, 1994,『日本企業と個人』白桃書房。
Parsons, T., 1949, "The Professions and Social Structure", in *essays in Sociological Theory*, p.36.
Pelz, D. C. and Andrews, F.M., 1966, Scientists in Organizations, John Wiley and Sons Inc. (=1971, 兼子 宙監訳,『創造の行動科学 科学技術者の業績と組織』ダイヤモンド社。)
Rabban, D., 1991, "Is unionization compatible with professionalism?", *Industrial and Labor Relations Review*, Vol.45, pp.97-112.
佐藤 厚, 1999,「裁量労働と組織内プロフェッショナル」, 稲上 毅・川喜多 喬編,『講座社会学 6 労働』東京大学出版会。
寿里 茂, 1993,『新シリーズ 社会学 職業と社会』学文社。
高城和義, 1989,『アメリカの大学とパーソンズ』日本評論社。
竹内 洋, 1971,「専門職の社会学―専門職の概念―」『ソシオロジ』第16巻, 第3号, 社会学研究会, 45-66頁。

竹内　洋，1972，「準・専門職としての教師」『ソシオロジ』第17巻，第3号，社会学研究会，72-102頁。
田尾雅夫，1991，『組織の心理学』有斐閣。
上林千恵子，1993，「専門的職業」森岡清美・塩原　勉・本間康平編集代表，『新社会学辞典』有斐閣。
Weber,M., 1919[1936], *Wissenschaft Als Beruf*.（=尾高邦雄訳，1997，『職業としての学問』岩波書店。）
Wilensky,H.L.,1964,"The Professionalization of Everyone?", *The American Journal of Sociology*, Vol.70, No.2, pp.137-158.
八木　正，「職業」，1984，北川隆吉監修，『現代社会学辞典』有信堂。

第 5 章

Andrew, A., 1988, *The System of Professions*, Chicago : University of Chicago Press.
Ben-David,J., 1971, *The Scientist's Role In Society*, Prentice-Hall, Inc, Englewood Cliffs, N.J.（=1974, 潮木守一・天野郁夫訳『科学の社会学』至誠堂。）
Coser,Lewis,A. 1965, *Men of Ideas : A Sociologist's View*, The Free Press, a division of The Macmillan Company.（=1970, 高橋　徹，『知識人と社会』培風館。）
道家達将，1995，『科学と技術の歩み』岩波書店。
後藤邦雄，1999，「科学／技術はコントロールできるか」，岡田節人ほか編，『岩波講座科学／技術と人間　第3巻　現代社会のなかの科学／技術』岩波書店。
Habermas,J. 1968, *Technik und Wissenschaft als Ideologie*, Suhrkamp Verlag.（=［1970］1990, 長谷川　宏訳，『イデオロギーとしての技術と科学』紀伊国屋書店。）
広重　徹，1973，『科学の社会史』中央公論社。
――，1979，『近代科学再考』朝日新聞社。
星野芳郎，1966，『日本の技術革新』勁草書房。
――，1969，『日本の技術者―合理化と近代化の嵐に抗して―』勁草書房。
――，1979，『星野芳郎著作集　第6巻　科学技術評論』勁草書房。
石村善助，1969，『現代のプロフェッション』至誠堂。
科学技術庁　編，2000，『科学白書（平成12年版）』大蔵省印刷局。
Kuhn, T., S., [1962]1970, *Structure of Scientific Revolutions*, University of Chicago Press.（=1971, 中山　茂訳，『科学革命の構造』みすず書房。）
Merton,R.K., 1957, *Social Theory and Social Structure* (2nd ed.),N.Y:The Free Press.（=1961, 森　東吾・森　好夫・金沢　実・中島竜太郎訳，『社会理論と社会構造』みすず書房。）
三好信浩，1979，『日本工業教育成立史の研究―近代日本の工業化と教育―』風間書房。
――，1983，『明治のエンジニア教育』中央公論社。
――，1986，『日本教育の開国』福村出版。
Mulkay,M., 1979, *Science and The Sociology of Knowledge*, Goerge Allen & Unwin Ltd.（=1985, 堀　喜望他訳，『科学と知識社会学』紀伊国屋書店。）
森村正直，1996，『科学・技術研究の未来』丸善。
村上陽一郎編，1981，『知の革命史7　技術思想の変遷』朝倉書店。
――，1990，『科学史はパラダイムを変換するか』三田出版。
中島尚正編，2000，『工学は何をめざすのか　東京大学工学部は考える』東京大学出版会。
中岡哲郎他，1986，『近代日本の技術と技術政策』東京大学出版会。
日本科学者会議編，1975，『現代人の科学　第4巻　日本の技術と工学』大月書店。

日本社会学会調査委員会, 1928,『日本社会の階層構造』有斐閣.
岡田節人他編, 1999,『岩波講座　科学／技術と人間　第2巻　専門家集団の思考と行動』岩波書店.
奥田　栄, 1996,『高木晴夫・木嶋恭一・出口　弘監修　シリーズ社会科学のフロンティア　第3巻　科学技術の社会変容』日科技連出版社.
三枝博音, [1951] 1972,『技術の哲学』岩波書店.
杉山滋郎, 1994,『日本の近代科学史』朝倉書店.
富永健一編, 1979,『日本の階層構造』東京大学出版会.
戸坂　潤, [1935] 1990,『唯物論全書＜復刻＞芝田進午・鈴木　正・祖父江昭二編　科学の哲学』久山社.
都築一治編, 1995,『1995年SSM調査シリーズ　5　職業評価の構造と職業威信スコア』SSM調査研究会.
常石敬一,「『中研ブーム』の問題点」, 中山　茂・吉岡　斉編著, 1994,『戦後科学技術の社会史』朝日新聞社.
山田正喜子, [1980] 1981,『アメリカのプロフェッショナル』日本経済新聞社.
Weber, M., 1920, *Die Protestantische Ethik und Der ≫Geist≪ Des Kapitalismus.* (=1997, 大塚久雄訳,『プロテスタンティズムの倫理と資本主義の精神』岩波書店.)
Ziman, J., 1994, *Prometheus Bound : Science in A Dynamic "Steady State",* Cambridge University Press. (=1995, 村上陽一郎他訳,『縛られたプロメテウス―動的定常状態における科学』シュプリンガー・フェアラーク東京.)

〈参考URL〉
http://wwwsoc.nacsis.ac.jp/jps/jps/bylaw/riji.html（日本物理学会公式サイト）
http://ww.jfes.or.jp/jfes_member/csj.html（日本化学会公式サイト）
http://wwwsoc.nacsis.ac.jp/msj6/index.html（日本数学会公式サイト）
http://www.jfes.or.jp/jfes/yakuin.html（日本工学会公式サイト）
http://www.jsap.or.jp/obutsu/yakuin.html（応用物理学会公式サイト）
http://www.iee.or.jp/honbu/yakuin_meibo2000.html（電気学会公式サイト）
http://www.jsce.or.jp/outline/chair/chair.html（土木学会公式サイト）
http://homepage1.nifty.com/ieeetokyo/shibu/riji.htm（IEEE［The Institute of Electrical and Electronics Engineers, Inc］東京支部公式サイト）
http://wwwsoc.nacsis.ac.jp/ecsj/yakuin12.html（電気化学学会公式サイト）
http://wwwsoc.nacsis.ac.jp/rsj/Info/annna.html（日本ロボット学会公式サイト）
http://www.spsj.or.jp/c1/c1.html（高分子学会公式サイト）
http://www.ses.usp.ac.jp/eica/（環境システム計測制御学会公式サイト）
http://mmij.t.u-tokyo.ac.jp/jp/info/guide1.html（資源・素材学会公式サイト）

第6章

朝日新聞, 2001年, 1月13日版　経済欄「欧州の大学　日本企業と提携」.
Drucker, P., 1952, "Management and Professional Employee", *Harvard Business Review,* Vol.30, pp.84-90.
Etzioni, A., 1964, *Modern Organizations.* Prentice-Hall. (=1967, 渡瀬浩訳,『現代組織論』至誠堂.)
藤本昌代, 2004a,「研究者・技術者のキャリアパスと志向」日置弘一郎・川北眞史編著『日本型

MOT』中央経済社,37-59 頁.
服部民夫,1989,『韓国の経営発展』文眞堂.
広重 徹,1973,『科学の社会史』中央公論社.
星野芳郎,1966,『日本の技術革新』勁草書房.
── 編,1969,『日本の技術者──合理化と近代化の嵐に抗して──』勁草書房.
石村善助,1969,『現代のプロフェッション』至誠堂.
科学技術庁 科学技術政策研究所編,1997,『科学技術指標 1997 年版』大蔵省印刷局.
── 編,2000,『科学技術白書(平成 12 年版)』大蔵省印刷局.
河西宏祐,1999,『電産型賃金の世界──その形成と歴史的意義──』早稲田大学出版部.
三好信浩,1979,『日本工業教育成立史の研究──近代日本の工業化と教育──』風間書房.
文部科学省,2003,『科学技術白書』大蔵省印刷局.
──,2004,『科学技術白書』大蔵省印刷局.
中山 茂・吉岡 斉編著,1994,『戦後科学技術の社会史』朝日新聞社.
太田 肇,1993,『プロフェッショナルと組織』同文舘出版.
Pelz, D. C. and Andrews, F.M., 1966, *Scientists in Organizations*, John Wiley and Sons Inc.1966. (=1971,兼子 宙監訳,『創造の行動科学 科学技術者の業績と組織』ダイヤモンド社.)
Polanyi, M., 1966, *The tacit dimension*, Routledge & Kegan Paul Ltd., London. (=1980,佐藤敬三訳,『暗黙知の次元』紀伊国屋書店.)
労働省,2000,『労働白書(平成 12 年版)』日本労働研究機構.
労働省労働基準局,1998,『新時代の賃金・退職金制度』労務行政研究所.
田尾雅夫,1991,『組織の心理学』有斐閣.
内田星美,1983,『工業社会への変貌と技術 技術の社会史 第 5 巻』有斐閣.
山崎 清,1983,『日本の退職金制度』日本労働協会.
Yuasa, M., 1962, "Center of Science Activity: its Shift from the 16th to the 20th Century," *Japaneese Studies in History of Science,1.*, pp.57-75.

第 7 章

Aranya,N.,1981, "An Examination of Professional Commitment in Public Accounting", *Accounting, Organizations and Society*, Vol.6, No.4, pp.271-280.
青木昌彦編著,2001,『大学改革』(独)経済産業研究所.
蔡 仁錫,1996,「プロフェッショナル・コミットメントの尺度の信頼性と妥当性──大学の研究者と企業の R&D 研究者を対象とした実証──」『三田商学研究』,39 巻,2 号,181-196 頁.
藤本昌代,2003,「第 6 章 産学官連携──工業技術院と産業技術総合研究所の比較──」原山優子編著『産学連携』(独)経済産業研究所,東洋経済社,179-216 頁.
──,2004a,「研究者・技術者のキャリアパスと志向」日置弘一郎・川北眞史編著『日本型 MOT』中央経済社,37-59 頁.
濱嶋 朗・竹内郁郎・石川晃弘編,1993,『社会学小辞典(増補版)』有斐閣.
星野芳郎,1969,『日本の技術者──合理化と近代化の嵐に抗して──』勁草書房.
石村善助,1969,『現代のプロフェッション』至誠堂.
科学技術庁,1958,『科学技術白書』大蔵省印刷局.
河西宏祐,1999,『電産型賃金の世界──その形成と歴史的意義──』早稲田大学出版部.
加藤秀俊,1972,『情報行動』中央公論社.
児玉俊洋,2002,「TAMA(技術先進首都圏地域)における産学及び企業間連携」,RIETI

Discussion Paper Series 02-J-012, (独) 経済産業研究所．
文部科学省，2004，『科学技術白書』大蔵省印刷局．
中山　茂・吉岡　斉編著，1994，『戦後科学技術の社会史』朝日新聞社．
日本経済新聞，2004年10月18日版「文系博士　量産時代に」．
Ornstein, S., Cron, W.L. and Slocum, J. W. Jr., 1989, "Life stage versus career stage: A Comparative test of the theories of Levinson and Super.", *Journal of Organizational Behavior*, 10, pp.117-133.
高橋俊介，1999，『成果主義』東洋経済社．
労働省労働基準局，1998，『新時代の賃金・退職金制度』労務行政研究所．
山田正喜子，[1980] 1981,『アメリカのプロフェッショナル』日本経済新聞社．
山崎　清，1983，『日本の退職金制度』日本労働協会．
読売新聞，2004年3月18日版「［とれんど］博士にはなったけど…」．

<参考URL>
http://www.stat.go.jp/data/chouki/ （総務省統計局　日本の長期統計系列）
http://www.inose.gr.jp/mg/back/04-12-2.html（藤本昌代，2004b「科学／技術系若手研究者の不安」『日本国の研究―不安との訣別／再生のカルテ―』（猪瀬直樹編集メルマガ）第322号，猪瀬直樹事務所．

終　章

蔡　仁錫，1997，「プロフェッショナルの研究成果の決定要因」『産業組織心理学研究』第10巻，第2号，産業組織心理学会，131-143頁．
藤本昌代，2000，「企業内プロフェッショナルにおけるコスモポリタンとローカルの併存性」『日本労務学会誌』Vol.3, 13-24頁．
―――，2003，「第6章　産学官連携―工業技術院と産業技術総合研究所の比較―」原山優子編著『産学連携』（独）経済産業研究所，東洋経済社，179-216頁．
石村善助，1969，『現代のプロフェッション』至誠堂．

インタビュー対象者一覧

インタビュー:1 　2003年，管理職，高度専門職専門のヘッドハンター（50歳代男性）
インタビュー:2 　2001年，企業研究所調査，研究所人事担当者（40歳代男性）
インタビュー:3 　1997年，A社研究者（30歳代男性）
インタビュー:4 　1999年，A社人事部管理者（40歳代男性）
インタビュー:5 　2000年，F社（コンピュータ関係）研究員（40歳代男性）
インタビュー:6 　2004年，工学部大学教員（40歳代男性）
インタビュー:7 　2001年，コンピュータメーカー研究所管理者（40歳代男性）
インタビュー:8 　2000年，大学病院医師（30歳代男性）
インタビュー:9 　2000年，C研究所人事担当者（40歳代男性）
インタビュー:10　1997年～2000年，本一覧での対象者
インタビュー:11　2000年，通商産業省OB官僚（60歳代男性）
インタビュー:12　2000年，運輸省土木局OB官僚（60歳代男性）
インタビュー:13　2000年，C研究所研究所管理官（30歳代男性）
インタビュー:14　2002年，元A社研究者（60歳代男性）
インタビュー:15　2001年，ソフト系企業研究所人事担当者（40歳代男性）

インタビュー:16　2002年，独立行政法人研究機関生物系研究者（50歳代男性）
インタビュー:17　2002年，独立行政法人研究機関微少重力系研究者（50歳代男性）
インタビュー:18　2000年，機械制御系ソフト開発者（40歳代男性）
インタビュー:19　1999年，印刷機器メーカー電気部門開発者（40歳代男性）
インタビュー:20　2001年，通信系企業研究所人事担当者（40歳代男性）
インタビュー:21　インタビュー:18と同様
インタビュー:22　1997年，A社へのグループインタビュー
インタビュー:23　2002年，産学連携交流会にて企業研究所の所員（40歳代，30歳代男性）
インタビュー:24　2001年，重電系企業研究所人事担当者（40歳代男性）
インタビュー:25　2002年，独立行政法人研究機関研究者（50歳代男性）
インタビュー:26　インタビュー:1と同様

付　　録

1　付表
2　A社調査票
3　B社調査票（非専門職用，専門職用）
4　C研究所調査票

1 付　表

付表 1.1 A社の製造職の組織人性、職業人性の相関 (度数)

	年齢	勤続年数	情緒的要素	存続的要素	能力発揮要素	職業志向性	達成動機
年齢	1 (3765)						
勤続年数	.923** (3755)	1 (3760)					
情緒的要素	.212** (3743)	.200** (3738)	1 (3749)				
存続的要素	.059 (3743)	.078 (3738)	.071 (3749)	1 (3749)			
能力発揮要素	-.179 (3743)	-.157 (3738)	-0.050 (3749)	.148 (3749)	1 (2876)		
職業志向性	-0.026 (3699)	-0.004 (3694)	.121 (3685)	.079 (3685)	.204** (3685)	1 (3705)	
達成動機	-0.057 (3699)	-0.053 (3694)	.358** (3685)	-0.007 (3685)	0.007 (3685)	-.083 (3705)	1 (3705)

Pearson の相関係数　相関係数は 1% 水準(**)、5%水準(*)で有意 (両側)

付表 1.2 A社の事務職の組織人性、職業人性の相関 (度数)

	年齢	勤続年数	情緒的要素	存続的要素	能力発揮要素	職業志向性	達成動機
年齢	1 (441)						
勤続年数	.960** (440)	1 (441)					
情緒的要素	.277** (439)	.255** (439)	1 (440)				
存続的要素	.252** (439)	.281** (439)	0.07 (440)	1 (440)			
能力発揮要素	-.199 (439)	-.197 (439)	-.111 (440)	.095 (440)	1 (440)		
職業志向性	.169 (437)	.127 (437)	.192 (437)	.112 (437)	.152 (437)	1 (438)	
達成動機	-0.017 (437)	-0.014 (437)	.229** (437)	-0.038 (437)	.133 (437)	-0.066 (438)	1 (438)

Pearson の相関係数　相関係数は 1% 水準(**)、5%水準(*)で有意 (両側)

1.3 A社の研究職の組織人性、職業人性の相関 (度数)

	年齢	勤続年数	情緒的要素	存続的要素	能力発揮要素	職業志向性	達成動機
年齢	1 388						
勤続年数	.961** 388	1 388					
情緒的要素	0.069 387	0.08 387	1 387				
存続的要素	-0.003 387	0.026 387	-.114 387	1 387			
能力発揮要素	-0.048 387	-0.036 387	0.018 387	0.059 387	1 387		
職業志向性	.163 384	.162 384	.140 383	-.197 383	.240** 383	1 384	
達成動機	-.159 384	-.141 384	.274** 383	-0.021 383	0.048 383	-0.075 384	1 384

Pearson の相関係数 相関係数は 1% 水準(**)、5%水準(*)で有意 (両側)

付表2.1 B社の移動可能性への予測に関する項目間の相関 (度数)

	転職希望	業界の地位	専門分野での地位	基礎・応用	最高の仕事環境	この組織外でも仕事可	社外への転出モデル
転職希望	1 (79)						
業界の地位	-0.045 (79)	1 (83)					
専門分野での地位	-0.216 (79)	.396** (83)	1 (83)				
基礎・応用	0.013 (78)	0.152 (82)	0.143 (82)	1 (82)			
最高の仕事環境	-.268* (79)	0.106 (79)	0.026 (79)	0.047 (78)	1 (79)		
この組織外でも仕事可	.491** (79)	0.048 (79)	-0.195 (79)	-0.099 (78)	-.438** (79)	1 (79)	
社外への転出モデル	0.182 (79)	-0.219 (79)	-0.187 (79)	0.096 (78)	-0.182 (79)	0.086 (79)	1 (79)

Pearson の相関係数 相関係数は 1% 水準(**)、5%水準(*)で有意 (両側)

付表2.1 C研究所の移動可能性への予測に関する項目間の相関　(度数)

	転職希望	業界の地位	専門分野での地位	基礎・応用	最高の仕事環境	この組織外でも仕事可	社外への転出モデル
転職希望	1 87						
業界の地位	-0.02 87	1 88					
専門分野での地位	0.14 87	.533** 88	1 88				
基礎・応用	-.288** 87	0.017 88	-0.023 88	1 88			
最高の仕事環境	-.278** 87	.276** 88	0.108 88	-0.161 88	1 88		
この組織外でも仕事可	.423** 87	0.02 88	0.184 88	-0.034 88	-0.208 88	1 88	
社外への転出モデル	0.191 87	.306** 88	0.059 88	-0.157 88	0.099 88	0.112 88	1 88

Pearson の相関係数　相関係数は 1% 水準(**)、5%水準(*)で有意 (両側)

2　A社調査票

付　録

まず，あなたご自身のことについておたずねします

<F1>　性　別

　①男性　　　　　　　　②女性

<F2>　年　齢（平成11年：1999年4月1日時点での満年齢でご回答下さい）

　　　　満（　　　）歳

<F3>　仕事グループ

　①非適用　　　②O1　　　③O2　　　④O3　　　⑤O4
　⑥O5　　　　⑦O6　　　⑧O7　　　⑨H8　　　⑩定時社員

<F4>　職　種

　①製造　　　　　　　　　　　　②生産技術、品質管理を含む製造間接
　③人事、総務、経理などの事務　　④営業・販売・サービス
　⑤調査、企画、デザイン　　　　　⑥基礎研究、開発研究、設計開発
　⑦SE、情報システム　　　　　　⑧その他

<F5>　勤続年数（1997年4月1日時点での勤続年数を6ヶ月未満は切り捨て、6ヶ月以上は
　　　　　　　切り上げてご回答下さい）

　　　　約（　　　）年

<F6>　未婚・既婚について

　①未婚　　　②既婚

<F7>　子供の状況について

　①子供なし　　　　　　②末子が就学前　　　　　③末子が小中学生
　④末子が高校生以上で未婚　⑤末子が既婚

<F8>　学　歴

　①中学（旧制高等小）卒　　②高校（旧制中学）卒　　③高専卒
　④短大卒　　　　　　　　　⑤大学卒　　　　　　　　⑥大学院卒
　⑧その他

<F9>　組合の委員・役員の経験

　①現在、支部・分会の執行委員以上の役員
　②現在、執行委員以外の役員・委員（支部院、職場委員など）
　③過去に、支部・分会の執行委員以上の役員経験あり
　④過去に、執行委員以外の役員・委員（支部委員、職場委員など）経験あり
　⑤委員・役員の経験なし

<F10> 勤務形態

①交替制（2交代）　　②交替制（3交代）　　③フレックス勤務　　④その他

<F11> あなた自身の年収（税込み・一時金含む）

①200万円未満　　　　②200～300万円未満　　③300～400万円未満
④400～500万円未満　⑤500～600万円未満　⑥600～700万円未満
⑦700～800万円未満　⑧800～1000万円未満　⑨1000万円以上

<F12> 次のそれぞれの領域は、現在、あなたの生活の中でどのくらい重要でしょうか。
　　　それを示すために、合計100点となるよう配点をして下さい。

①余暇（趣味・スポーツ・友人とのつきあいなど）　　　□□点

②地域社会（各種の団体・政治組織などを含む）　　　　□□点

③仕事　　　　　　　　　　　　　　　　　　　　　　□□点

④宗教（宗教上の諸活動・信仰など）　　　　　　　　　□□点

⑤家庭　　　　　　　　　　　　　　　　　　　　　　□□点

合　計　　100点

会社や職場あるいは仕事のことについておたずねします

<問1> あなたは会社（=「A社グループ」）に対して、次の事をどのように考えていますか。
　　　以下の設問においてこの会社という場合は、「A社グループ」を思い浮べて下さい。

		そう思わない	どちらかといえばそう思わない	どちらともいえない	どちらかといえばそう思う	そう思う
①	この会社を辞めると、人に何といわれるかわからない	1	2	3	4	5
②	友人に、この会社がすばらしい働き場所であると言える	1	2	3	4	5
③	友人に、この会社がすばらしい働き場所であると言える	1	2	3	4	5
④	自分の貢献に見合った処遇を受けていなければ働く意欲はわいてこない	1	2	3	4	5
⑤	この会社を離れたら、どうなるか不安である	1	2	3	4	5
⑥	自分にとってやりがいのある仕事を担当させてもらえないなら、この会社にいても意味がない	1	2	3	4	5

⑦ 次に働く場所が決まらないうちに、この会社を辞めたとしてもあまり不安はない	1	2	3	4	5
⑧ この会社の発展のためなら、人並み以上の努力を喜んで払うつもりだ	1	2	3	4	5
⑨ この会社に忠誠心を抱くことは大切である	1	2	3	4	5
⑩ この会社を辞めたいと思っても、問題が多いので今すぐにはできない	1	2	3	4	5
⑪ いつもこの会社の人間であることを意識している	1	2	3	4	5
⑫ 会社を辞めることは、世間体が悪いと思う	1	2	3	4	5
⑬ この会社を辞めたら、家族や親戚に会わせる顔がない	1	2	3	4	5
⑭ これ以上、自分の能力を向上させる機会が得られなければ、この会社にとどまるメリットはあまりない	1	2	3	4	5
⑮ この会社で働き続ける理由の一つは、ここを辞めることがかなりの損失を伴うからである	1	2	3	4	5
⑯ この会社から得るものがあるうちは、この会社に勤めていようと思う	1	2	3	4	5

<問2> あなたと会社との関係についてお聞きします。

	そう思わない	どちらかといえばそう思わない	どちらともいえない	どちらかといえばそう思う	そう思う
① 自分の会社や参画している事業は社会的に意義がある	1	2	3	4	5
② 自分の会社や参画している事業の将来に夢をもっている	1	2	3	4	5

<問3> 直属上司や会社とのコミュニケーションについて、あなたは日頃どのようにお思いでしょうか。以下の設問において会社という場合は、所属している事業場（もしくは工場・部・課）などを思い浮かべて下さい。

	そう思わない	どちらかといえばそう思わない	どちらともいえない	どちらかといえばそう思う	そう思う
① 会社は経営や生産に関する従業員の提案や意見をよく聞いてくれる	1	2	3	4	5
② 従業員の意見が企業活動に反映されていない	1	2	3	4	5
③ 従業員は会社の経営方針などを充分に知っている	1	2	3	4	5
④ 従業員は会社の経営方針によく従っている	1	2	3	4	5
⑤ 直属の上司は仕事に関する部下の提案や意見をよく聞いてくれる	1	2	3	4	5
⑥ 直属の上司はあなたの仕事の内容や問題点についてよく知っている	1	2	3	4	5

<問4> A社および関連会社なども含めた「A社グループ」の全体について、あなたは以下の項目についてどのようにお思いでしょうか。

私は、「A社グループ」は	そう思わない	どちらかといえばそう思わない	どちらともいえない	どちらかといえばそう思う	そう思う
① 一部のメディアなどで書かれているほど問題はないと思う	1	2	3	4	5
② 全体的に好調だと思う	1	2	3	4	5
③ 技術や企画が優れ、独創的な製品やサービス（販売体制）があると思う	1	2	3	4	5
④ 経営理念には創業者の影響が大きく反映していると思う	1	2	3	4	5
⑤ 経営理念が実際の企業活動の中で実践できていると思う	1	2	3	4	5
⑥ 業界の中での地位が高いと思う	1	2	3	4	5
⑦ 安定していると思う	1	2	3	4	5
⑧ 社会に役立つ製品やサービスを提供していると思う	1	2	3	4	5

<問5> A社および関連会社を含めた「A社グループ」の全体について、「A社グループ」の社員はどのように考えていると思いますか。

私は、「A社グループ」は	そう思わない	どちらかといえばそう思わない	どちらともいえない	どちらかといえばそう思う	そう思う
① 一部のメディアなどで書かれているほど問題はないと思う	1	2	3	4	5
② 全体的に好調だと思う	1	2	3	4	5
③ 技術や企画が優れ、独創的な製品やサービス（販売体制）があると思う	1	2	3	4	5
④ 経営理念には創業者の影響が大きく反映していると思う	1	2	3	4	5
⑤ 経営理念が実際の企業活動の中で実践できていると思う	1	2	3	4	5
⑥ 業界の中での地位が高いと思う	1	2	3	4	5
⑦ 安定していると思う	1	2	3	4	5
⑧ 社会に役立つ製品やサービスを提供していると思う	1	2	3	4	5

<問6> あなたは今の仕事について日頃どのように思っていますか。

	そう思わない	どちらかといえばそう思わない	どちらともいえない	どちらかといえばそう思う	そう思う
① 今の仕事が楽しい	1	2	3	4	5
② 今の仕事にとても生きがいを感じる	1	2	3	4	5
③ 今の仕事を続けたい	1	2	3	4	5
④ 仕事を選び直せるとしても今と同じ内容の仕事を選ぶ	1	2	3	4	5
⑤ 今の仕事は自分の能力からすると物足りない	1	2	3	4	5
⑥ 今の仕事は自分の能力を越えている	1	2	3	4	5
⑦ 自分の立てたプランやスケジュールどおりに仕事を進めることが認められている	1	2	3	4	5
⑧ 毎日の仕事は単調である	1	2	3	4	5
⑨ 仕事の手順や方法は自分の判断に任されている	1	2	3	4	5
⑩ 自分の仕事は同僚の出来不出来によって影響されることが多い	1	2	3	4	5
⑪ 自分の仕事の成果は一目で明らかである	1	2	3	4	5
⑫ 自分がやらなければならない仕事の範囲ははっきりしている	1	2	3	4	5
⑬ 今の会社にずっと勤めたい	1	2	3	4	5
⑭ 毎日の仕事は変化に富んでいる	1	2	3	4	5
⑮ 私はいつでも自分のしている仕事の出来ばえを知ることが出来る	1	2	3	4	5
⑯ 今の職場から私がいなくなるとみんなが困る	1	2	3	4	5
⑰ 職場では他の人がとてもよく協力してくれる	1	2	3	4	5
⑱ 今までにやったことのないような困難な仕事をしてみたい	1	2	3	4	5
⑲ 全般的にいって今の仕事に満足している	1	2	3	4	5

<問7> あなたは次の事柄についてどの程度満足していますか。

	不満である	どちらかといえば不満である	どちらともいえない	どちらかといえば満足している	満足している
① 上司の指導力	1	2	3	4	5
② 上司との関係	1	2	3	4	5
③ 同僚・部下との関係	1	2	3	4	5
④ 同僚・部下からの評価	1	2	3	4	5
⑤ 上司からの評価	1	2	3	4	5
⑥ 同僚・部下の能力	1	2	3	4	5

⑦	職場の人間関係	1	2	3	4	5
⑧	職場での地位	1	2	3	4	5
⑨	昇進の可能性	1	2	3	4	5
⑩	給与の水準	1	2	3	4	5
⑪	会社の施設や設備	1	2	3	4	5
⑫	休暇や労働時間	1	2	3	4	5
⑬	会社の福利厚生	1	2	3	4	5
⑭	職場の雰囲気	1	2	3	4	5
⑮	仕事自体の社会的評価	1	2	3	4	5
⑯	会社自体の社会的評価	1	2	3	4	5
⑰	職務内容	1	2	3	4	5

<問8> あなたは今の仕事について次のように感じることがありますか。

		そう思わない	どちらかといえばそう思わない	どちらともいえない	どちらかといえばそう思う	そう思う
①	仕事のペースを自分で決められる	1	2	3	4	5
②	私の仕事ぶりは信頼されている	1	2	3	4	5
③	自分の仕事には自信がある	1	2	3	4	5
④	こうすれば結果はこうなると予想を立てながら仕事ができる	1	2	3	4	5
⑤	仕事のやり方は自分で決めている	1	2	3	4	5
⑥	仕事ではたいてい自分のペースで事を運んでいる	1	2	3	4	5
⑦	仕事はきわめてうまくいっている	1	2	3	4	5
⑧	仕事上のたいていのことには対処できる	1	2	3	4	5
⑨	私がいないとみんなが困る	1	2	3	4	5
⑩	自分の能力を十分いかしている	1	2	3	4	5
⑪	私は職場で頼りにされている	1	2	3	4	5
⑫	自分の能力が十分に発揮できている	1	2	3	4	5
⑬	仕事に自分の創意工夫が十分活かされている	1	2	3	4	5
⑭	自分で見通しを立てながら仕事をしている	1	2	3	4	5
⑮	仕事はよくできるほうだ	1	2	3	4	5
⑯	仕事上の問題はたいてい解決できる	1	2	3	4	5
⑰	自分の仕事の目標は常に達成している	1	2	3	4	5
⑱	仕事の中にひらめきを生かしたり、新鮮な試みをすることができる	1	2	3	4	5
⑲	仕事のペースを自由に変えることができる	1	2	3	4	5

<問9> 仕事に関することについて、あなたはどのように思われますか。

	そう思わない	どちらかといえばそう思わない	どちらともいえない	どちらかといえばそう思う	そう思う
① 私が仕事をするのは、仕事がおもしろいからである	1	2	3	4	5
② 私にとって仕事とは、お金を得るための手段にすぎない	1	2	3	4	5
③ 私は、職場に自分の居場所を見出している	1	2	3	4	5
④ 私は、仕事を通して社会に貢献できている	1	2	3	4	5
⑤ 仕事は人間としての自立につながると思う	1	2	3	4	5
⑥ 仕事よりも自分の私生活のほうを大事にしたい	1	2	3	4	5
⑦ 職場ではあまり個性を出さないようにしている	1	2	3	4	5
⑧ 私は、仕事を通して成長している(してきた)	1	2	3	4	5
⑨ 今の職場には、自分の意見を自由に発言できる雰囲気はない	1	2	3	4	5
⑩ 私は、使命感をもって仕事に取り組んでいる	1	2	3	4	5
⑪ 私は仕事を通して後輩に何かを伝えるべき役割を担っている	1	2	3	4	5
⑫ 今の仕事は、私の性分に合っている	1	2	3	4	5
⑬ 今の職場では、私の能力や実績が正当に評価されていない	1	2	3	4	5
⑭ 私にとって仕事とは、自分を生かすための一つの場である	1	2	3	4	5
⑮ 私は、自分の仕事に心から喜びを感じている	1	2	3	4	5
⑯ 私にとって仕事とは、社会との重要な接点である	1	2	3	4	5
⑰ 今の仕事は、私だけにしかできない	1	2	3	4	5
⑱ 私は、仕事をしているときが一番自分らしい	1	2	3	4	5
⑲ 職場での私は、本当の自分とは異なっている	1	2	3	4	5
⑳ 私は、仕事を通して社会性を身につけている	1	2	3	4	5

<問10> あなたは日頃、以下の事柄についてどのように思われますか。

	そう思わない	どちらかといえばそう思わない	どちらともいえない	どちらかといえばそう思う	そう思う
① いつも何か目標をもっていたい	1	2	3	4	5
② 物事は他の人よりうまくやりたい	1	2	3	4	5
③ 他人と競争して勝つとうれしい	1	2	3	4	5
④ 何でも手がけたことには最善を尽くしたい	1	2	3	4	5
⑤ いろんなことを学んで自分を深めたい	1	2	3	4	5

<問11> 現在の職場での人との関わりについて、あなたはどのように思われますか。

	そう思わない	どちらかといえばそう思わない	どちらともいえない	どちらかといえばそう思う	そう思う
① 職場の人に自分の成長につながるような配慮をしてもらったことがある	1	2	3	4	5
② 業務に関する知識や技術は、ほぼ独力で身につけるほうである	1	2	3	4	5
③ 職場の人と業務に関する会話をよくするほうである	1	2	3	4	5
④ 職場の人と業務以外の話（世間話や情報交換）をよくするほうである	1	2	3	4	5
⑤ 業務以外の話がヒントになり仕事がはかどったことがある	1	2	3	4	5
⑥ 業務に関する知識や技術は、業務に関連する会話や勉強のみで身につけるほうである	1	2	3	4	5
⑦ 職場の人と仕事上での関わりを増やしたい	1	2	3	4	5
⑧ 職場の人と仕事以外で関わりを増やしたい	1	2	3	4	5

<問12> あなたの職場や仕事に関する以下の項目について、現在、どのように思いますか。

	そう思わない	どちらかといえばそう思わない	どちらともいえない	どちらかといえばそう思う	そう思う
① この職場は会社にとってなくてはならないものである	1	2	3	4	5
② この職場の目標・方針について上司や仲間と話し合うことがある	1	2	3	4	5
③ この職場の目標・方針は明確になっている	1	2	3	4	5
④ この職場の目標・計画の達成のために努力している	1	2	3	4	5
⑤ この職場では無駄な会議や手続きがなく、スピーディに仕事が進められる	1	2	3	4	5
⑥ 自分の仕事を進めていく上で必要な指示や情報はタイミングよく入ってくる	1	2	3	4	5
⑦ 自分の仕事を進めていく上での責任や権限ははっきりしている	1	2	3	4	5
⑧ この職場の仕事の質と量から考えて、十分な人員が割り当てられている	1	2	3	4	5
⑨ この職場には仕事上の創意工夫を活かす土壌がある	1	2	3	4	5
⑩ この職場には縄張り意識やセクショナリズムはなく、まとまっている	1	2	3	4	5
⑪ この職場では、自分の意見を言うのに気兼ねをする必要もなく、自由な雰囲気である。	1	2	3	4	5
⑫ この職場には、失敗を恐れず、新しいことにチャレンジする気風がある	1	2	3	4	5

<問13> あなたがついている職業には、次のような条件がどの程度備わっていることを望みますか。

	普通以下でよい	普通にあってほしい	普通以上にあってほしい	かなり沢山あってほしい	非常にあってほしい
① 仕事の内容が複雑で変化に富むこと	1	2	3	4	5
② 仕事の専門性	1	2	3	4	5
③ 困難な仕事へ挑戦する機会	1	2	3	4	5
④ 自分の能力が試される機会	1	2	3	4	5
⑤ 仕事が自由にまかされる機会	1	2	3	4	5

<問14> 最近、あなたの職場において、以下の出来事があったかどうかお答え下さい。

	なかった	たまにあった	頻繁にあった	非常に頻繁にあった
① 職場の中で他の事業場に異動していったこと	1	2	3	4
② 自分とは全く異なる職種の人が職場のメンバーになったこと	1	2	3	4
③ 直属の上司からコストパフォーマンスについて話をされること	1	2	3	4
④ 新規事業から撤退したこと	1	2	3	4
⑤ 仕事をする上で、制約が増えたこと	1	2	3	4
⑥ 言われた（与えられた）仕事しかできなくなった	1	2	3	4
⑦ 担当職務以外の仕事をするようになったこと	1	2	3	4
⑧ 休憩時間も仕事をするようになったこと	1	2	3	4
⑨ 企画やアイデアが通らなくなったこと	1	2	3	4
⑩ 職場の人と仕事以外の話しかしなくなったこと	1	2	3	4
⑪ 職場の人と仕事のことで口論をするようになったこと	1	2	3	4
⑫ 他の職場の人と、仕事上のすれ違いが多くなった	1	2	3	4
⑬ 週に一回は無駄な会議が行われるようになったこと	1	2	3	4

<問15> 最近、あなたの職場または「A社グループ」全体において、以下の出来事があったかどうかお答え下さい。

	確かになかった	なかったような気がする	あったような気がする	確かにあった
① 商品のサイクルが短くなったこと	1	2	3	4
② 事業計画が短期的になったこと	1	2	3	4
③ ソフトウエア事業（娯楽、文化など）がうまくいかなくなったこと	1	2	3	4
④ 経営者に問題がでてきたこと	1	2	3	4

<問16> 直属の上司について、あなたは日頃どのようにお思いでしょうか。
以下の設問において上司という場合は、直属の上司を思い浮べて下さい。

	そう思わない	どちらかといえばそう思わない	どちらともいえない	どちらかといえばそう思う	そう思う
① 上司から、今の仕事についての知識や情報、仕事のやり方について十分な助言を受けている	1	2	3	4	5
② 何をどの程度行うかという仕事の目標が具体的に上司との間で決められている	1	2	3	4	5
③ 自分が今後、会社でどのような仕事をしていくか上司と相談している	1	2	3	4	5
④ 上司は仕事についてのビジョンを示してくれる	1	2	3	4	5
⑤ 新しい仕事の能力や技術を身につけたり向上させたりすることのできる仕事を与えられてきた	1	2	3	4	5
⑥ 会社で決められている教育研修の機会以外に、あなたの上司は挑戦的な仕事を与えることであなたの仕事の能力や技術の向上を助けようとしてくれる	1	2	3	4	5
⑦ 上司に対して強い忠誠心を持っている	1	2	3	4	5
⑧ あなたが非常に良い仕事をすると、上司はあなたのことを認めてくれる	1	2	3	4	5

<問17> あなたがふだん職場でとっている行動について、お答え下さい。
以下の設問において上司という場合は、直属の上司を思い浮べて下さい。

	全くそう思わない	ややそう思わない	どちらかといえばそう思わない	どちらかといえばそう思う	ややそう思う	非常にそう思う
① 多くの仕事を抱えている人の手助けをする	1	2	3	4	5	6
② 職場において自分の業務以外のことも自発的に行う	1	2	3	4	5	6
③ 出勤時間や、昼食や休憩時間の後の仕事の開始時間をきっちりと守る	1	2	3	4	5	6
④ 仕事中は余分な休憩を取らないようにする	1	2	3	4	5	6
⑤ 社内報や掲示物に目を通して社内の動きについて行く	1	2	3	4	5	6
⑥ 会社の新しい展開や内部の事情に、遅れずについて行く	1	2	3	4	5	6
⑦ 苦情を言っては、いつも上司や同僚になだめられる	1	2	3	4	5	6
⑧ ささいなことに対してくどくどと不平を言わないようにしている	1	2	3	4	5	6
⑨ 職場にかかってきた電話をいつもとるように努めている	1	2	3	4	5	6
⑩ 上司から指示された以上に残業して仕事をする	1	2	3	4	5	6
⑪ 自分の行動が他の人の仕事にどのような影響を及ぼすかについて注意を払っている	1	2	3	4	5	6
⑫ 自分のしていることが同僚にどのような影響をあたえるかを念頭において仕事をしている	1	2	3	4	5	6

<問18> 人事評価について、あなたはどのように思いますか。

	そう思わない	どちらかといえばそう思わない	どちらともいえない	どちらかといえばそう思う	そう思う
① 人事評価について上司に意見を言うことができると思う	1	2	3	4	5
② 人事評価の結果を詳しく知ることができると思う	1	2	3	4	5
③ あなたに対する人事評価は正確であると思う	1	2	3	4	5
④ 仕事の評価全体について、正しく評価されていると思う	1	2	3	4	5

<問19> あなたは、次の事柄について公平だと感じますか。

	不公平である	どちらかといえば不公平である	どちらともいえない	どちらかといえば公平である	公平である
① あなたに対する人事評価	1	2	3	4	5
② 仕事グループ、特称の昇格審査の方法	1	2	3	4	5
③ 賃金・一時金の評価の方法	1	2	3	4	5
④ あなたの賃金・一時金	1	2	3	4	5

<問20> チャレンジプランについてお聞きします。

	そう思わない	どちらかといえばそう思わない	どちらともいえない	どちらかといえばそう思う	そう思う
① あなた自身の仕事の目標設定について、上司と納得できるまで話し合えましたか	1	2	3	4	5
② あなたは、あなた自身の仕事の目標に対する成果について、上司と納得できるまで話し合うことができたと思いますか	1	2	3	4	5
③ あなたはチャレンジプランによって、あなた自身の仕事の目標が明確になったと思いますか	1	2	3	4	5

①②いずれかで1.（そう思わない）、2.（どちらかといえばそう思わない）と答えた方は、問21へお進み下さい。

<問21> 問20の①②のいずれかで1.（そう思わない）、2.（どちらかといえばそう思わない）と答えた方のみお答えください。あなたはなぜ納得できるまで話し合えなかったと思いますか。次の中から1つ選んでお答えください。

　　①時間的にゆとりがなかった
　　②自分と上司との思いにギャップがあった。
　　③上司との間に話し合いをする人間関係ができていなかった
　　④上司がチャレンジプランに対して積極的でなかった
　　⑤自分自身が明確な考えを持っていなかった
　　⑥上司に人材育成の能力が感じられない
　　⑦その他

<問22> あなたの場合、チャレンジプランにおける上司との話し合いの時間がどれくらいでしたか。

　　①1時間以上　　　　　　②30分〜1時間未満　　　　③10分〜30分未満
　　④5分〜10分未満　　　　⑤5分未満

<問23> あなたと同じ年齢で同じような仕事をしている会社員の平均年収はどのくらいだと思いますか。

　　①200万円未満　　　　②200～300万円未満　　　　③300～400万円未満
　　④400～500万円未満　　⑤500～600万円未満　　　　⑥600～700万円未満
　　⑦700～800万円未満　　⑧800～1000万円未満　　　 ⑨1000万円以上

<問24> 他社で同じような仕事をしている同年齢の人と比べて、あなたの仕事グループまたは特称はどのように思いますか。

　　①低い　　　②やや低い　　　③ほぼ同じ　　　④やや高い　　　⑤高い

<問25> 同じような仕事をしている社内の同年齢の人と比べて、あなたの仕事グループまたは特称はどのように思いますか。

　　①低い　　　②やや低い　　　③ほぼ同じ　　　④やや高い　　　⑤高い

<問26> 現在の仕事グループまたは特称になってから何年たちますか（平成9年9月1日時点での年数で、6ヶ月未満は切り捨て、6ヶ月以上は切り上げてご回答下さい）。
　　＊（　　　年）でお答え下さい

<問27> 現在の上司が直属の上司となってから何年たちますか（平成9年9月1日時点での年数で、6ヶ月未満は切り捨て、6ヶ月以上は切り上げてご回答下さい）。
　　＊（　　　年）でお答え下さい

　　　　　　　　　　　　　　　ありがとうございました。
　　　　　　　　　　　　　　　記入もれはありませんか。最後にもう一度確認して下さい。
　　　　　　　　　　　　　　　回答結果は、回答票のみ提出して下さい。

3　Ｂ社調査票

B社　非専門職調査票

働きがいに関する予備調査

社団法人　国際経済労働研究所

■ おねがい

　この調査は企業での業務に従事しておられる方々が、会社や業務そのものついて日頃どのようなことを考えておられるのかを明らかにするために行うものです。

■ 回答の方法

1. 回答は、この調査票に直接書き込んで下さい。
2. 回答番号を選ぶ設問では、特に断わりのない限りは、番号を1つだけ選び、その番号を設問の横の回答欄にご記入下さい。設問の番号と回答欄の番号を間違わないよう、お気をつけ下さい。

　回答内容はすべてコンピューターで統計的に処理しますので、個人のプライバシーがもれる心配はまったくありません。したがって、各質問について、自分の思うことをありのままお答え下さい。

3　B社調査票　　非専門職調査票

まず、あなたご自身のことについておたずねします。

F1　性　別
1．男性　　　　　　　　2．女性　　　　　　　　　　　　　　F1 □

F2　年　齢（平成12年4月1日現在の満年齢でご回答下さい）
満（　　）歳　　　　　　　　　　　　　　　　　　　　　　　F2 □

F3　職　種
1．営業・販売・サービス　2．専門・技術・研究　3．事務
4．技能・現業　　　　　　5．その他（　　　）　　　　　　　F3 □

F4　勤続年数（平成12年4月1日現在の勤続年数を6ヶ月未満を切り捨ててご回答下さい）
約（　　）年　　　　　　　　　　　　　　　　　　　　　　　F4 □

F5　学　歴
1．高校卒　　　2．専修学校卒　　　3．短大・高専卒
4．大学卒　　　5．大学院卒（修士課程）　6．大学院卒（博士課程）　F5 □

【問1】 あなたは会社に対して、次の事柄をどのようにお考えでしょうか。

		そう思わない	どちらかといえばそう思わない	どちらともいえない	どちらかといえばそう思う	そう思う	
1	この会社を離れたら、どうなるか不安である	1	2	3	4	5	1
2	自分にとってやりがいのある仕事を担当させてもらえないなら、						2
	この会社にいても意味がない	1	2	3	4	5	3
3	この会社の発展のためなら、人並以上の努力を喜んで払うつもりだ	1	2	3	4	5	4
4	この会社に忠誠心を抱くことは大切である	1	2	3	4	5	5
5	会社を辞めることは、世間体が悪いと思う	1	2	3	4	5	6
6	この会社を辞めたら、家族や親戚に会わせる顔がない	1	2	3	4	5	7
7	これ以上、自分の能力を向上させる機会が得られなければ、						8
	この会社にとどまるメリットはあまりない	1	2	3	4	5	9
8	この会社で働き続ける理由の一つは、ここを辞めることが						10
	かなりの損失を伴うからである	1	2	3	4	5	
9	自分の会社やその事業は社会的に意義がある	1	2	3	4	5	
10	自分の会社やその事業の将来に夢を持っている	1	2	3	4	5	

【問2】 あなたは現在携わっている職業に対して、次の事柄をどのようにお考えでしょうか。

		そう思わない	どちらかといえばそう思わない	どちらともいえない	どちらかといえばそう思う	そう思う	
1	私は、この職業での成功のためなら、人並以上の努力を						1
	喜んで払うつもりだ	1	2	3	4	5	
2	友人に、この職業はやりがいのあるすばらしい分野であると言える	1	2	3	4	5	2
3	この職業に携わることは自分にとって価値のあることだと思う	1	2	3	4	5	3
4	この職業は私の意欲をおおいにかきたてるものである	1	2	3	4	5	4
5	この職業に愛着心といったものは持ち合わせていない	1	2	3	4	5	5
6	この職業を選んでよかったと思う	1	2	3	4	5	6
7	この職業は一生続けられる価値のある職業だと思う	1	2	3	4	5	7

3　B社調査票　　非専門職調査票

【問3】　あなたは会社に対して、次の事柄をどのようにお考えでしょうか。

	そう思わない	どちらかといえばそう思わない	どちらともいえない	どちらかといえばそう思う	そう思う	
1　全体的に好調だ……………………………………	1	2	3	4	5	1
2　技術や企画が優れ、独創的な製品やサービス（販売体制）がある……	1	2	3	4	5	2
3　安定している………………………………………	1	2	3	4	5	3
4　社会に役立つ製品やサービスを提供している………………	1	2	3	4	5	4
5　業界の中での地位が高いと思う…………………	1	2	3	4	5	5

【問4】　あなたは会社が同じ分野の業界でどのくらいの位置にいるとお考えでしょうか
　　　　（例えば、家電メーカー内でほぼ真ん中くらいとお考えであれば、「5」と記入）。

下位クラス　　1―2―3―4―5―6―7―8―9―10　　最上位クラス

【問5】　あなたは自分の担当している分野（製品や技術など）は同じ分野の業界でどのくらいの位置に
　　　　いるとお考えでしょうか（例えば、液晶事業の中ではほぼ真ん中くらいとお考えであれば、「5」と記入）。

下位クラス　　1―2―3―4―5―6―7―8―9―10　　最上位クラス

【問6】　仕事についてあなたは、次のような条件がどの程度備わっていることを望みますか。

	普通以下でよい	普通にあってほしい	普通以上にあってほしい	かなり沢山あってほしい	非常にあって欲しい	
1　仕事の内容が複雑で変化に富むこと…………………	1	2	3	4	5	1
2　仕事の専門性……………………………………	1	2	3	4	5	2
3　困難な仕事へ挑戦する機会……………………	1	2	3	4	5	3
4　自分の能力が試される機会……………………	1	2	3	4	5	4
5　仕事が自由にまかされる機会…………………	1	2	3	4	5	5

【問7】　あなたは今の仕事について次のように感じることがありますか。

		そう思わない	どちらかといえばそう思わない	どちらともいえない	どちらかといえばそう思う	そう思う	
1	自分の仕事には自信がある…………………………	1	2	3	4	5	1 ☐
2	こうすれば結果はこうなると予想を立てながら仕事ができる…	1	2	3	4	5	2 ☐
3	仕事のやり方は自分で決めている…………………	1	2	3	4	5	3 ☐
4	仕事上のたいていのことには対処できる…………	1	2	3	4	5	4 ☐
5	仕事はよくできるほうだ……………………………	1	2	3	4	5	5 ☐
6	仕事上の問題はたいてい解決できる………………	1	2	3	4	5	6 ☐
7	自分の仕事の目標は常に達成している……………	1	2	3	4	5	7 ☐
8	仕事に自分の創意工夫が十分活かされている……	1	2	3	4	5	8 ☐
9	自分で見通しを立てながら仕事をしている………	1	2	3	4	5	9 ☐
10	自分の能力が十分に発揮できている………………	1	2	3	4	5	10 ☐
11	自分の能力を十分に活かしている…………………	1	2	3	4	5	11 ☐

【問8】　あなたの直属の上司を一人思い浮かべて下さい。
　　　　○○にその方の名前を当てはめて、以下の質問にお答え下さい。

		そう思わない	どちらかといえばそう思わない	どちらともいえない	どちらかといえばそう思う	そう思う	
1	○○さんのおかげで仕事の完成のために全力を傾けることができる………	1	2	3	4	5	1 ☐
2	多少の不安があっても、○○さんの方針であれば間違いないと確信できる	1	2	3	4	5	2 ☐
3	○○さんの示す仕事についてのビジョンを自然に受け入れることができる	1	2	3	4	5	3 ☐
4	○○さんには部下を活気づける不思議な力がある…………	1	2	3	4	5	4 ☐
5	○○さんの考え方は常に妥当なものだと信頼できる………	1	2	3	4	5	5 ☐
6	○○さんのことを全面的に信頼している……………………	1	2	3	4	5	6 ☐
7	○○さんは仕事に生きがいを与えてくれる…………………	1	2	3	4	5	7 ☐

【問9】 あなたは今の仕事について日頃どのように思っていますか。

		そう思わない	どちらかといえばそう思わない	どちらともいえない	どちらかといえばそう思う	そう思う	
1	今の仕事が楽しい	1	2	3	4	5	1 □
2	今の仕事にとても生きがいを感じる	1	2	3	4	5	2 □
3	今の仕事を続けたい	1	2	3	4	5	3 □
4	仕事を選び直せるとしても今と同じ内容の仕事を選ぶ	1	2	3	4	5	4 □
5	自分の立てたプランやスケジュールどおりに仕事を進めることが認められている	1	2	3	4	5	5 □
6	毎日の仕事は単調である	1	2	3	4	5	6 □
7	仕事の手順や方法は自分の判断に任されている	1	2	3	4	5	7 □
8	自分の仕事は同僚の出来不出来によって影響される	1	2	3	4	5	8 □
9	自分の仕事の成果は一目で明らかである	1	2	3	4	5	9 □
10	自分がやらなければならない仕事の範囲は、はっきりしている	1	2	3	4	5	10 □
11	今の会社にずっと勤めたい	1	2	3	4	5	11 □
12	今の職場から私がいなくなるとみんなが困る	1	2	3	4	5	12 □
13	全般的に今の仕事に満足している	1	2	3	4	5	13 □
14	毎日の仕事はいろいろ変化に富んでいる	1	2	3	4	5	14 □
15	私と他の同僚との仕事の分担は、はっきりしている	1	2	3	4	5	15 □
16	私はいつでも自分のしている仕事の出来ばえや成果を知ることができる	1	2	3	4	5	16 □
17	私の仕事には、同僚と協力しなければやっていけない面がたくさんある	1	2	3	4	5	17 □

【問10】 あなたは日頃、以下の事柄についてどのように思われますか。

		そう思わない	どちらかといえばそう思わない	どちらともいえない	どちらかといえばそう思う	そう思う	
1	いつも何か目標をもっていたい	1	2	3	4	5	1 □
2	物事は他の人よりうまくやりたい	1	2	3	4	5	2 □
3	何でも手がけたことには最善を尽くしたい	1	2	3	4	5	3 □
4	いろんなことを学んで自分を深めたい	1	2	3	4	5	4 □

【問11】 今の仕事はあなたにとってどのくらいのものですか。

1. 非常に物足りない　2. 物足りない　3. やや物足りない　4. ちょうどよい
5. やや能力を越えている　6. 能力を越えている　7. 非常に能力を越えている

【問12】 あなたは次の事柄についてどの程度満足していますか。

		不満である	どちらかといえば不満である	どちらともいえない	どちらかといえば満足している	満足している
1	上司の指導力	1	2	3	4	5
2	上司との関係	1	2	3	4	5
3	同僚・部下との関係	1	2	3	4	5
4	上司からの評価	1	2	3	4	5
5	同僚・部下の能力	1	2	3	4	5
6	職場の人間関係	1	2	3	4	5
7	職場での地位	1	2	3	4	5
8	昇進の可能性	1	2	3	4	5
9	給与の水準	1	2	3	4	5
10	会社の施設や設備	1	2	3	4	5
11	休暇や労働時間	1	2	3	4	5
12	会社の福利厚生	1	2	3	4	5
13	職場の雰囲気	1	2	3	4	5
14	仕事自体の社会的評価	1	2	3	4	5
15	会社自体の社会的評価	1	2	3	4	5
16	仕事全体	1	2	3	4	5

【問13】 会社と従業員とのコミュニケーションについてお聞きします。

		そう思わない	どちらかといえばそう思わない	どちらともいえない	どちらかといえばそう思う	そう思う
1	会社は経営や生産に関する従業員の提案や意見をよく聞いてくれる	1	2	3	4	5
2	従業員の意見が企業活動に反映されていない	1	2	3	4	5
3	従業員は会社の経営方針などを十分に知っている	1	2	3	4	5
4	従業員は会社の経営方針によく従っている	1	2	3	4	5

ありがとうございました。　記入漏れはありませんか。　最後にもう一度確認して下さい。

B社　専門職調査票

働きがいに関する予備調査

社団法人　国際経済労働研究所

■ おねがい

　この調査は企業で研究に従事しておられる専門職の方々が、会社や自分の研究分野、業界、業務そのものについて日頃どのようなことを考えておられるのかを明らかにするために行うものです。

■ 回答の方法

1. 回答は、この調査票に直接書き込んで下さい。
2. 回答番号を選ぶ設問では、特に断わりのない限りは、番号を1つだけ選び、その番号を設問の横の回答欄にご記入下さい。設問の番号と回答欄の番号を間違わないよう、お気をつけ下さい。

　回答内容はすべてコンピューターで統計的に処理しますので、個人のプライバシーがもれる心配はまったくありません。したがって、各質問について、自分の思うことをありのままお答え下さい。

まず、あなたご自身のことについておたずねします。

F1 性別
1. 男性　　　　2. 女性　　　　F1 □

F2 年齢（平成12年4月1日現在の満年齢でご回答下さい）
満（　　　）歳　　　　F2 □

F3 職種
1. 営業・販売・サービス　　2. 専門・技術・研究　　3. 事務
4. 技能・現業　　5. その他（　　　）　　　　F3 □

F4 職位
1. 一般職　　　　2. 主任　　　　3. 課長以上　　　　F4 □

F5 所属カンパニー
1. マルチメディアカンパニー　　2. ソフトエナジーカンパニー
3. セミコンダクターカンパニー　　4. ホーム・アプライアンスカンパニー
5. 産機システムカンパニー　　6. 研究開発本部　　　　F5 □

F6 カンパニーに所属の方のみお答え下さい。
1. 開発研究所　　　　2. 技術部門　　　　F6 □

F7 所属分野
1. 次世代化学電池技術分野　　　　　　　　　　　　3. 新機能材料・新素材技術分野
4. バイオ技術分野　　2. 新型太陽電池技術分野
7. システムＬＳＩ技術分野　　5. 次世代冷機技術分野　　6. ヒューマンアシスト技術分野
10. 新通信・放送技術分野　　8. ＬＣＤ技術分野
13. コンピュータ・アーキテクチャ技術分野　　11. 新ディスプレイ技術分野　　9. オプトデバイス技術分野
14. コンピュータ統合化研究環境　　12. 新記録メディア技術分野
16. 材料評価解析　　17. ニューマテリアル研究所　　15. 知的財産戦略
19. エコ・エネシステム研究所　　20. マイクロエレクトロニクス研究所　　18. メカトロニクス研究所
23. 総合技術企画部　　21. ハイパーメディア研究所
22. 本部室　　26. ＣＥ推進センター　　24. 総合技術企画部
25. 総合デザインセンター
F7 □

F8 勤続年数（平成12年4月1日現在の勤続年数を6ヶ月未満を切り捨ててご回答下さい）
約（　　　）年　　　　F8 □

F9 学歴
1. 大学院卒（修士課程）　　2. 大学院卒（博士課程）　　　　F9 □

F10 あなたが現在携わっている仕事は、以下のどの区分にあたりますか。
　　　「商品設計」とお答えになった方は、具体的な商品名をお答え下さい。

| 1. 基礎研究 | 2. 応用研究 |
| 3. 開発研究 | 4. 商品設計（商品名：　　　　　　　） |

F10 □

F11 入社時に携わっていた仕事は、以下のどの区分にあたりますか。

1. 基礎研究　　2. 応用研究　　3. 開発研究　　4. 商品設計

F11 □

F12 あなたが現在携わっている仕事は、具体的にどのような専門分野（製品や技術など）に関することですか。カッコ内にお書き下さい（例えば、半導体など）。
（　　　　　　　　　）

F13 あなたは現在、どのような学会に所属していますか。主要なものを2つお書き下さい。
（　　　　　　　　　）（　　　　　　　　　）

F14 これまでに学会誌に掲載された論文の数をお書き下さい（学生時代のものは除く）。
（　　　）本

F14 □

F15 あなたはこれまでにいくつくらい特許をとりましたか（チームでとったものを含む）。
（　　　）件

F15 □

転職についてお聞きします。

F16 転職経験

1. 職種は同じだが、会社を変わったことがある	1. はい　2. いいえ
2. 職種を変えて、会社を変わったことがある	1. はい　2. いいえ
3. 会社も職種も変わったことがない	1. はい　2. いいえ

F16　1 □　2 □　3 □

F17 上記の1～2までに「はい」と回答された方にお聞きします。転職はこれまでに何回ありましたか。

| 1. 職種は同じだが、会社を変わったことがある | （　　）回 |
| 2. 職種を変えて、会社を変わったことがある | （　　）回 |

F17　1 □　2 □

F18 今後、転職を考えておられますか。

1. 現在、同じ職種で会社を変わろうと考えている
2. 機会があれば、同じ職種で会社を変わりたい
3. 現在、別の職種で会社を変わろうと考えている
4. 機会があれば、別の職種で会社を変わりたい
5. 現在、大学などの研究機関に入ろうと考えている
6. 機会があれば、大学などの研究機関に入りたい
7. 転職や研究機関への移動は一切考えていない

F18 □

付録

【問1】 あなたは会社に対して、次の事柄をどのようにお考えでしょうか。

		そう思わない	どちらかといえばそう思わない	どちらともいえない	どちらかといえばそう思う	そう思う	
1	この会社を離れたら、どうなるか不安である……………………	1	2	3	4	5	1 □
2	自分にとってやりがいのある仕事を担当させてもらえないなら、この会社にいても意味がない……………………………………	1	2	3	4	5	2 □ / 3 □
3	この会社の発展のためなら、人並み以上の努力を喜んで払うつもりだ	1	2	3	4	5	4 □
4	この会社に忠誠心を抱くことは大切である……………………	1	2	3	4	5	5 □
5	会社を辞めることは、世間体が悪いと思う………………………	1	2	3	4	5	6 □
6	この会社を辞めたら、家族や親戚に会わせる顔がない…………	1	2	3	4	5	7 □
7	これ以上、自分の能力を向上させる機会が得られなければ、この会社にとどまるメリットはあまりない………………………	1	2	3	4	5	8 □ / 9 □
8	この会社で働き続ける理由の一つは、ここを辞めることがかなりの損失を伴うからである……………………………………	1	2	3	4	5	10 □
9	自分の会社やその事業は社会的に意義がある……………………	1	2	3	4	5	
10	自分の会社やその事業の将来に夢を持っている…………………	1	2	3	4	5	

【問2】 あなたは自分の専門分野に対して、次の事柄をどのようにお考えでしょうか。

		そう思わない	どちらかといえばそう思わない	どちらともいえない	どちらかといえばそう思う	そう思う	
1	私は、自分の専門分野での新技術開発のためなら、人並み以上の努力を喜んで払うつもりだ………………………………	1	2	3	4	5	1 □
2	友人にこの専門分野はやりがいのあるすばらしい分野であると言える	1	2	3	4	5	2 □
3	この専門分野に携わることは自分にとって価値のあることだと思う…	1	2	3	4	5	3 □
4	この専門分野は私の意欲をおおいにかきたてるものである………	1	2	3	4	5	4 □
5	私はこの専門分野に愛着心といったものは持ち合わせていない……	1	2	3	4	5	5 □
6	この専門分野を選んでよかったと思う………………………………	1	2	3	4	5	6 □
7	この専門分野は一生続けられる価値のある分野だと思う…………	1	2	3	4	5	7 □

【問3】 あなたは会社に対して、次の事柄をどのようにお考えでしょうか。

	そう思わない	どちらかといえばそう思わない	どちらともいえない	どちらかといえばそう思う	そう思う	
1 全体的に好調だ………………………………………	1	2	3	4	5	1 ☐
2 技術や企画が優れ、独創的な製品やサービス（販売体制）がある…	1	2	3	4	5	2 ☐
3 安定している……………………………………………	1	2	3	4	5	3 ☐
4 社会に役立つ製品やサービスを提供している………………	1	2	3	4	5	4 ☐

【問4】 あなたは会社が同じ分野の業界でどのくらいの位置にいるとお考えでしょうか
（例えば、家電メーカー内でほぼ真ん中くらいとお考えであれば、「5」と記入）。

下位クラス　　1—2—3—4—5—6—7—8—9—10　　最上位クラス　　☐

【問5】 あなたは自分の担当している専門分野（製品や技術など）は同じ分野の業界でどのくらいの位置にいるとお考えでしょうか
（例えば、液晶事業の中でほぼ真ん中くらいとお考えであれば、「5」と記入）。

下位クラス　　1—2—3—4—5—6—7—8—9—10　　最上位クラス　　☐

【問6】 あなたが会社で携わっている専門分野の研究は応用〜基礎のどのくらいの位置にいるとお考えでしょうか
（例えば、基礎的な研究と応用的な研究が同比率とお考えであれば、「5」と記入）。

基礎的　　1—2—3—4—5—6—7—8—9—10　　応用的　　☐

【問7】 仕事についてあなたは、次のような条件がどの程度備わっていることを望みますか。

		普通以下でよい	普通にあってほしい	普通以上にあってほしい	かなり沢山あってほしい	非常にあって欲しい		
1	仕事の内容が複雑で変化に富むこと………………………	1	2	3	4	5	1	
2	仕事の専門性………………………………………………	1	2	3	4	5	2	
3	困難な仕事へ挑戦する機会………………………………	1	2	3	4	5	3	
4	自分の能力が試される機会………………………………	1	2	3	4	5	4	
5	仕事が自由にまかされる機会……………………………	1	2	3	4	5	5	

【問8】 あなたは今の仕事について次のように感じることがありますか。

		そう思わない	どちらかといえばそう思わない	どちらともいえない	どちらかといえばそう思う	そう思う		
1	自分の仕事には自信がある………………………………	1	2	3	4	5	1	
2	こうすれば結果はこうなると予想を立てながら仕事ができる…	1	2	3	4	5	2	
3	仕事のやり方は自分で決めている………………………	1	2	3	4	5	3	
4	仕事上のたいていのことには対処できる………………	1	2	3	4	5	4	
5	仕事はよくできるほうだ…………………………………	1	2	3	4	5	5	
6	仕事上の問題はたいてい解決できる……………………	1	2	3	4	5	6	
7	自分の仕事の目標は常に達成されている………………	1	2	3	4	5	7	
8	仕事に自分の創意工夫が十分活かされている…………	1	2	3	4	5	8	
9	自分で見通しを立てながら仕事をしている……………	1	2	3	4	5	9	
10	自分の能力が十分に発揮できている……………………	1	2	3	4	5	10	
11	自分の能力を十分に活かしている………………………	1	2	3	4	5	11	

【問9】 あなたの職場の人たち（上司を含む）について、以下のことをお答え下さい。

		そう思わない	どちらかといえばそう思わない	どちらともいえない	どちらかといえばそう思う	そう思う	
1	仕事で困っている時や助けがいる時は職場の仲間がサポートしてくれる	1	2	3	4	5	1 □
2	よいところも悪いところも全て含めて、あなたの存在を認めてくれる	1	2	3	4	5	2 □
3	普段からあなたの気持ちをよく理解してくれる	1	2	3	4	5	3 □
4	日頃からあなたの実力を評価し、認めてくれる	1	2	3	4	5	4 □
5	あなたが落ち込んでいると、元気づけてくれる	1	2	3	4	5	5 □
6	あなたの適性にあった仕事を与えてくれる	1	2	3	4	5	6 □

【問10】 今の仕事はあなたにとってどのくらいのものですか。

1．非常に物足りない　　2．物足りない　　3．やや物足りない　　4．ちょうどよい
5．やや能力を越えている　　6．能力を越えている　　7．非常に能力を越えている

□

【問11】 あなたの直属の上司を一人思い浮かべて下さい。
　　　　○○にその方の名前を当てはめて、以下の質問にお答え下さい。

		そう思わない	どちらかといえばそう思わない	どちらともいえない	どちらかといえばそう思う	そう思う	
1	○○さんのおかげで仕事の完成のために全力を傾けることができる	1	2	3	4	5	1 □
2	多少の不安があっても、○○さんの方針であれば間違いないと確信できる	1	2	3	4	5	2 □
3	○○さんの示す仕事についてのビジョンを自然に受け入れることができる	1	2	3	4	5	3 □
4	○○さんには部下を活気づける不思議な力がある	1	2	3	4	5	4 □
5	○○さんの考え方は常に妥当なものだと信頼できる	1	2	3	4	5	5 □
6	○○さんのことを全面的に信頼している	1	2	3	4	5	6 □
7	○○さんは仕事に生きがいを与えてくれる	1	2	3	4	5	7 □

【問12】 あなたは日頃、以下の事柄についてどのように思われますか。

		そう思わない	どちらかといえばそう思わない	どちらともいえない	どちらかといえばそう思う	そう思う
1	いつも何か目標をもっていたい	1	2	3	4	5
2	物事は他の人よりうまくやりたい	1	2	3	4	5
3	何でも手がけたことには最善を尽くしたい	1	2	3	4	5
4	いろんなことを学んで自分を深めたい	1	2	3	4	5

【問13】 会社と従業員とのコミュニケーションについてお聞きします。

		そう思わない	どちらかといえばそう思わない	どちらともいえない	どちらかといえばそう思う	そう思う
1	会社は従業員の提案や意見をよく聞いてくれる	1	2	3	4	5
2	従業員の意見が経営に反映されていない	1	2	3	4	5
3	従業員は会社の経営方針などを十分に知っている	1	2	3	4	5
4	従業員は会社の経営方針によく従っている	1	2	3	4	5

【問14】 あなたは今の仕事について日頃どのように思っていますか。

		そう思わない	どちらかといえばそう思わない	どちらともいえない	どちらかといえばそう思う	そう思う
1	今の仕事が楽しい	1	2	3	4	5
2	今の仕事にとても生きがいを感じる	1	2	3	4	5
3	今の仕事を続けたい	1	2	3	4	5
4	仕事を選び直せるとしても今と同じ内容の仕事を選ぶ	1	2	3	4	5
5	自分の立てたプランやスケジュールどおりに仕事を進めることが認められている	1	2	3	4	5
6	毎日の仕事は単調である	1	2	3	4	5
7	仕事の手順や方法は自分の判断に任されている	1	2	3	4	5

8	自分の仕事は同僚の出来不出来によって影響される……………	1——2——3——4——5	8
9	自分の仕事の成果は一目で明らかである………………………	1——2——3——4——5	9
10	自分がやらなければならない仕事の範囲は、はっきりしている	1——2——3——4——5	10
11	今の会社にずっと勤めたい………………………………………	1——2——3——4——5	11
12	今の職場から私がいなくなるとみんなが困る…………………	1——2——3——4——5	12
13	全般的に今の仕事に満足している………………………………	1——2——3——4——5	13
14	毎日の仕事はいろいろ変化に富んでいる………………………	1——2——3——4——5	14
15	私と他の同僚との仕事の分担は、はっきりしている…………	1——2——3——4——5	15
16	私はいつでも自分のしている仕事の出来ばえや成果を 知ることができる………………………………………………	1——2——3——4——5	16
17	私の仕事には、同僚と協力しなければやっていけない面が たくさんある……………………………………………………	1——2——3——4——5	17
18	できる限り、今の部署から離れたくない………………………	1——2——3——4——5	18

【問15】 あなたは次の事柄についてどの程度満足していますか。

		不満である	どちらかといえば不満である	どちらともいえない	どちらかといえば満足している	満足している	
1	上司の指導力………………………………………………					1——2——3——4——5	1
2	上司との関係………………………………………………					1——2——3——4——5	2
3	同僚・部下との関係………………………………………					1——2——3——4——5	3
4	上司からの評価……………………………………………					1——2——3——4——5	4
5	同僚・部下の能力…………………………………………					1——2——3——4——5	5
6	職場の人間関係……………………………………………					1——2——3——4——5	6
7	職場での地位………………………………………………					1——2——3——4——5	7
8	昇進の可能性………………………………………………					1——2——3——4——5	8
9	給与の水準…………………………………………………					1——2——3——4——5	9
10	会社の施設や設備…………………………………………					1——2——3——4——5	10
11	休暇や労働時間……………………………………………					1——2——3——4——5	11
12	会社の福利厚生……………………………………………					1——2——3——4——5	12
13	職場の雰囲気………………………………………………					1——2——3——4——5	13
14	仕事自体の社会的評価……………………………………					1——2——3——4——5	14
15	会社自体の社会的評価……………………………………					1——2——3——4——5	15
16	研究(仕事)環境…………………………………………					1——2——3——4——5	16
17	仕事や研究に必要な情報の量や質………………………					1——2——3——4——5	17
18	仕事全体……………………………………………………					1——2——3——4——5	18

【問16】　あなたが入社した頃のことを思い出して下さい。
　　　　　そのころの職場の人たち（上司を含む）のことについて、以下のことをお答え下さい。

		そう思わない	どちらかといえばそう思わない	どちらともいえない	どちらかといえばそう思う	そう思う	
1	仕事で困っている時や助けがいる時は職場の仲間がサポートしてくれた	1	2	3	4	5	1 □
2	よいところも悪いところも全て含めて、あなたの存在を認めてくれた	1	2	3	4	5	2 □
3	普段からあなたの気持ちをよく理解してくれた	1	2	3	4	5	3 □
4	日頃からあなたの実力を評価し、認めてくれた	1	2	3	4	5	4 □
5	あなたが落ち込んでいると、元気づけてくれた	1	2	3	4	5	5 □
6	あなたの適性にあった仕事を与えてくれた	1	2	3	4	5	6 □

【問17】　あなたが入社した頃の、直属の上司を一人思い浮かべて下さい。
　　　　　○○にその方の名前を当てはめて、以下の質問にお答え下さい。

		そう思わない	どちらかといえばそう思わない	どちらともいえない	どちらかといえばそう思う	そう思う	
1	○○さんのおかげで仕事の完成のために全力を傾けることができた	1	2	3	4	5	1 □
2	多少の不安があっても、○○さんの方針であれば間違いないと確信できた	1	2	3	4	5	2 □
3	○○さんの示す仕事についてのビジョンを自然に受け入れることができた	1	2	3	4	5	3 □
4	○○さんには部下を活気づける不思議な力があった	1	2	3	4	5	4 □
5	○○さんの考え方は常に妥当なものだと信頼できた	1	2	3	4	5	5 □
6	○○さんのことを全面的に信頼していた	1	2	3	4	5	6 □
7	○○さんは仕事に生きがいを与えてくれた	1	2	3	4	5	7 □

【問18】　あなたは現在の仕事環境についてどのようにお考えでしょうか。

		そう思わない	どちらかといえばそう思わない	どちらともいえない	どちらかといえばそう思う	そう思う	
1	自分の仕事を続ける上で、この会社以上の仕事環境はない	1	2	3	4	5	1 □
2	他の分野の仕事には、いまさらつけない	1	2	3	4	5	2 □

3	この会社でなくても、自分のやりたい仕事はできる……………………	1—2—3—4—5	3
4	同じ分野で、他の会社へ移動するチャンスがあれば、移ってみたい…	1—2—3—4—5	4
5	自分は会社に所属しなくても、起業することができる…………………	1—2—3—4—5	5
6	この会社では、ある一定年齢以上になると、社外へ転出する人が多い	1—2—3—4—5	6
7	今の会社は自分が入りたかった会社である…………………………	1—2—3—4—5	7
8	今の所属部署は自分の入りたかった部署である………………………	1—2—3—4—5	8
9	会社は仕事内容が身につき実践できるまで、徹底的に教育している…	1—2—3—4—5	9
10	会社は専門職が自由に仕事ができるように、必要な設備を整えている	1—2—3—4—5	10
11	会社は専門知識を持っている人は権威があると認めている…………	1—2—3—4—5	11
12	複数の人から矛盾した仕事の指示を受けることがある…………………	1—2—3—4—5	12

ありがとうございました。
記入漏れはありませんか。最後にもう一度確認して下さい。

4　C研究所調査票

C研究所 研究者の意識調査

■ おねがい

　本調査はC研究所の研究者の方々に対する意識調査です。研究者は、組織の方針に管理される一般の労働者と異なる形態で働いていると言われています。本調査は、日本の最先端の科学を推し進めておられるC研究所の研究者の方々が、研究分野や研究環境に対して、また、将来のことなども含めて、日ごろどのような考えをもっておられるのかをお尋ねするものです。労働条件が優位であるとされる最先端の研究者に関する研究は、今まで関心を持たれず、問題点があるとも受けとめられておりませんでした。先端的研究に携わる研究者の研究環境への意識は、社会科学的に解析されておりません。その意味でもこの調査には大きな期待が寄せられておりますとともに、研究者の方々の今後の研究環境整備と充実に少しでもお役に立てるのではないかと考えております。

　ご多忙とは存じますが、ご協力のほど、よろしくお願い致します。なお、調査させて頂きましたデータは、学術研究だけを目的とし、論文・著作での使用に限定することをお約束致します。

■ 回答の方法

1. 回答は、この調査票に直接書き込んで下さい。
2. 回答番号を選ぶ設問では、特に断わりのない限りは、番号を1つだけ選び、その番号を設問の横の回答欄にご記入下さい。
3. 2001年4月からの新体制の組織に所属される方は、継続雇用と解釈させて頂きます。問中の「この組織」は、現在のことは、現在の組織で、将来のことは新体制を想定してお答え下さい。

　お手数ですが、ご回答下さいました調査票は、調査票が入っておりました封筒に入れて密封して下さい。封をして頂くことで、ご回答頂いた内容は他者の目に触れません。回答内容はすべてコンピューターで統計的に処理しますので、個人のプライバシーがもれる心配はまったくありません。

平成12年11月13日

同志社大学大学院文学研究科
社会学専攻　博士後期課程
藤本　昌代

| まず、あなたご自身のことについておたずねします。 |

F1 性別
| 1. 男性　　　　　　2. 女性 | F1 |

F2 年齢（平成12年4月1日現在の満年齢でご回答下さい）
| 満（　　）歳 | F2 |

F3 職種
| 1. 専門・技術・研究　　2. 事務　　3. その他（　　　　） | F3 |

F4 職位
| 1. 研究員　2. 主任研究官　3. ラボリーダー　4. 総括主任研究官以上 | F4 |

F5 職階
| （　　）級号俸 | F5 |

F6 採用形態
| 1. 任期制採用　　2. 固定採用 | F6 |

F7 勤続年数（平成12年4月1日現在の勤続年数を6ヶ月未満を切り捨ててご回答下さい）
| 約（　　）年 | F7 |

F8 学歴
| 1. 大学卒　　　2. 大学院卒（修士課程）　　3. 大学院卒（博士課程） | F8 |

F9 学位（最終のものをご回答下さい）
| 1. 学士　　　　2. 修士　　　　3. 博士 | F9 |

F10 現在、従事している専門分野をカッコ内にお書き下さい。
（　　　　　　　　　　　　　　　　　　　　　　　）

F11 国外での研究経験
| 国外で研究（留学を含む）したことがある | 1. はい　2. いいえ | F11 |

F12 F11で「はい」と回答された方にお聞きします。
| 国外研究経験はこれまでに何回ありましたか | （　　）回 | F12 |

転職についてお聞きします。

問中の「別組織」とは大学、他研究所、企業、独立ベンチャー企業などを指します。

F13 転職経験（ポストドクトラルを含む）

4. 同じ職種で国内の別組織にいたことがある	1. はい　2. いいえ	F13	1
5. 同じ職種で国外の別組織にいたことがある	1. はい　2. いいえ		2
6. 異なる職種で別組織にいたことがある	1. はい　2. いいえ		3
7. 組織も職種も変わったことがない	1. はい　2. いいえ		4

F14　上記の1～3までに「はい」と回答された方にお聞きします。転職はこれまでに何回ありましたか。

1. 同じ職種で国内の別組織にいたことがある	（　　）回	F14	1
2. 同じ職種で国外の別組織にいたことがある	（　　）回		2
3. 異なる職種で組織を変わったことがある	（　　）回		3

F15　今後、転職を考えておられますか。

6. 現在、同じ職種で国内の別組織に変わろうと考えている
7. 現在、同じ職種で国外の別組織に変わろうと考えている
8. 機会があれば、同じ職種で国内の別組織に変わりたい
9. 機会があれば、同じ職種で国外の別組織に変わりたい
10. 現在、別の職種で別組織（国内外で）に変わろうと考えている
11. 機会があれば、別の職種で別組織（国内外）に変わりたい
12. 転職は一切考えていない

F15

【問1】 あなたは自分の専門分野に対して、次の事柄をどのようにお考えでしょうか。

		そう思わない / どちらかといえばそう思わない / どちらともいえない / どちらかといえばそう思う / そう思う		
1	私は、自分の専門分野での新技術開発のためなら、人並以上の努力を喜んで払うつもりだ	1—2—3—4—5		1
2	友人にこの専門分野はやりがいのあるすばらしい分野であると言える	1—2—3—4—5		2
3	この専門分野に携わることは自分にとって価値のあることだと思う	1—2—3—4—5		3
4	この専門分野は私の意欲をおおいにかきたてるものである	1—2—3—4—5		4
5	私はこの専門分野に愛着心といったものは持ち合わせていない	1—2—3—4—5		5
6	この専門分野を選んでよかったと思う	1—2—3—4—5		6
7	この専門分野は一生続けられる価値のある分野だと思う	1—2—3—4—5		7

【問2】 あなたは今の仕事について次のように感じることがありますか。

		そう思わない / どちらかといえばそう思わない / どちらともいえない / どちらかといえばそう思う / そう思う		
1	自分の仕事には自信がある	1—2—3—4—5		1
2	こうすれば結果はこうなると予想を立てながら仕事ができる	1—2—3—4—5		2
3	仕事のやり方は自分で決めている	1—2—3—4—5		3
4	仕事上のたいていのことには対処できる	1—2—3—4—5		4
5	仕事はよくできるほうだ	1—2—3—4—5		5
6	仕事上の問題はたいてい解決できる	1—2—3—4—5		6
7	自分の仕事の目標は常に達成されている	1—2—3—4—5		7
8	仕事に自分の創意工夫が十分活かされている	1—2—3—4—5		8
9	自分で見通しを立てながら仕事をしている	1—2—3—4—5		9
10	自分の能力が十分に発揮できている	1—2—3—4—5		10
11	自分の能力を十分に活かしている	1—2—3—4—5		11

4　C研究所調査票

【問3】 仕事についてあなたは、次のような条件がどの程度備っていることを望みますか。

	普通以下でよい / 普通以上にあってほしい / かなり沢山あってほしい / 非常にあって欲しい	
1　仕事の内容が複雑で変化に富むこと	1—2—3—4—5	1
2　仕事の専門性	1—2—3—4—5	2
3　困難な仕事へ挑戦する機会	1—2—3—4—5	3
4　自分の能力が試される機会	1—2—3—4—5	4
5　仕事が自由にまかされる機会	1—2—3—4—5	5

【問4】 あなたは日頃、以下の事柄についてどのように思われますか。

	そう思わない / どちらかといえばそう思わない / どちらともいえない / どちらかといえばそう思う / そう思う	
1　いつも何か目標をもっていたい	1—2—3—4—5	1
2　物事は他の人よりうまくやりたい	1—2—3—4—5	2
3　何でも手がけたことには最善を尽くしたい	1—2—3—4—5	3
4　いろんなことを学んで自分を深めたい	1—2—3—4—5	4

【問5】 あなたはこの組織に対して、次の事柄をどのようにお考えでしょうか。

	そう思わない / どちらかといえばそう思わない / どちらともいえない / どちらかといえばそう思う / そう思う	
1　他の研究機関から目標とされる組織である	1—2—3—4—5	1
2　技術や企画が優れ、独創性がある	1—2—3—4—5	2
3　安定している	1—2—3—4—5	3
4　社会に役立つ研究成果を提供している	1—2—3—4—5	4

【問6】 あなたはこの組織が、国内の研究機関（大学、他の国公立研究所、企業研究所等）の中でどのくらいの位置にいるとお考えでしょうか

下位クラス　　1──2──3──4──5──6──7──8──9──10　　最上位クラス

【問7】 あなたは自分の担当している専門分野は、同じ分野の国内の研究機関（大学、他の国公立研究所、企業研究所等）と比較してでどのくらいの位置にいるとお考えでしょうか。

下位クラス　　1──2──3──4──5──6──7──8──9──10　　最上位クラス

【問8】 あなたがこの組織で携わっている専門分野の研究は、応用〜基礎のどのくらいの位置にいるとお考えでしょうか（例えば、基礎的な研究と応用的な研究が堂比率とお考えであれば、「5」と記入）。

基礎的　　　1──2──3──4──5──6──7──8──9──10　　応用的

【問9】 あなたはこの組織に対して、次の事柄をどのようにお考えでしょうか。

		そう思わない	どちらかといえばそう思わない	どちらともいえない	どちらかといえばそう思う	そう思う		
1	この組織を離れたら、どうなるか不安である	1	2	3	4	5		1
2	自分にとってやりがいのある仕事を担当させてもらえないなら、この組織にいても意味がない	1	2	3	4	5		2
3	この組織の発展のためなら、人並以上の努力を喜んで払うつもりだ	1	2	3	4	5		3
4	この組織に忠誠心を抱くことは大切である	1	2	3	4	5		4
5	この組織を辞めることは、世間体が悪いと思う	1	2	3	4	5		5
6	この組織を辞めたら、家族や親戚に会わせる顔がない	1	2	3	4	5		6
7	これ以上、自分の能力を向上させる機会が得られなければ、この組織にとどまるメリットはあまりない	1	2	3	4	5		7
8	この組織で働き続ける理由の一つは、ここを辞めることがかなりの損失を伴うからである	1	2	3	4	5		8
9	自分の組織やその事業は社会的に意義がある	1	2	3	4	5		9
10	自分の組織やその事業の将来に夢をもっている	1	2	3	4	5		10

【問10】 組織と所員とのコミュニケーションについてお聞きします。

		そう思わない	どちらかといえばそう思わない	どちらともいえない	どちらかといえばそう思う	そう思う	
1	この組織は所員の提案や意見をよく聞いてくれる	1	2	3	4	5	1
2	所員の意見が組織運営に反映されていない	1	2	3	4	5	2
3	所員は組織の運営方針などを十分に知っている	1	2	3	4	5	3
4	所員は組織の運営方針によく従っている	1	2	3	4	5	4

【問11】 あなたは現在の仕事環境についてどのようにお考えでしょうか。

		そう思わない	どちらかといえばそう思わない	どちらともいえない	どちらかといえばそう思う	そう思う	
1	自分の仕事を続ける上で、この組織以上の仕事環境はない	1	2	3	4	5	1
2	他の分野の仕事には、いまさらつけない	1	2	3	4	5	2
3	この組織でなくても、自分のやりたい仕事はできる	1	2	3	4	5	3
4	同じ分野で、他の組織へ移動するチャンスがあれば、移ってみたい	1	2	3	4	5	4
5	自分はこの組織に所属しなくても、他でも研究することができる	1	2	3	4	5	5
6	この組織では、ある一定年齢以上になると、組織外へ転出する人が多い	1	2	3	4	5	6
7	今の組織は自分が入りたかった組織である	1	2	3	4	5	7
8	今の所属部署は自分の入りたかった部署である	1	2	3	4	5	8
9	この組織は仕事内容が身につき実践できるまで、徹底的に教育している	1	2	3	4	5	9
10	この組織は専門職が自由に仕事ができるように、必要な設備を整えている	1	2	3	4	5	10
11	この組織は専門知識を持っている人は権威があると認めている	1	2	3	4	5	11
12	複数の人から矛盾した仕事の指示を受けることがある	1	2	3	4	5	12

【問12】 あなたは今の仕事について日頃どのように思っていますか。

		そう思わない	どちらかといえばそう思わない	どちらともいえない	どちらかといえばそう思う	そう思う		
1	今の仕事が楽しい	1	2	3	4	5		1
2	今の仕事にとても生きがいを感じる	1	2	3	4	5		2
3	今の仕事を続けたい	1	2	3	4	5		3
4	仕事を選び直せるとしても今と同じ内容の仕事を選ぶ	1	2	3	4	5		4
5	自分の立てたプランやスケジュールどおりに仕事を進めることが認められている	1	2	3	4	5		5
6	毎日の仕事は単調である	1	2	3	4	5		6
7	仕事の手順や方法は自分の判断に任されている	1	2	3	4	5		7
8	自分の仕事は同僚の出来不出来によって影響される	1	2	3	4	5		8
9	自分の仕事の成果は一目で明らかである	1	2	3	4	5		9
10	自分がやらなければならない仕事の範囲は、はっきりしている	1	2	3	4	5		10
11	この組織にずっと勤めたい	1	2	3	4	5		11
12	この職場から私がいなくなるとみんなが困る	1	2	3	4	5		12
13	全般的に今の仕事に満足している	1	2	3	4	5		13
14	毎日の仕事はいろいろ変化に富んでいる	1	2	3	4	5		14
15	私と他の同僚との仕事の分担は、はっきりしている	1	2	3	4	5		15
16	私はいつでも自分のしている仕事の出来ばえや成果を知ることができる	1	2	3	4	5		16
17	私の仕事には、同僚と協力しなければやっていけない面がたくさんある	1	2	3	4	5		17
18	できる限り、今の部署から離れたくない	1	2	3	4	5		18

【問13】 今の仕事はあなたにとってどのくらいのものですか。

1. 非常に物足りない　　2. 物足りない　　3. やや物足りない
4. ちょうどよい　　5. やや能力を越えている　　6. 能力を越えている
7. 非常に能力を越えている

【問14】 あなたの現在の職場の人たち（上司を含む）について、以下のことをお答え下さい。

		そう思わない / どちらかといえばそう思わない / どちらともいえない / どちらかといえばそう思う / そう思う		
1	仕事で困っている時や助けがいる時は職場の仲間がサポートしてくれる	1―2―3―4―5		1
2	よいところも悪いところも全て含めて、あなたの存在を認めてくれる	1―2―3―4―5		2
3	普段からあなたの気持ちをよく理解してくれる	1―2―3―4―5		3
4	日頃からあなたの実力を評価し、認めてくれる	1―2―3―4―5		4
5	あなたが落ち込んでいると、元気づけてくれる	1―2―3―4―5		5
6	あなたの適性にあった仕事を与えてくれる	1―2―3―4―5		6

【問15】 あなたの現在の直属の上司を一人思い浮かべてください。
　　　　○○にその方の名前を当てはめて、以下の質問にお答え下さい。

		そう思わない / どちらかといえばそう思わない / どちらともいえない / どちらかといえばそう思う / そう思う		
1	○○さんのおかげで仕事の完成のために全力を傾けることができる	1―2―3―4―5		1
2	多少の不安があっても、○○さんの方針であれば間違いないと確信できる	1―2―3―4―5		2
3	○○さんの示す仕事についてのビジョンを自然に受け入れることができる	1―2―3―4―5		3
4	○○さんには部下を活気づける不思議な力がある	1―2―3―4―5		4
5	○○さんの考え方は常に妥当なものだと信頼できる	1―2―3―4―5		5
6	○○さんのことを全面的に信頼している	1―2―3―4―5		6
7	○○さんは仕事に生きがいを与えてくれる	1―2―3―4―5		7

【問16】 あなたが入所したころのことを思い出して下さい
そのころの職場の人たち（上司を含む）のことについて、以下のことをお答え下さい。

		そう思わない	どちらかといえばそう思わない	どちらともいえない	どちらかといえばそう思う	そう思う	
1	仕事で困っている時や助けがいる時は職場の仲間がサポートしてくれた	1	2	3	4	5	1
2	よいところも悪いところも全て含めて、あなたの存在を認めてくれた	1	2	3	4	5	2
3	普段からあなたの気持ちをよく理解してくれた	1	2	3	4	5	3
4	日頃からあなたの実力を評価し、認めてくれた	1	2	3	4	5	4
5	あなたが落ち込んでいると、元気づけてくれた	1	2	3	4	5	5
6	あなたの適性にあった仕事を与えてくれた	1	2	3	4	5	6

【問17】 あなたが入所した頃の、直属の上司を一人思い浮かべてください。
〇〇にその方の名前を当てはめて、以下の質問にお答え下さい。

		そう思わない	どちらかといえばそう思わない	どちらともいえない	どちらかといえばそう思う	そう思う	
1	〇〇さんのおかげで仕事の完成のために全力を傾けることができた	1	2	3	4	5	1
2	多少の不安があっても、〇〇さんの力添えであれば間違いないと確信できた	1	2	3	4	5	2
3	〇〇さんの示す仕事についてのビジョンを自然に受け入れることができた	1	2	3	4	5	3
4	〇〇さんには部下を活気づける不思議な力があった	1	2	3	4	5	4
5	〇〇さんの考え方は常に妥当なものだと信頼できた	1	2	3	4	5	5
6	〇〇さんのことを全面的に信頼していた	1	2	3	4	5	6
7	〇〇さんは仕事に生きがいを与えてくれた	1	2	3	4	5	7

【問18】 あなたは次の事柄についてどの程度満足していますか。

1 上司の指導力	1—2—3—4—5	1
2 上司との関係	1—2—3—4—5	2
3 同僚・部下との関係	1—2—3—4—5	3
4 上司からの評価	1—2—3—4—5	4
5 同僚・部下の能力	1—2—3—4—5	5
6 職場の人間関係	1—2—3—4—5	6
7 職場での地位	1—2—3—4—5	7
8 昇進の可能性	1—2—3—4—5	8
9 給与の水準	1—2—3—4—5	9
10 組織の施設や設備	1—2—3—4—5	10
11 休暇や労働時間	1—2—3—4—5	11
12 組織の福利厚生	1—2—3—4—5	12
13 職場の雰囲気	1—2—3—4—5	13
14 仕事自体の社会的評価	1—2—3—4—5	14
15 組織自体の社会的評価	1—2—3—4—5	15
16 研究（仕事）環境	1—2—3—4—5	16
17 仕事や研究に必要な情報の量や質	1—2—3—4—5	17
18 仕事全体	1—2—3—4—5	18

選択肢：不満である／どちらかといえば不満である／どちらともいえない／どちらかといえば満足している／満足している

【問19】調査項目以外で、研究環境に対して感じておられることがありましたら、お教え下さい。

　　ご多忙な中、長いアンケートにお答え下さり、ありがとうございました。ご協力下さったお気持ちに応えられますよう研究に励みたいと存じます。

あ と が き

　本書は2001年3月に同志社大学に提出した博士学位請求論文をもとに大幅に加筆修正したものである。私は技術者の組織コミュニケーション研究を目的に，1994年に大学院に進んだ。これまで日本の産業社会学，組織社会学の文献には，専門職に関する研究が少なかったため，私はどのような研究を展開すればよいかわからず，試行錯誤で進んできた。製造職，事務職，プロフェッションに関する文献を読んでは自分が見てきた世界との違いを感じ，何か指針になるものをと探し続けた。しかし，近接分野の研究スタイルに近づけようとしても何かしら違和感があり，自分が描こうとしていることがこれまでの研究と異なるものだと思い至り，博士論文執筆に臨んだ。

　本書のもとになった博士論文では科学技術政策を実感して書くことができず，官庁系報告書から推測するしかなかったが，この3年間に多くの企業研究所の研究者へのインタビュー調査，政府系研究機関（独立行政法人研究機関）の研究者・組織運営者へのインタビュー調査，アンケート調査，科学技術／産業技術政策に関わる人々の意見を得る機会に恵まれ，本書ではそれらの部分を書き直すことができた。しかし，本書を執筆するにあたっては自己の能力の未熟さを思い知ることになり，方法論，分析力，編集力の全てにおいて鍛錬の必要性を痛感した。今後も自己能力の向上に努め，研究活動に精進し，調査に協力して下さった皆様のご厚意を無駄にしないように研究成果を出していきたい。そして，私は本書の執筆を終え，やっと自らの研究分野が見えてきたような気がしている。第三次産業での就労者が拡大した日本では，今後も専門職は増え続けると予想され，現場のフィールドワークによる詳細な理解とともに，量的データが教えてくれる全体な解釈を合わせて，働く人々の社会を描き続けていきたいと考えている。

あとがき　279

　最後に本書の執筆にあたり，お世話になった多くの被調査者の方々，先生方にこの場を借りて御礼を申し上げたい。本研究は多くの調査データをもとにして書かれている。このような大量かつ多種の調査データを，当時博士後期課程大学院生であった私が手に出来るのは非常に恵まれたことであった。調査にご協力頂いた方々に深く感謝したい。博士論文の契機となったA社の調査および，その後のB社他に関する調査全てに終始変わらぬご協力を頂いた㈱国際経済労働研究所の八木隆一朗様を始めとするスタッフの方々には大変お世話になった。今回の「ローカル・マキシマム…」に関する追加調査も，アイデアだけを鞄に詰めて本研究所を訪れて調査を依頼したところ，八木様にご快諾頂いて成立したものである。本研究所のご協力がなければ，大学院生1人ではこのような大規模調査は行えなかった。またC研究所の担当の方には，シンクタンクではなく大学院生1人による調査ということで，実査時にご配慮頂き大変お世話になった。その他にも個別にインタビューにご協力頂いた企業のエンジニアの方々にお世話になった。全ての調査にご協力下さった皆様，被調査者の皆様に心より御礼を申し上げる。

　博士論文執筆にあたり，博士課程1年生から終始変わらぬご指導を頂いた主査の北村日出夫教授（現 同志社大学名誉教授）は，未熟な私に伸び伸びと書くことをお奨め下さった。形式にとらわれ小さくまとめるより思いの丈を表現すること，藤本色が出るようにと温かいご指導を頂いた。その中で用語のあいまいさなど，温かい中にも厳しい視点で多くのご指摘もして下さった。特に科学／技術の歴史的経緯，哲学史的な部分，概念定義の厳密性において多くのご指導を頂いた。研究者としてあるべき姿勢，研究者のエートスを北村日出夫教授から学ばせて頂いた。北村教授の退任にあたり，最後の弟子となったことは，私にとって大変光栄なことである。副査をして頂いた服部民夫教授（現 東京大学大学院教授）には，産業構造，労働の現場における「ものづくり」のエートス，技術の移転，制度に関する多くの点をご指導頂いた。服部教授には論文を作成する上での構成についてもご指導を頂いた。その上，3年後に再び，本書執筆にあたっての編集作業にも関わって下

さり，大学院修了後にもご面倒をおかけする手間のかかる弟子であることをお許し頂いた。同じく副査の尾嶋史章教授には，当時 TA（授業補助者）をさせて頂いたこともあって，この研究の初期段階から終始ご意見を賜った。尾嶋教授には主に社会移動や職業に関する部分と計量分析に関するご指導を賜った。また，現在も同じ職場であることから，出版に至るまでご指導頂いた。さらに恵まれていたことは，同志社大学の社会学専攻では，所属研究室にかかわらず専攻内の先生方からアドバイスを受けられる組織風土があり，博士論文執筆にあたり，社会学専攻全ての先生方にご指導頂いた。諸先生方に心より感謝申し上げる。また本書に用いている上級官僚のインタビューデータは，修士論文をご指導頂いた中道實教授（現 奈良女子大学大学院教授）から使用許可を頂いた。中道教授には調査法について多くのご指導を受けた。アンケート調査とインタビュー調査の両方を行う私の研究スタイルは中道教授の影響を強く受けている。その他にも学会，研究会において未熟な私を温かい目で見守って頂いた先生方に多くのご指導を受けた。ご指導頂いた全ての先生方に深く感謝の意を申し上げる。そして，根気よく原稿の校正を手伝ってくれた大学院生，学生諸氏に感謝する。

　また博士論文では執筆していなかった第 7 章の各トピックスを書くことができたのは，博士論文が契機となり，研究員として採用して下さった独立行政法人 経済産業研究所の青木昌彦前所長（現 スタンフォード大学名誉教授），同研究所の原山優子前ファカルティーフェロー（現 東北大学大学院教授）にご指導を賜ったことによる。博士論文執筆後に研究者を取り巻く社会的環境について多くの事例を知り，本書が少しでもリアリティのある本に仕上がっていたとすれば本研究所での経験が大きい。両先生に心より御礼を申し上げる。

　本書は同志社大学 2004 年度学術奨励研究費の刊行助成により出版の運びとなった。このような機会を与えて頂いた同志社大学に深く感謝する。また本書はもっと早く出版する予定であったが，さまざまな仕事で大幅に遅れて

しまった。出版をご快諾下さった文眞堂の前野弘氏，前野隆氏，皆様には大変ご迷惑をおかけしたが，初めての単著を仕上げて下さり深く御礼を申し上げる。

　最後に，科学／技術の知識，現場の規範など，私の疑問に対して自然科学の立場から丁寧な解説を与え，駆け出しの研究者として不安な気持ちをもつ私をいつも励まし続けてくれる夫　藤本政博と捗らぬ仕事の埋め合わせを週末に当てがちな私に，いつも笑いで癒しを提供してくれる子供たち（藤本貴裕，藤本和之）に感謝する。また，仕事のしわ寄せを受けがちな子供たちをサポートしてくれる義母　藤本いと　にこの場を借りて深く感謝の意を述べる。

　　　　　　　　　　　　　　　　　　　　　　　　藤本　昌代
　　　　　　　　　　　　　　　　　　　　　　　　2005年2月

索　引

【事項索引】

ア行
アカデミック・ヒエラルヒー　129
アスピレーション　54, 55
アソシエーション　53
暗黙知　160, 170, 172
移動モデル　78
移動抑制効果　171
イノベーション　175
インターフェース機関　175
インターフェース職業　195
インハウス・エンジニア　139
エキスパート　108
エートス（エトス）　120
MOT　15, 166, 196, 197
応用シフト　196, 197
オーバーポスドク現象　191
オキュペーショナル・プロフェッション　109, 123

カ行
科学
　　──技術基本計画　175
　　──技術創造立国　151
　　──のポリエージェント　132
　　──エートス　128
「学問ある専門職」　133, 134, 163
学問的序列意識　16
価値
　　──客体　52
　　──主体　52
　　──の内面化　61
下方比較　51, 127, 149
官尊民卑　114, 141, 150, 202
企業内研究職　7
企業内専門職　11
基礎シフト　137, 196
規範的準拠集団　54

キャリアパス　155
キュードス（CUDOS）　128, 153
境界人　45
グローバル・マキシマム　55
クロスライセンシング　137, 138, 158
形式知　160, 172, 173
研究志向型専門職組織　154
高学歴就職浪人　188
「公」系機関　175
コスモポリタン　16

サ行
サラリーマン・エンジニア　166
産学連携　174
事業化目的型非専門職組織　155
実業応用の学芸　134, 135
シビル・エンジニアリング　133
社会
　　──移動　2, 45, 46, 214
　　──階層論　47
　　──的威信　49, 107, 212
　　──的相対性　10, 212, 213
　　──的報酬　105
　　──的流動性　194
終身雇用　24
純正の学術　134, 135, 140, 155, 197
少資源国家　195
上昇移動可能性　66
情緒的コミットメント　22
情報化社会　170
準拠集団　45
職業
　　──社会化　45, 69
　　──人性　16
　　──威信　143
　　──志向性尺度　20, 60

――人志向　16, 23, 31, 75, 119
身体知　160, 172
信託された価値主体　53, 61
垂直移動　46
水平移動　46
ステイタス・プロフェッション　109, 122
スペシャリスト　43, 108
成果主義　179
――評価制度　179, 180
潜在的（な）移動可能性　148
相対的ゼロ　200
相対的不満　50
組織
――依存性　20
――コミットメント　18
――社会化　24, 39, 119, 207
――準拠性　8, 72, 86, 206
――人性　16
――人的な職業人　42
――の凝集性　82, 86, 88

タ行

退職金制度　169
第2期科学技術基本計画　175, 196, 213
多峰性ヒエラルヒー　52, 57, 58
達成動機尺度　20, 21, 60, 79
地位授与　49
地位セット　47, 48, 55, 213
地位の非一貫性　46
TLO　188, 196, 197, 202
電産型賃金体系　176, 177, 178
転職経路　8, 55

独立行政法人研究機関　68

ナ行

日本型雇用慣行　176
任期つき非正規雇用　175, 199, 200
認知的不協和　51

ハ行

はえぬき志向　176
パトロネージュ　151, 198, 211
パラダイムシフト　155, 173, 198, 200
比較的準拠集団　54
非所属準拠集団　54, 55
Beruf　113, 120
プラスのプロフェッション　115
プロフェッショナル・コミットメント　79, 80
プロフェッション　106
ポストドクトラル（ポスドク）　189

マ行

マイナスのプロフェッション　115
ものづくり　160
モーレス　120, 124, 128

ヤ行

予期的社会化　45, 46

ラ行

リエゾンオフィス　187, 196, 202
ロイヤリティ　53, 119
ローカル・マキシマム　5
ローカル・ミドル　8, 68, 89, 209

【人名索引】

青木　182
Ben-David　126, 131
Carr-Saunders　106, 109, 111
Coser　127, 128, 151
道家　132, 133
Drucker　122, 164
Dyer　125, 133, 134, 153, 163
Eisenstadt　49

Elliott　109, 116
Etzioni　16, 40, 117, 124, 157, 173
Festinger　51
Fielder　119
Freidson　109, 114, 123
藤本　2
Greenwood　111, 116, 124
Habermas　129, 153

Hall 116
服部 162, 163
広重 138, 166
星野 16, 155, 162, 163, 166, 167, 168, 181
Illich 114
石村 9, 106, 109, 113, 114, 115
加藤 194
河西 176, 177, 178
Kelly 54
Kornhauser 40, 116, 117, 124
Kuhn 127, 128, 129, 153
Merton 4, 45, 74, 121, 127, 128, 129, 149, 153, 173
Millerson 109, 111, 124
Mills 116
三隅 54, 55
見田 52, 61
三好 132, 133, 134, 135, 166
村上 16, 129, 132, 153
中野 106, 119, 122
尾高 120, 121

奥田 130, 138
太田 108, 112, 116, 117, 118, 119, 148, 165
Pelz and Andrews 117, 119, 122, 164
Parsons 110, 111
Polanyi 172, 173
三枝 127, 128
作田 50
Sibutani 53, 61
Simon 111, 164
竹内 16, 110, 111, 124
田尾 19, 23, 110, 112, 124
辻 52
常石 136
内田 162, 166
Weber 121, 124, 153
Wilensky 116, 117
Wills 51
山田 2, 131, 132, 197
Yuasa 173
Ziman 125, 153

著者紹介

藤本　昌代（ふじもと・まさよ）

　武庫川女子大学文学部卒業。機械制御系システム設計者として約10年間従事。同志社大学大学院文学研究科社会学専攻修士課程，博士後期課程修了。博士（社会学）。独立行政法人 経済産業研究所ポストドクフェローを経て，同志社大学文学部社会学科専任講師。

主な論文・著書

「ローカル・マキシマムによる企業内プロフェッショナルの組織準拠性―多元的ヒエラルヒーでの地位差からの考察―」『組織科学』, 35(1), 組織学会（2001）。

「第6章　産学官連携：工業技術院と産業技術総合研究所の比較」『産学連携』東洋経済新報社（2003）。

「第2章　研究者・技術者のキャリアパス」『日本型MOT』中央経済社（2004）。

専門職の転職構造
―組織準拠性と移動―

2005年3月31日　第1版第1刷発行　　　　　　　　検印省略

著　者　藤　本　昌　代

発行者　前　野　眞太郎

発行所　東京都新宿区早稲田鶴巻町533
　　　　株式会社　文　眞　堂
　　　　電話 03（3202）8480
　　　　FAX 03（3203）2638
　　　　http://www.bunshin-do.co.jp
　　　　郵便番号(162-0041) 振替00120-2-96437

組版・モリモト印刷　　印刷・モリモト印刷　　製本・イマキ製本所
© 2005
定価はカバー裏に表示してあります
ISBN4-8309-4512-5　C3036